老師，
你可以這樣帶班

張民杰　著

五南圖書出版公司 印行

再版推薦序

　　《老師，你可以這樣帶班》，帶班就是「班級經營」的俗稱。「班級經營」是一門科際整合的學問，不管是教育哲學、教育心理學、教育社會學，都可做為它的理論基礎。在經營班級過程中，牽涉到人際關係、法令制度、道德規範、價值體系、文化習俗、學校建築、設施設備等多方面的運用，故也是一門相當實用的科學。就某種角度而言，班級經營是教育行政學、學校行政學之具體而微的展現。由於內涵的複雜性，中小學教師在經營班級的過程中，必須就其理論原理與實務運作不斷地反思，再將反思結果實踐於班級裡，如此不斷地循環改善，就能獲得專業成長，達到熟練靈活的境界，而使學生能夠得到更好的學習效果。

　　本書作者張民杰博士有深厚的教育理論基礎，他的碩士論文〈美國聯邦法院學生自由權判例之研究〉和博士論文〈案例教學法及其試用〉，都與班級經營有關，也都由我指導完成。他的實務工作經驗也同樣豐富，歷經國小教師、臺北市政府教育局科員、股長與編審、臺灣大學教育學程中心行政組長、東吳大學與臺灣師範大學教職等，累積了豐富的中小學教學和行政實務經驗。在東吳大學師資培育中心任教期間，曾開設相關教育專業課程，對於師資職前教育涉獵不少。到臺灣師大師資培育與就業輔導處任職後，先後開設「班級經營」、「教學原理」與「班級經營研究」等課程，又做過多項國科會專題研究計畫。由上可見民杰是班級經營的專家學者，今日他把過去的教學、行政與研究心得，並綜合觀察和訪談中小學教師的結果，彙撰或集結成書，可說是他的心血結晶。

　　欣聞本書再版，綜覽本書內容後發現，除原有的班級常規的經營、班級環境的經營、教師的自我經營、班級人際關係的經營、親師關係的經營、班級的教學與時間經營、學生不當行為的處理等內容修改得更加充實豐富外，並增加教師防制校園霸凌能力指標與班有身障學生的經營兩章，更加完備了現代導師帶班所必需的知能。本書就行文而言，除一般的論述外，尚有案例搭配，從中抽繹出原理原則，讓理論與實務相融合。就文筆而言，則文字生動活潑，深入淺出。因本書深具參考價值，本人又肯定作者的學術素養，故樂於在其再次付梓之際為之序。

謝文全 謹識

2015年1月

再版序

　　本書經作者服務學校國立臺灣師範大學外審，獲卓越專書殊榮，銘感謝意。而三位審查委員提出的寶貴意見，也作為本次再版充實的內容，包括：第一章第一節增加「建立學生自我系統的重要性」，第三章增加第一節「教師的肢體語言——溝通時不用說的祕密」，第四章增加第二節「師生關係的經營——聯絡簿和週記」、第四節「師生關係的經營——該不該告訴大人」，第五章增加第四節「家長會在親師溝通上扮演的功能」，第六章增加第四節「教師的時間管理」，第七章增加第一節「學生上課睡覺的處理」，增加第八章「教師防制校園霸凌能力指標」及第九章「班有身障學生的經營」。每章末尾增加「延伸思考」，針對該章作理論與實務結合的反思。再者，要感謝廣大的讀者，讓第一版有六刷的成績。

　　本書再版的內容，得自於科技部（原國科會）和教育部的多項專題研究計畫與本校多項計畫的研究成果，包括：國中家長在親師衝突事件裡的觀點與因應策略之研究（計畫編號：NSC 98-2410-H-003-024），家庭作業對中小學親師生關係影響之研究（計畫編號：NSC 99-2410-H-003-035-MY2），以及教育部補助本校102學年度師資培育之大學精緻特色發展計畫II-1發展師資培育資訊系統——教育專業能力評估平臺題庫擴充及師資培育議題研究，102學年度精進師資素質計畫子計畫1：親師溝通案例教材編製與角色模擬演練計畫，及本校100學年度補助教學精進創新與專業社群，計畫名稱：「特殊需求學生融合教育的班級經營教學案例撰寫」特此敘明。感謝三個單位的經費提供，更

感謝多位同學和助理的協助，包括：潘琦雯、陳新瑜、鄭怡如、金宣竹、陳永昌、江仲文、葉雯君、張國鴻、謝明諺、黃艷民等，還有上百位教授、校長、老師和師資生，協助審查、諮詢、訪談、問卷調查等。最後感謝五南圖書出版公司慨允再版，而陳念祖副總編輯和李敏華編輯對此書的編輯、校對和出版，幫助很大，並致謝忱。

張民杰

於國立臺灣師範大學

2015年1月

自　序

　　2000年教育部開始推動國中小九年一貫課程時，強調「課程統整」，要現職中小學老師成為課程設計者，能夠發展課程讓學生統整學習經驗，因此在師資培育課程也應該讓師資生有統整教育專業課程學習經驗的機會。「班級經營」這門課，似乎可以提供這樣的功能，因為經營一個班級，不但反映了教師的教育哲學理念，而且也經常要運用到教育社會學、教育心理學等理論，而教學原理、媒體運用、測驗與評量、輔導原理與實務，也經常出現在經營過程中。無怪乎，當我們調查老師和師資生有關職前教育哪項科目很重要，「班級經營」一科經常是受到老師們勾選的項目。

　　而2000年這一年，研究者剛好從臺灣師範大學教育系博士班畢業，初到東吳大學任教，也開始教授「班級經營」這門課，經常思索如何讓師資生有充足的理論涵養，又能反思於實踐歷程，從經驗和學理中讓自己在未來將班級經營得很好。由於班級經營是門實用科學，汲取中小學在職老師的帶班經驗，結合和檢證學者的理論，應該是一條可行的途徑，於是筆者向國科會（現為科技部）申請多項專題研究計畫，包括：中小學專家教師班級常規經營策略運用差異之研究（計畫編號：NSC 94-2413-H-031-004、NSC 95-2413-H-031-004）、國中家長在親師衝突事件裡的觀點與因應策略之研究（計畫編號：NSC 98-2410-H-003-024），觀察、訪談老師和家長，得出許多寶貴的資料，還有指導的實習教師（實習生）提供的個案紀實（東吳大學師資培育中心任教期間），都是本書取材的來源。本書的部分內容也曾刊登於《師友月刊》和《中等教育》（請見參考文獻），經過整理增補後再放入本書中。這些可都是實務現場老師們珍貴的寶藏，然而筆者才疏學淺，只取得菁華之一二，野人獻曝之情，還望方家不吝指正，但也期望能作為老師帶班

的參考。

回首來時路，轉眼間，十年歲月如白駒過隙，三年前回到母校師大任教，感謝在學術這條路上，指導教授謝文全老師的提拔，在班級經營方面，單文經教授的啟蒙，在開班授課方面，譚光鼎老師和王秀玲老師的協助，感謝甄曉蘭老師和王麗雲老師，邀請我參加教育研究與評鑑中心的國中學校改善計畫及師資培育資料庫建置計畫，從此也得到許多資源，而師資培育與就業輔導處三位前後任處長張建成、周愚文和游光昭教授，及處裡的老師和同仁，也給了我許多磨練的機會和協助，還有很多在職老師、學生，跟筆者的討論和分享，豐富了本書寫作的內容。

回想這十年來，最令人刻苦銘心的是恩師葛霖生教授於2010年仙逝，距好友順勇離開人間也12年了，自己好像又進入了人生的另一個階段，筆者突然覺悟人生發展的連續性是為了生存，而階段性則是賦予了人生意義。儘管這個階段，不論在工作、家庭、生活免不了多多少少的酸甜苦辣，面對林林總總的風霜雪雨，但是也參了不少人生功課、悟了不少人生道理。十年前感覺胡適之先生的一首〈自題小照〉的詩很有趣：「偶有幾莖白髮、心情微近中年、做了過河卒子、只能拼命向前。」而今自己已過不惑之年，如喻心境，應該是：「偶想染黑白髮、實情已近中年、做了浮雲遊子、只有乘風向前。」

本書得以付梓，還要感謝很多參與研究的老師們，包括：朱尉良、李中琪、李品琦、李梨瑟、林淑嬉、林粟香、洪淑芬、陳英杰、黃惠萱、劉瓊云、翁英傑、廖家立、顏秀鳳等多位老師，及協助研究的學生們，包括：林彥伶、林鳳婷、陳新瑜、廖英舜、戴禎儀等。感謝五南圖書出版公司慨允出版，而陳念祖副總編輯和李敏華編輯對此書的編輯、校對和出版，幫助很大，並致謝忱。

張民杰

於臺灣師範大學

2011年

導　讀

　　「老師，你可以這樣帶班」；也就是說，老師可以這樣進行班級經營。本書是筆者以第三者客觀的角度，運用觀察、訪談和調查等研究工具，進入班級現場，所挖掘出來現職教師的實務智慧。書裡面充滿了筆者對現職教師實踐結果的反思，也期盼這些成果能夠再回饋給現場老師，運用到其帶班時處理實際發生的班級經營事件上，而獲得更好的班級經營成效。這好比Shulman（1987）提的「教學推理」，筆者形容這是「經營推理」的過程：理解（comprehension）、轉化（transformation）、經營（managing）、評量（evaluation）、反思（reflection）、新理解（new comprehension），希冀本書內容能夠讓老師對帶班產生新理解，而進入下一個經營推理的循環。

　　由於時代巨輪推動著社會環境的轉換和變遷，目前老師在實際教學現場所面臨的帶班問題，有些已經不是其在學生時代、甚或在接受師資職前教育課程時所曾經學習過的。如何在快速改變的學校脈絡下，仍能帶好自己的班級、做好班級經營呢？唯有不斷地透過上述經營推理的過程，從實踐過程加以反思，做個「反思的實踐者」（reflective practitioner），方能奏其功。老師能夠反思實踐，就能夠讓自己帶班的所作所為有所依據、有方向感和目的性，在不斷嘗試的過程中，累積出實務經驗和智慧，獲得更好的班級經營策略或方法。

　　而反思實踐也是一種思想與行動的對話，藉此使專業人員的技藝（artistry）更加熟練（Schön,1987）。這樣的反思實踐，是一種慎思、強調後設認知與持續性專業發展的歷程，也是一種連結理論與實踐，重新建構經驗、解決實際問題的行動（陳依萍，2002）。《論語·為政篇》，子曰：「學而不思則罔，思而不學則殆」，學習和思考結合在一起，學思結果就是知。王陽明主張行而後才能真知，要即知即行，知而

後應力行，知行合一。如此說來，西方的反思實踐，就是中國傳統文化裡的知與行。期待本書也能給予老師帶班時知行合一的效果。

★ 全書章節架構

全書分為九章，第一章班級常規的經營，以下分為兩節，介紹教師如何藉由「表達期望與約法三章」，來讓學生「訂定目標並取得學生的信任」；還有老師不準時下課，所引發「明示班規與默示班規」的不一致。第二章班級環境的經營分三節，以「座位小改變大不同」來比較「潛能導向與功績導向」的不同學習效果；以「徵求勇士掃廁所」，產生「湯姆・索耶效應」，使學生不討厭掃廁所的工作，並以「打掃的目的何在？」比較「精熟取向與表現取向」的不同行為。第三章論及教師的自我經營，首先，教師要重視肢體語言，因為這是學生判斷老師訊息意義的第一步，而教師要培養幽默感，要「先從讓學生開玩笑開始」，並以「覆水難收」比喻教師自我的情緒管理之重要，而以「實習老師不是真正的老師」，說明教師權威的類型和真諦。

由於班級經營的意義在於對影響班級運作的人、事、物等各項因素進行有效的管理，通過班級的運作達成既有的教育目的，故班級內的人際關係經營，顯得格外重要。第四章即以「班級人際關係的經營」來討論，其中包括以公平對待與關懷陪伴、聯絡簿（週記）來經營師生關係，以同儕影響、「該不該告訴大人」來說明師生關係和學生同儕關係的轉換，並以班會、衝突解決來說明學生同儕關係的經營策略。又班級是個開放的社會組織，因此第五章接著探討親師關係的經營，其中「溝通的三明治技巧」與「溝通管道的限制」，是第一節的內容，第二、三節則以「同理─專業─法律」建構面對興師問罪的家長的處理歷程，並從「臺灣諺語反映的教養觀」來剖析親師的觀點和立場，最後第四節說明家長會在親師溝通上扮演的功能，家長會可以作為家長信任的第三者，成為親師溝通的橋梁與親師衝突的調解者。

因為班級經營的主要目的之一，即在協助改善學生的學習效果，擴大學習時間和機會，因此第六章描述班級的教學與時間經營管理，有「學

生上課專注嗎？為何學生不問問題、回答問題？學生的時間用在哪裡？」等議題。而教師如何做好時間管理，把時間用在最重要、有意義的事情上，也是為人師需要建立的習慣和反思。而第七章則以學生上課睡覺、說髒話、考試作弊、偷竊行為等不當行為的處理，說明預防措施和處理策略。不當行為預防和處理只是班級經營項目之一，在減少不當行為之時，也應增加學生正向行為，例如幫助別人等利他社會行為，或學生遵守班級規則、課業學習進步等正向行為，因此相對最後一章的描述，其他六章的實踐，其實也有增加學生正向行為和減少不當行為的效果。

　　第八章和第九章則說明重要的新興議題，第八章談及「教師防制校園霸凌能力指標建構」，分別有校園霸凌的認知、校園霸凌的防範、校園霸凌的處理程序、校園霸凌的輔導措施等四個向度，並運用層級分析法（Analytical Hierarchy Process, AHP），建立了教師防制校園霸凌能力指標權重體系，找出權重值較高的指標，作為教師充實校園霸凌知能參考；而第九章則探討融合教育的實施，特殊教育法修訂提供身心障礙學生「最少限制的環境」，所謂「回歸主流」的實施已歷經十餘年，導師帶班接到特殊需求學生，尤其是身心障礙學生，機率很高，透過訪談，本章探討導師開學前（初）應做的準備、班上的人際互動與身障生的輔導，這些導師帶班必備的知能，而融合教育的一些問題，也在本章中提出反思。全書共分九章，可說都是老師帶班必備的重要知能。

★ 本書特色

　　本書內容以觀察和訪談所得之實務經驗作基礎，將這些行動加以反思，得出許多原理原則的發現，再和理論作對話。希望從Schön（1987）所說的「窪地」：複雜、目標不明確、缺乏解決程序等的問題情境出發，建構出隱含的知識（tacit knowledge），而能回過頭來運用於實務。因此書中充滿各式各樣的案例和實務經驗，以實際運用於問題解決為宗旨，各章結尾並有一分鐘重點整理，作為必備的實用技巧，還有延伸思考，帶領讀者更全貌地看待這些議題。書後附錄的書表，包括建立班級結構的各項書表、利用社會計量法安排學生座位的步驟、學

生成績及表現通知單範例、和家長電話溝通與來校面談要領、親師溝通與師生溝通情境演練題、班級經營集體口試規則、班級經營教師甄選口試考古題整理等，也頗具實用價值，可供師資生及教育人員專業成長之參考。

　　以下是本書章節架構的心智圖：

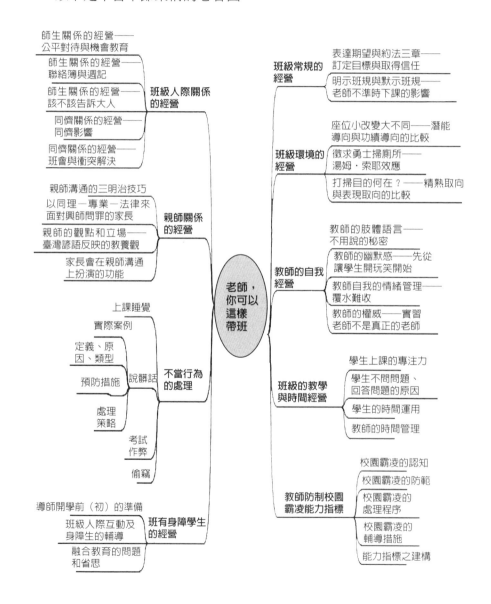

目　次

附　錄

表　次

圖 次

案 例

第**1**章

班級常規的經營

班級常規的經營，主要著眼於班級規則和師生關係的建立，而開學初，教師最重要的就是對學生表達期望與約法三章。表達期望與約法三章不只是班級規則的制定而已，而且亦在希望學生立下目標；而約法三章，好像「醜話說在前頭」，但本意是教師要先取得學生的信任，滿足學生安全需求後，才會追求更高層次的需求。

再者，在班級規則建立方面，不只要重視明文規定，老師更要以身作則，貫徹執行，學生開始雖然會「聽師言而信師行」，但是如果教師說的和做的不一樣或有出入，不久後學生也知道要「觀師言而察師行」了。本章以下即針對表達期望與約法三章、明示班規與默示班規兩節，加以說明。

 **第一節　表達期望與約法三章——
　　　　訂定目標與取得信任**

簡媜（2007）的孩子「姚頭丸」遊學美國時，老師在開學初給了十二樣見面禮，要小朋友看到這些東西時，想起它們象徵的意涵，有牙籤、橡皮筋、OK繃、鉛筆、橡皮擦、口香糖、棉花球、巧克力、面紙、金線、銅板、救生圈形糖果，分別代表對自己、對他人及人際互動，做人做事的期許。而這就是開學初，老師藉著見面禮，對學生表達期望。

一、表達期望

教師對學生表達期望的方式，不一定透過見面禮，一席話、一封信、一段影片播放，都可以用來表達期望，而且愈簡潔扼要愈好，這樣容易讓學生記得長久。

(一)見面禮，一席話、一封信、一段影片來表達期望

老師們表達期望的方式很多，例如影片「天之驕子」（The Em-peror's Club）裡，由凱文·克萊（Kevin Kline）飾演教師威廉·杭特

（William Hunter）一角，教授「西方文明」（West Civilization），在上第一堂課時，給學生一席話。他要學生到教室門口看一個字碑，並且唸出作者的名字，最後他會問學生：「舒特魯特－納洪特（Shutruk-Nahhunte）是誰？」學生們都答不出來。答案是：艾蘭大地之王，但是因為沒有貢獻，歷史上並沒有記載，所以他反問學生：「歷史會怎麼記載你們？你們對社會有何貢獻？」雖然對中學生問這兩句話稍嫌抽象，但這也是表達期望的一種方式。影片中的學生們在步入中年後，卻都還記得這句話。

另一部片，蜜雪兒‧菲佛（Michelle Pfeiffer）扮演陸戰隊轉行投職於英文教師的露安‧強森（L. Johnson），這部影片譯為「危險遊戲」（dangerous minds）的一角，描述一群活在社會邊緣、墮落度日的學生，如何才可使這群頑劣學生重拾信心、積極的邁向人生呢？這位老師開始時教他們空手道，引起他們的注意和崇拜，並且告訴學生說他們目前成績全部是A，要他們維持下去，這也是教師表達期望的一種方式。

許多現職的國中、高中職老師告訴研究者，他們開學初表達的期望是這樣子的：例如在國中，老師會提醒學生國中和國小的不同，除了導師之外，每個學習領域都有科任教師，學生應該如何調整自己的學習方式和態度；在高中，會先歡迎學生到這所學校來就讀，告訴他們這是所什麼樣的學校，以及對他們的期許；在高職，經過升學機制的篩選，學生進到這所高職通常都帶有成見，學校可能是他喜歡的，也可能是他不得不來唸的。不管如何，會告訴學生這是一個新的開始，「往者已矣，來者可追」做為期望的表達，要學生立下這個階段的生活和學習目標，做好生涯規劃。

(二)同樣要給學生和家長表達期望

還有老師會讓學生說出自己新學年、新的期望，如果學生發言內容和老師的期望有差距，也會提出來討論。也有老師會給學生一封簡短的信（先從A、B卡初步瞭解學生，綜合校規和教師自己的期望表達出

來）或由學生自己寫下自我期許，當成時間膠囊，找個地方埋起來。國中八、九年級各打開一次，做爲一年來學生自己行爲的省思。或是邀請學長或學姊到課堂上分享，讓學生有楷模學習的對象，立定志向。也有教師會同時寫一封信給家長，表達教師對孩子的期望同時讓家長瞭解，並且藉由回條，也瞭解家長對孩子和對教師的期望，並提醒老師有無特別需要關注孩子的地方。

(三)表達期望可發生「比馬龍效應」對學生產生影響

教師開學初對學生表達期望是有理論依據的。最令人耳熟能詳的就是「比馬龍效應」（Pygmalion Effect），也就是「自我應驗預言」（self-fulfilling prophecy），意指教師給予學生的期望會讓學生依此來表現行爲。而「教師期望會對學生學業成就產生影響」也是大多數研究的定論，因爲教師對學生有期望，通常也會給予較多的互動機會、比較多關心，以及較多正向的鼓勵。教師期望也成了影響學生學習機會的潛在來源之一（譚光鼎，2010；Darling-Hommond, 2007）。

二、訂定目標

學生學習訂下志向是第一要務，如此才能啓動自我系統，主動學習，得到最好的學習效果。

(一)訂下志向

表達期望最主要就是讓學生訂下志向、建立目標，孔子說：「吾十有五而志於學」，《禮記・學記》記載：「凡學，官先事、士先志。」曾國藩說：「凡士人讀書，第一要有志」（劉緒義，2010）說明一開始立下志向、建立目標的重要。當兵的時候也聽過領導幹部私下耳語帶兵的技巧：「不要讓兵閒著」，有些人誤以爲要操練阿兵哥，不要讓他們休息，其實是要讓阿兵哥有目標可以努力，才不會無所事事、惹事生非。許多研究也發現，當學生建立了他們的學習目標，就會展現更多正向的學習態度，更多的努力和毅力，而且更投入於學校教育（Pintrich & Schunk, 2002）。

(二)學生自我系統的重要

1956年Bloom等人出版的《教育目標分類》（*taxonomy of educational objectives*）（Bloom, Engelhart, Furst, Hill, & Krathwohl, 1956），已經超過了半世紀，對於教育領域裡的測驗、評量、課程發展，有非常深遠的影響。1994年美國教育研究協會還特定開了一個「Bloom的分類：40年回顧」研討會，表彰他們的貢獻（Anderson & Sosniak, 1994, p.vii）。而當時研討會也決議應該針對時下知識性質和認知性質的研究和理論做些修訂，後來Anderson等人在2001年提出了修訂，包含兩個基本層面：一是知識層面，包括：事實知識、概念知識、程序知識和後設知識；二是認知歷程的層面，包括：記憶、理解、應用、分析、評鑑和創造（Anderson, Krathwohl, Airasian, Cruikshank, Mayer, Pintrich, 2001）。然而這套目標分類是以困難度（degrees of difficulty）作爲分類程度差異的基礎，例如評鑑活動要比綜合活動困難，而綜合活動又比分析活動困難，但是心智歷程卻不易做此區分，而且熟悉度會讓心智歷程改變，因此像開車在下班車輛擁擠的道路是一複雜的心智歷程，但有經驗的駕駛，卻可分心聽音樂和聊天。

雖然心智歷程不能以困難度來加以階層排序，但是有些歷程卻可以控制其他歷程的運作，Marzano & Kendall（2007）以此提出了新的分類，他們將目標分成3個系統，「自我系統」（self system）、「認知系統」（cognitive system）和「後設認知系統」（meta-cognitive system）。自我系統在最上層，因爲它與態度、信念和情緒有關，控制著學習者是否投入新的學習任務，決定學習者的動機和注意（p.55），是我們帶班開始時最需要喚起的系統。

這個系統包括四個類型的思考，包括：檢視對自我的重要性、有效性、情緒反應和整體的動機（Marzano & Kendall, 2007; Marzano & Kendall, 2008）。

1. 檢視對自我的重要性：如果老師可以讓學生瞭解將要學習的知識或技能的重要，例如是達成個人目標的工具、或有助於目標的達成、或可以滿足個人需求等，才能協助啓動自我系統。

2. **檢視對自我的有效性**：個人相信有能力、權力和需要的資源，去獲得這項知識或技能；如果沒有，個人雖然知覺學習任務是重要的，也不會投入學習。

3. **檢視自我的情緒反應**：個人對於學習任務，在情緒上有正向的反應，亦即不會排斥這些知識或技能的學習。

4. **檢視自我的整體動機**：上述三者包括檢視對自我的重要性、自我的有效性和自我的情緒反應，構成了個體對該項學習任務的動機。

有了動機以後，才可能啟動後設認知系統，對要學習的任務或技能、確定目標、監控學習過程、及其明確性和正確性。然後開啟認知系統，對學習任務組成的知識或技能，予以檢索、理解、分析和利用，如圖1-1。所以我們一定要重視學生的自我系統，在開學時就讓他們覺得學校的學習是重要的，他們有能力和需要的資源去達成，而且能在正向的情緒下學習，有了學習動機，才能夠監控自己的學習目標和學習歷程，達成認知的學習效果。

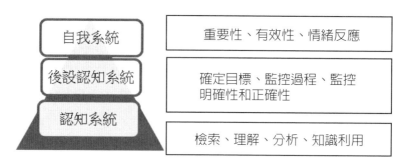

⊛圖1-1　Marzano & Kendall（2007）的新教育目標分類

對於表達期望和設立目標，研究者有句打油詩可以提綱挈領：

一份期許見面禮
學生承諾表心意
常規課業有依循
設定目標可努力

三、約法三章在取得安心與信任

　　開學初，還有一件重要的任務就是訂立班級規則（俗稱生活公約）。老師們會說所謂：「醜話先說在前頭」，有句成語說要：「約法三章」，明確規定規則，以便學生遵守。

　　「約法三章」一般人認為，就是用於泛指事先約好或規定的事。然而從此成語出處《史記‧卷八‧高祖本紀》內容觀之，其主要用意卻在「安民」。時值秦朝末年，天下大亂，群雄紛紛起兵抗暴，其中以劉邦和項羽的勢力最為強大。劉邦認為想要得到天下，必先得到民心，因此，他很重視民心的向背，軍紀也相當嚴謹。劉邦進入秦朝首都咸陽之後，不久又還軍霸上，召集各地的父老豪傑，向他們宣布：「父老們長久苦於秦朝的苛法，今日我既然最先進入關中，理當為關中之王，所以我要和父老們重新約定法律，新的法律只有三條，就是：『殺人者要處死，傷人者要受處罰，搶劫者要判刑』，其餘秦朝的苛法全部廢除。」百姓們知道了這個消息，都非常高興，更加愛戴劉邦，為日後漢朝的建立奠定了基礎。「約法三章」其實是劉邦為了給百姓安心，用來約束軍士的，而其特色就是簡單三條規定，去除秦朝其他苛法，所以約法三章的目的乃在取得百姓的安心與信任（唐樞，2000：2240）。軍中領導幹部流行一句話：「帶兵要帶心」，老師取得學生的安心和信任，帶班也要帶到心。

　　那麼在開學初與學生討論班級規則，建立班級規範後，老師也要以身作則遵守規定，並且依照規範徹底執行，如此才能夠讓學生的行為，有明確的依循，不至於無所適從，而有安心和信任的感覺，如此才能夠達成「約法三章」的真諦（張民杰，2008b）。

　　另外，開學初建立班上事務的結構，讓班務運作井然有序，也很重要，附錄一提供之建立班級結構的各項書表，可供參考。

第二節　明示班規與默示班規——
　　　　　　老師爲何不準時下課？

　　學者吳清山在擔任臺北市教育局長時，曾寫了一篇文章，名爲：〈老師準時上下課，學生才會更快樂〉，因爲他談到只要有機會和學生閒聊或跟學生座談，學生通常最希望老師做什麼？答案是：「希望老師準時下課」（吳清山，2009年4月29日）。

一、老師不準時下課的原因

　　爲何老師不準時上下課呢？原因很多，因爲有機會進入中小學教室觀察，發現還有文化的因素在裡面（張民杰，2010年8月）。研究者進入教室後爲了不干擾學生上課，通常會坐在最後排的學生位置上，而觀察師生言行之餘，也會看看教室布置、班級設備等等。有次觀察，忙著記下教室裡發生的事情後，猛然一抬頭，發現一個鐘掛在正前方黑板上面。這時研究者突然有個疑問浮現腦海，咦！鐘不是應該掛在研究者背後布告欄頂上給老師看，掌握下課時間嗎？爲何會掛在黑板上頭給學生看呢？哦！難道是學生看了掛鐘，提醒老師下課時間到了嗎？還是老師通常手戴腕錶，學生則不一定，因此前面掛了個鐘，讓學生知道上課了。

　　這些原因都有可能，然而研究者卻觀察到了一個現象，當老師上課很起勁、滔滔不絕地講解授課內容時，通常不會太在意快下課了沒，只有當下課鐘聲響起，老師才回過神來做一些下課的動作，例如指定作業、交代預習範圍、提醒考試時間等，然後才下課。這些總結活動做完之後，時間大概已溜走5分鐘了，老師才真正下課。

　　研究者進一步好奇的是，那麼老師們何時進入教室呢？我把眼光放到整個學校，發現這所國中老師們大多是當上課鐘響時才從辦公室走出來，進入任課班級教室大多已經晚5分鐘了，尤其是科任班級。或許因爲教師晚進教室5分鐘，才會晚下課5分鐘，這種時間掌握的現象，

普遍存在各校，形成校園「習焉不察」的常態，有些老師不知不覺成為「上下課都不準時」，最不受學生歡迎的老師。

二、緩衝的文化現象

　　為什麼會這樣呢？研究者認為這是文化現象，姑且稱此現象為「緩衝」。這種時間上的緩衝也出現在很多方面，例如：遲到。如果規定8:00以後遲到，那麼請問 8:01算不算呢？如果不算，那麼8:06呢？有位校長告訴研究者，所謂遲到是交通糾察隊進校門後才到學校的學生，這就是一種緩衝了。

　　不止在學校，校外時間緩衝的現象更多，最誇張的是喜宴用餐時間，明明喜帖上寫的是下午6時30分（準時入席），但準時入席是對賓客的請求，絕對不可能準時開動的，往往已經7時30分了，賓客望穿秋水，仍只見貴賓滔滔致詞，不見佳餚上桌來，而這現象早已司空見慣。還有研討會的開閉幕、電影入場與放映、搭飛機檢查（check in）與登機（boarding）、報稅的截止和開罰等，都有時間上的緩衝。另外還有空間上的緩衝：設置拒馬、城牆、護城河、萬里長城、路口淨空等；處理事情的緩衝，例如：立法從嚴而執法從寬、切割、設定停損點、官小的先下臺等等。

三、緩衝的好處與壞處

　　緩衝的出現，有它的好處，《菜根譚》言：「事有急之不白者，寬之或自明，毋躁急以速其忿；人有操之不從者，縱之或自化，毋操切以益其頑」（吳家駒注譯，2007）。所謂：「事緩則圓」，如此做事有彈性，對人也是一種尊重。

　　但也有它的壞處。首先，因為「說的是一套」（明明打鐘了），「做的又是一套」（老師未進教室上課或下課），明示規則（explicit rule）和默示規則（implicit rule）（Wolcowitz,1984）不一致，學生很快就會知道規定是規定，實際上又是一回事，對老師不再「聽其言而信其行」，而是「聽其言而觀其行」，增添師生間的不信任。研究者曾經

問過學生，上課鐘響老師還未進到教室，要多久才會開始懷疑老師這節課會不會來？答案是5分鐘、10分鐘，甚至有些大學生說20分鐘，可見學生都知道這種現象的存在，難怪有些年級較高的學生，下了課會儘量玩，上課鐘響才去上廁所、合作社買東西，爭取多一點下課時間，堪稱瞭解緩衝文化的「老鳥」。

再者，學生會想要測試老師的底線，如上述規定8:00到校，8:06緩衝不算遲到，那麼8:10呢？8:11呢？學生會用他的行為去測試老師的底線，誘發不當行為的產生。

第三，為了因應緩衝，所以明明校規規定8:00到校即可，老師怕學生自己做緩衝，拖到8:10才到，因此提早10分鐘到，7:50後算遲到，那麼7:55到校做何處理呢？按班規算遲到，卻跟校規不一致，把事情複雜化、引發困擾。而工作期限為了緩衝，層層提早，也限制了可運用的時間，例如：教育主管單位規定30日交作業抽查，學校怕有班級延誤，就規定25日交；教師怕學生延誤就規定20日交，結果真正可以寫作業的時間大大縮水。

四、教師面對緩衝文化的班級經營藝術

教師面對這種緩衝文化，如何獲得緩衝的好處，又可避免緩衝的壞處呢？以下是研究者提供的一些注意事項：

(一)說到就要做到

教師制定班規後，自己也要以身作則，避免說一套、做一套。規定學生手不要插口袋，說是怕學生跌倒，老師卻自己手插口袋；規定校園內不能抽菸，說是為學生健康著想，老師自己卻抽，這些都得不到學生的信服。

古時候有「殺彘教子」的故事，提到：「曾參的妻子跟兒子說，如果不要吵著要跟去市場，等她回來就殺豬給他吃。妻子回到家看到曾參在殺豬，大吃一驚，說是唬唬孩子的，別當真。然而曾參以為不應該欺騙孩子，因而殺豬以教子。」教師如果也能效法曾參以身作則，不但取

得學生信任，同時也可教導孩子言行一致。

(二)做不到的不要說

　　教師說話或訂規則時，要把後果先想好，做不到的就不要說，或不要這樣規定。例如部分同學作業遲交嚴重，教師很生氣，想以嚴刑重罰要求，規定不寫作業，處罰該項作業寫五百遍。有位學生不把教師的話放在心上或可能存心要反抗教師，就是不寫作業。隔天教師檢查作業時發現了，要不要罰寫五百遍呢？不罰或減少次數，教師的威信大打折扣，如果罰了，學生一時寫不完、或是根本不寫，一狀告到校方或教育單位，教師也理虧，反而讓自己騎虎難下，不可不慎。

(三)沒有緩衝要先說

　　由於傳統文化和現行社會情境有許多可以緩衝的地方，因此學生也許以為許多課業和行為也可以如此，上課晚一點到、作業晚一點交，應該沒關係，初次犯錯，也應該被原諒，長久下來，甚至還理所當然。如果嚴格執行，學生會認為教師老頑固、不知變化、不通人情、錯在教師，不在自己。要避免這些情況發生，教師有必要把話說在前頭，作業一定是何日何時前交齊，原因是如此才來得及交成績給校方，遲交的後果也說清楚，如此方能免除學生原先以為可以緩衝的認知。

(四)話不要說滿、事不要做絕

　　緩衝雖然有上述的壞處，但它也有彈性和尊重的好處。教師在執行班規時，精準地講究每個細節，不但非常辛苦，對教師工作、學生班級生活，也不見得全然有幫助，話說滿了，就沒有轉圜的餘地，事做絕了，狗急也會跳牆。不過基本上教師還是要以身作則，遵守學校上下課的鐘聲，準時上下課，才能使訂出來的明示規則和實際運作的默示規則一致，班級才能有效地管理與運作。這中間如何拿捏，得靠教師實務經驗累積的班級經營藝術了。

五、身教重於言教

依照吳清山（2009年4月29日））的說法，就上下課時間而言，老師可分為四種類型：(1)準時上課和下課，老師只要講課有內容，都會受到學生歡迎；(2)準時上課延後下課，即使老師上課很認真，不一定討學生喜歡；(3)不準時上課卻準時下課，這種教師上課拖拖拉拉，敬業態度不足，學生難免有些意見；(4)上下課都不準時，這種老師缺乏時間觀念，最不受學生歡迎。那麼在研究者的觀察下，如果老師因為緩衝晚進了教室，自覺不好意思，要上足時數，就晚下課，成了缺乏時間觀念，最不受學生歡迎的老師了。

緩衝文化確實有它的好處，但是壞處也不少，教師的身教應重於言教，準時上、下課，就是教師守時的示範。而鑑於國情有緩衝的文化，因此提醒教師班級經營時，說到要做到、做不到的不要說、沒有緩衝要先說、話不要說滿、事不要做絕。

準時上課和下課不但是教師守時的身教示範，而且是教師最重要的時間管理技巧，本書第六章第四節時間管理還會再深入探討。

一分鐘重點整理

1. 老師開學初要對學生表達期望，以利學生設定努力目標。

2. 老師要啟動學生自我系統，讓他體會該學習單元或內容的重要性、有效性，並有正向情緒反應，學生才會產生學習動機，啟動後設認知系統和認知系統，投入學習。

3. 老師也要瞭解家長和學生自己的期望和想法。

4. 約法三章不只是醜話說在前頭而已，更重要的是取得學生的安心與信任。

5. 老師要以身作則、說到做到、做不到的不要說，沒有緩衝餘地的

要先說。

6.班級規則不只是學生要遵守，老師也要遵守喔！

7.老師做人處事要保持彈性，話不要說滿、事不要做絕。

8.準時上課下課，不但是教師對守時的身教示範，也是最重要的時間管理技巧。

延伸思考

· 導師在帶班過程，開學初是很重要的階段，這階段有哪些重要的班級經營事項呢？

　　導師在開學初甚至在開學前，就要為帶班做準備，包括事前聯繫家長、瞭解學生背景和特性、班級事務的準備、教學事務的準備、評量和檔案紀錄、不當行為的處理計畫等（Burden, 2010），最重要的就是要建立一個井然有序的教室物理環境，以及學生感到放心、信賴的班級心理環境。教師應該透過各種準備和學習活動的開展，達到上述的目的。

第 **2** 章

班級環境的經營

班級環境的經營可以發揮「境教」的功能，物質環境的經營，主要包括影響學生同儕互動的座位安排，以及環境清潔的整潔工作。以下三節，第一節針對資深和初任兩位教師對於座位的安排，做個比較，同樣考慮到成績和表現來安排座位，一則是潛能取向、另一則是功績取向，小改變卻有不同效果。第二節徵求勇士掃廁所，說明湯姆・索耶效應（Tom Sawyer Effect），只要讓工作變得不是那麼容易獲得，並加入自主、專精和目的三大元素，也可以把工作變成遊戲，從外在動機轉變為內在動機，從事原本大家嫌棄的廁所清潔工作。而第三節打掃的目的何在？則是進一步談到環境整潔是給自己提供一個舒適清爽的學習環境，不是為了得到別人的稱讚，區分出精熟取向和表現取向的不同。由此可見，教師經營班級，有一個從他律到自律、外在動機到內在動機，從表現給別人看，到自己個人追求精熟的歷程。

第一節 座位小改變大不同——
潛能導向與功績導向的比較

課桌椅的排列應考慮到教學活動的進行，因此有直列型、馬蹄型、分組併桌、圓桌型等類型，而個別學生座位的安排，主要考慮是每位學生的視線和動線無礙。再者，就是「公平」——每位學生都有機會坐到自己想坐的位置。

學生在校時間有八成是坐在教室位子上，坐在哪個位置？旁邊有誰？影響了課業學習和人際互動，因此座位安排顯得格外重要。導師可以依照上課需要、教學方法不同，將課桌椅排成各種形狀，例如圓桌型、馬蹄型、直列型，在課堂人數多、主要以講述做為教學方法的班級，還是以直列型、排排坐的方式居多，因為這種排法，教師和每位學生的視線和動線比較順暢不受阻礙，教師比較容易掌控全局、維持秩序，學生也比較可以注視到黑板等教學媒體，維持專注。

　　不過傳統直列型排法，學生坐的位置，還是有好壞差別。比較有利師生互動的位置是老師站在講臺上看下去一個正三角形地帶（如圖2-1的2-5，8-11，15，16，21，22的位置），這些位置坐誰也反應了老師的教育理念，有些老師安排調皮搗蛋的學生就近看管；有些老師安排成績好的學生努力衝刺；而比較不利的地帶是前面第一列左右兩側（如圖2-1的1和6的位置），以及後排靠近門邊或垃圾桶旁邊的位置（如圖2-1的31-36的位置）。其他兩側的座位也容易為老師視線所忽略，是學生比較有隱私但也較不易專心的位置（如圖2-1裡，7，13，19，25及12，18，24，30的位置）。這些座位有時還會引來學生家長「關切」，希望導師能幫他的孩子換個「好位子」，當然也有學生很想坐在這些位置，可以較少被老師注意到。

　　導師要怎麼安排哪些學生坐哪裡呢？以下透過比較兩位分別教了33年書和第1年教書導師的做法，深入探討座位安排造成的效果（張民杰，2010，3月）。

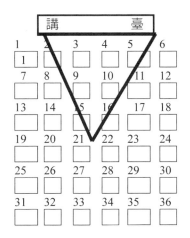

⊛圖2-1　傳統直列型座位安排

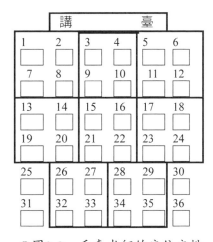

⊛圖2-2　千惠老師的座位安排

一、資深導師異質分組的排法

千惠老師任教已經33年，當過25年的導師。千惠在每次段考後，會讓班上學生更換座位。該班有32人，換座位的原則和步驟如下：

1. 每組四人，坐成一個「田」字（如圖2-2）。

2. 每組小組長的產生是班上排名前八位，名次不公布，如果有人當太多次不想當，詢問下一位學生候補。

3. 由小組長先選擇區塊，但小組長的座位固定在該組後方（如圖2-2的8，10，12，20，22，24，33，35位置）。因為要輔助小組中的弱勢同學，所以有此安排。

4. 組員的產生做異質分組（不同程度學生在一組），先分完小組長那一群後，第二群是中上程度（第9-16名），第三群成績中後段（第17-24名），第四群低分群（第25-32名）。由第四群先選小組長並坐在「田」的其他三個位置（如圖2-2的8位置是小組長，其他的組員分別坐在1，2，7的位置），再來第三群，第二群最後，因學生數不多，所以圖2-2裡25，31，30，36位置不坐人。

千惠老師只說：「請黑板上幾號上來選位子」，並沒有公開說明是以成績分群。好處是每組裡面都能相互支援，且充分運用小組長制度幫助弱勢同學，班上會在每次小考後留時間讓他們向小組長問問題，利用同儕促進學習，也增進同儕的情感和學習的樂趣。

不過比較特別的是亞斯伯格症（Asperger Syndrome）的松雄（化名），固定坐在圖2-2裡34的位置上，由各組輪流照應，愛吵鬧的同學不能在同一組，甚至要坐隔離座。而部分同學身高、體型可能影響後面同學視線，千惠也會做些調整。每次段考後，就會再換一次座位，一學年約換六次座位。

二、初任導師功績導向的排法

淑慧老師實習那年乃接受千惠老師的輔導，但當她第一年擔任導師時並未學著千惠的做法，因為淑慧認為這個方法太麻煩了，她把選座位

當成是一種獎勵，如果學生做得好，表示是個成熟的孩子，就可以自己選座位，譬如說上課表現好、被其他任課老師稱讚、作業按時繳交、或是該週的競賽活動班上得獎，像是班級書庫、書海遊蹤、整潔比賽、秩序比賽等，有良好的行為表現就可以自己選座位，讓學生照評比結果依序選座位。

三、座位安排透露導師的教育理念

千惠排座位的方式確實有點複雜，而且如果班上有較多愛講話、調皮搗蛋的學生要處理，這個排法也有困難。不過雖然兩位老師都是依成績或行為表現讓學生選座位，也都有獎勵，但兩者造成的效果卻不同。千惠的排座位方式，是「學習潛能導向」，也可說是「計畫未來式」，因異質分組，帶動學生同儕互動和合作，採組內合作、組間競爭模式，組與組之間成績進步最多的，千惠也會給該組獎勵、該組小組長還有特別獎勵；而淑慧的排法卻是「學習功績導向」，也可說是「檢討過去式」，學生學習或行為表現好自選座位，雖可當成導師獎勵學生的方式，卻也造成同學個人的競爭和計較，恐怕導師要很公平地記錄學生們的表現，才能讓選座位順序殿後的學生服氣。

雖然上述兩種排法各有優缺點，不過誠如劉雲杉（2005）所說：「排座位是班級中敏感問題，也是導師權力的明顯應用」（頁194）。導師排座位時除了兼顧學生個子高矮、視力好壞、男女性別、成績好壞外，筆者認為最重要的是要讓學生覺得導師公平、不偏心，先跟學生訂好規則然後照著來，並定期更換，遇到特殊情況需做調整時，也應該向學生清楚說明用意。如果能讓學生個個有機會坐到自己想坐的位置，如此會對導師比較服氣，也活絡班上的學習氣氛和人際交往。

教師安排學生座位，還可以參考學生同儕間的人際關係，例如運用社會矩陣法（或稱社交測量法）來排座位，本書附錄二針對利用社會計量法，說明安排學生座位的步驟，可以參考。

第二節　徵求勇士掃廁所——湯姆‧索耶效應

　　根據比較教育學者沖原豐對中小學「學校掃除」的研究，世界各國有三種類型：「清潔工型」、「清潔工與學生型」、「學生型」（楊思偉、沈姍姍，1995：10），我們臺灣可說是「清潔工與學生型」的混合型。為何不走「學生型」呢？因為有些工作可能具有危險性，如清洗大樓窗戶或割草；又為何不全部採「清潔工型」呢？因為學校整潔工作、灑掃庭除、應對進退，是一項勞動教育和生活教育，乃學校教育的一部分，因此採取「清潔工與學生型」是不錯的做法。

　　目前學校整潔工作一般分為教室內掃區以及教室外掃區，而學生最怕的就是負責外掃區，掃樹葉、清水溝，尤其害怕掃廁所，擔心又髒又臭，很多人避之唯恐不及。由於學生的害怕擔心，曾經有家長拿出百萬元捐款，要校長免除學生廁所整潔工作，而遭到校長以這是一項教育活動為由而婉拒，然而依舊無法擺脫刻版印象，學生不願意掃廁所的事實。

　　不過，據報載有些學校像臺東市康樂國小就反向操作，把以往被視為處罰的掃廁所工作變成榮譽，想掃廁所得要成績和行為表現都不錯，經過校長核定，才有機會為全校師生服務。在榮譽感驅使下，學校廁所乾淨清爽，讓學生引以為傲；而慈濟小學裡，打掃廁所也是由各班導師推派表現優異的學生負責，目的是希望原本做事即相當負責的學生，在維護廁所的整潔活動當中，能夠學習更細微的服務態度，把掃廁所當成一項重要的教育活動。

一、徵求勇士掃廁所

　　研究者觀察的專家老師中，俊英（化名）老師帶的班級經常接受學校安排打掃廁所，俊英老師從來不抱怨，因為他對學校交代的任務有他的方法。他說：「掃廁所乍看之下是份苦差事，因此一定要找喜歡的人去做。」像本學年度，他帶的導生班外掃區還是掃廁所。俊英老師跟

班上同學宣布有一份神聖任務，做好了會得到榮譽，甚至還會獲得市長召見（俊英老師強調這是真實的，去年學生掃的廁所得到特優公廁，就獲得市長的召見和頒獎），而且由於負責的廁所就在校長室旁邊，俊英老師還特別要同學觀察，有很多校外來賓來學校找校長，如有需要通常都會上這間廁所，等於是學校的門面，更顯得清潔工作的重要。所以要徵求班上五名勇士（俊英老師估量過一間廁所只要五個學生就可以掃乾淨了，包括小便斗、馬桶、天花板、地板、牆壁），後來有八位同學自願，老師還要他們抽籤才決定出最後的五位勇士負責掃廁所。

　　這五位同學到廁所之後，也不是由俊英老師分配工作，而是詢問他們的專長和興趣，要他們自己各自選擇負責的項目，然後分別跟學生討論各個項目打掃的要領在哪裡？例如：地板清掃不要用太多水，平常要保持乾燥；牆面以乾淨清爽為佳，保持原有磁磚的清潔，不要亂貼標語；窗戶玻璃不要用抹布擦，要用海綿刮刀等。各自工作選定後，五位學生掃起廁所來很起勁，果然學校廁所每次評比的時候就出現好成績。

二、湯姆‧索耶效應

　　這種作法讓人聯想起美國文豪馬克‧吐溫（Mark Twain）的第一部小說《湯姆歷險記》（*The Adventures of Tom Sawyer*）作品裡快樂的刷牆工，也敘說著相同的故事。以下是該篇小說的記載：

> 湯姆打量著木板釘成的圍牆，心情沮喪。那堵短牆大約有三公尺高，長達三十公尺。他甚至覺得活著沒有什麼意思。……已經絕望的時候，他忽然心生一計。湯姆拿起刷子，悠然自得地開始工作。……貝恩對湯姆說：「哎呀：你可倒楣了。」湯姆沒有回答，卻以藝術家的目光打量一下剛粉刷了的那塊牆壁，小心地補上一刷。然後又仔細地看這一刷的效果。……
> 貝恩看著湯姆的舉動，愈看愈覺得有趣。「嘿，湯姆，你讓我也刷點兒吧。」……湯姆做出一副很不情願的樣子，把刷

子交給了貝恩，而心裡卻樂開了花。……小傻瓜又來了好幾
個，他們起初想逗著玩，結果卻都留下來刷牆。就這樣一個
挨著一個地輪流下去，一連幾個鐘頭都沒有間斷。……
湯姆發現了人類心理的一個重大法則。那就是，不管是大人
還是小孩，如果要引起他的慾望，就讓他覺得那可不是容易
得到手的（邱劍虹、文靜譯，2006）。

俊英老師還以立可貼製成「宇宙無敵大祕密」，貼到五位學生的聯
絡簿，表達老師祝賀他們負責的廁所清潔工作獲得好成績，讓學生備感
榮譽和溫馨。

三、追尋內在動機的三大要素

寫作《動機‧單純的力量》（*The surprising truth about what moti-
vates us*）一書的D. H. Pink（席玉蘋譯，2010）指出，人類天生就有追
求新奇與挑戰、鍛鍊並延伸自己能力，主動探索學習的內在動機，要人
類自動自發、會自己引導自己，要具備自主、專精、目的三大要素。

(一)自主

所謂自主，就是可以自主選擇工作內容（做什麼工作）、工作時間
（什麼時候做）、團隊夥伴（與什麼人合作）和工作方式（用什麼方法
做到）。俊英老師是以徵求勇士方式讓學生自願掃廁所，基本上就是自
主選擇工作內容和工作方式，說不定讓學生自組團隊來負責掃廁所，激
勵的力量會更大。

(二)專精

所謂專精，就是讓學生主動投入，並且靠著努力和刻意練習，讓自
己精熟該項技能，以專注的態度去探索，讓工作變成玩樂。俊英老師是
讓五位學生以自行選擇方式排定工作項目，並且讓它們動腦思考如何能
夠把清潔工作做得更好，形成一種挑戰，而增加其內在動機。

(三)目的

　　所謂目的，就是每個人都有根深蒂固、期望主導自己生命、展現自己能力、過一種有目的人生的渴望。俊英老師強化打掃廁所是一項榮譽、是一項學校門面的重要工作，賦予掃廁所的意義和價值，無怪乎學生會把別人視為畏途的掃廁所工作做得這麼好。

　　每次看到時事新聞，無論是學生上課吃雞腿、打瞌睡、看漫畫、發呆不專心，我們擔心的其實是學生們的學習動機，而不管初任教師和資深教師，學生動機也經常是他們遇到的主要教學問題之一（Dollase, 1992），如何激發學生動機？可說是教師畢生的職志。我們教師常會以物質性（如糖果、文具）獎勵、社會性（如：口頭讚美）獎勵、或活動性（如辦理班級旅遊）獎勵等外在的力量，來激發學生動機，然而這些方式卻不易維持，甚至反而讓學生轉移目標，只注意到獎勵的獲得，而忘掉了學習帶來的內在滿足感和成就感。或許我們可以學學俊英老師、或是湯姆・索耶，讓學生覺得那可不是容易得到手的，並透過自主、專精和目的三大要素，設計於學習活動裡，來形塑他們的內在動機，那麼學生學習和行為表現的進步，就指日可待了。

 ## 第三節　打掃目的何在？
精熟取向與表現取向的比較

　　有一年研究者在一所小學觀察兩位優秀的導師帶班，有一天幫我聽課的助理納悶地問我：「老師，兩位導師和班上的學生都處得不錯，可是學校公布欄裡常常看到二年級采玉老師（化名）的班拿到整潔、秩序競賽的前三名，雖然六年級的欣宜老師（化名）班上成績也不錯，卻未拿到名次，這是什麼原因呀？」（張民杰，2010，9月）

　　研究者當時笑一笑，對於這樣的結果並不意外，但不是因為我們看錯人了，也並非欣宜老師不優秀，而是她有特別的想法。於是研究者把

一次獨自前往聽課的故事告訴助理。

一、別活在別人的掌聲之下

這一天聽導師欣宜老師上課，她要進行「聊書時間」，因為閱讀對六年級小朋友很重要，如果養成良好的讀書習慣，會影響他們日後學習。於是欣宜老師在家長同意下，運用班費買了一些好書讓學生共讀，而「聊書時間」就是用來討論和分享閱讀心得。這節課的最後，老師問大家：「你們自己最喜歡哪一篇文章呢？」學生紛紛表達看法後，同學們也想知道欣宜老師喜歡哪一篇文章？欣宜老師說：「這次閱讀的幾篇文章中，我個人最喜歡的是林國輝先生《換個腦袋看寓言》書裡的〈掌聲下的木偶〉。」

這篇文章描述有位小丑有個壓箱絕活——身上沒有絲線可以操弄，也沒有口袋可以放進手掌翻轉，但會自己表演的木偶。只要觀眾掌聲響起，木偶就會隨著節奏跳起舞來，掌聲愈響亮，表演就愈出色；如果掌聲稍為停歇，它也會跟著停頓。掌聲大一點，時間長一些，木偶就能跳高一些，多翻幾圈。在觀眾嘖嘖稱奇下，最後要以最熱烈的掌聲看木偶可否跳過廣場上的烈火。所有的觀眾拼了老命地鼓掌，霹靂啪啦、轟隆作響，木偶奮力騰躍到烈火上空。這時，所有人看得目瞪口呆、驚呼不已，竟然忘記繼續鼓掌。一下子廣場上靜寂無聲，木偶就在眾人面前從高空中摔落烈火當中，燒成灰燼。

欣宜老師告訴學生，這則寓言故事要大家千萬不要活在別人掌聲之下，讓旁人的掌聲來左右、操控我們的想法與行為。唯有自己肯定自己，才能活出精彩的人生，所以她特別喜歡這篇文章。

所以囉！我的助理豁然開朗，原來是欣宜老師「不要活在別人眼光、要自我肯定」的價值觀，才會讓班上同學不在意競賽是否得名，而非我們錯看導師帶班。

二、校長對隔壁班認真打掃的稱讚

在聽課的日子，也曾經發生過一件類似的例子。欣宜老師規定小

朋友上學時要早上七點鐘到校（註：小學一般規定學生7點半左右到校），先把負責區域打掃乾淨，再跑操場三圈（600公尺），然後回班上進行自己的學習活動。班上的戶外打掃區域是在操場司令臺右側，而左側則是隔壁班的打掃區域。一般而言，學校的打掃時間是7點半開始，因此當隔壁班小朋友開始打掃時，欣宜老師班上的學生已經進教室早自習了。而這時候校長、行政人員和老師陸續到校，大家每每看到隔壁班認真打掃，總會讚不絕口，感謝他們把司令臺左側掃得那麼乾淨。有一次校長還在朝會上公開稱讚隔壁班，說她每天早上到校，都看到同學認真打掃，難怪掃得這麼乾淨，值得大家效法和學習。

三、打掃的目的是什麼？

　　這些話聽在欣宜老師班上學生的耳裡很不是滋味。他們認為自己打掃也很認真，但是卻沒有得到校長的讚美。欣宜老師知道學生的感受後，並沒有向校長說明實情或表達學生的不滿，反而詢問班上學生：「校長沒有稱讚你們，會不會在意呀？」小朋友嘴巴說不會，但是心裡可不這麼想。老師笑笑地問：「打掃的目的是什麼？」有學生回答說：「維護環境清潔呀！讓我們有個舒服的學習環境。」欣宜老師接著道：「很好，我們是為自己打掃的呀！不要太在意別人看法喔！」《論語》上記載孔子說：「人不知而不慍，不亦君子乎！」雖然學生小小年紀，心中不免遺憾，幸好故事的結局還不錯，校長後來也發現到這個問題，司令臺右側雖然沒看到學生在打掃，卻一直很乾淨，所以不可能沒有打掃，原來是學生很早就完成整潔工作，於是校長兩邊都稱讚，讓欣宜老師班上學生的遺憾有了彌補。

四、導師的深遠影響

　　欣宜老師說她每次教到圓周率，總會和學生分享臺灣作家小野《蛹之生》裡的中篇小說〈周的眼淚〉。小說主角周篤行每次都很努力地做實驗，但結果總是不符合課本的理論值，然而他不理會實驗搭檔張世同學只求高分，向他提出修改數據的要求。文裡最後一次實驗，他做

出來的實驗值還是跟課本不同，雖然在寫下數據時心中十分掙扎，他還是選擇忠於自己的實驗結果。故事的結局產生大逆轉，原來教授這次拿錯實驗材料給他們，才發現只有周篤行誠實地寫出數據，因此就以該次實驗結果做為期末成績，讓堅持做自己的周篤行流下驚喜的眼淚。

欣宜老師說，這則故事讓許多她教過的學生到了大學還深受影響，他們願意踏踏實實地唸書，不像有些同學平時不唸書，考試時才找考古題、抓訣竅，雖然他們的成績不一定比這些同學好，心裡卻踏實無比。心理學把只求成績表現的稱為「表現取向」（performance-oriented），把在意是否熟悉教材、是否學到東西的稱為「精熟取向」（master-oriented），就學習的長期效果而言，其實後者是優於前者的，因為後者是內在動機，自我驅動的，有別於前者是外在動機，因他人因素而表現出來的，甚至後者也比前者不會作弊。

寫《第56號教室的奇蹟》（*Teach Like Your Hair's on Fire: The Methods and Madness Inside Room 56*）一書的美國小學教師雷夫・艾斯奎（Rafe Esquith），他上課的第一天也把柯爾堡（L. Kohlberg）的「道德六階段」教給學生，引導學生的行為表現，不是因為害怕懲罰、順從別人，也不是為了獎勵、想得到什麼好處，而是為了體貼人、尊重人而表現出該行為、甚或要忠於自己的原則，認為自己該做的事就去做，表現出自己覺得值得表現的行為。

國內其實有很多導師跟上述的欣宜老師、雷夫老師一樣，默默地盡到自己當導師帶班的責任，他們不計較是否被其他人看到，但求對得起自己和帶班的學生。學校應該多多發掘這類的導師，做為楷模和典範。而導師也可以把這項價值觀教給學生，雖然對未成年的孩子來說，這樣做，實在太難得了，然而就像雷夫老師教導學生後，也有學生會默默幫助同學，不求獎勵或表揚，只是師生雙方會心的一笑，那境界好比佛祖拈花微笑一般，很妙。

一分鐘重點整理

1. 善用座位安排來引導同儕互動，激勵學生學習或合作學習。

2. 學生座位的選擇與安排，可以用來酬賞學生的表現，也可以做為異質分組、合作學習的依據，激發學生的潛能。

3. 透過自主、專精和目的，形塑學生內在動機，苦差事也可以變成求之不得的榮譽和成就。

4. 湯姆・索耶效應：如果要引起他的慾望，就讓他覺得那可不是容易得到手的。

5. 教導學生為自己而活，不要活在別人的掌聲之下，讀書最重要的是學到什麼、學了多少，而不要太在乎成績得分高低。

6. 回歸到教育本質和目的來思考，許多班級經營的正確方向和做法就會浮現。

延伸思考

・導師在帶班的過程，如何透過環境形塑班級的隸屬感呢？

　　經營班級環境提供學生舒適、安全的學習空間，最重要的是形塑班級的隸屬感。

　　班級的隸屬感（sense of class belonging）就是學生個人能夠感受到教師及班上同學的接受、尊重、包容和支持，超越了學生之間的種族和文化差異。歸屬感和課業成就有密切關係，可以減少學生的情緒困擾、憂鬱、暴力、酗酒、嗑藥、自殺等負面行為問題，感覺到課堂上的學習任務是有趣、重要、有用的，建立內在和精熟的目標，增加自尊、樂觀、同理心、對成功的高度期望。教師營造班級環境的目的，就在形塑班級的隸屬感。

第 3 章

教師的自我經營

管理大師彼得・杜拉克（P. Drucker）說：「要管理別人，先要管理自己」。同樣地，教師在經營班級之前，也先要自我經營。教師可以善用肢體語言，對學生表達溝通的意涵，而教師更應該培養自己的幽默感，做好情緒管理，並且在法令或傳統所賦予的法定職權、獎懲權之外，做好身教，發揮人格感召的權威，以及終身學習，不斷追求專業成長，形塑專家的權威。

 ## 第一節　教師的肢體語言——溝通時不用說的祕密

教師的肢體語言是一種非語言訊息，在溝通時是很重要的，未來在第五章第二節會再提到麥拉賓定律（Mehrabian principle）。本節想先談談教師與學生溝通時，出現的肢體語言代表了哪些非語言訊息和意涵，再來分析教師如何運用肢體語言，在學生出現不當行為時設定限制（limit setting）。

一、教師肢體語言是不用說的祕密

教師的肢體語言，表現在眼神、臉部表情、頭的姿勢、手勢、雙手擺放的位置、甚至坐姿，都會透露出當事人的情緒並代表某種意涵。例如：

(一)在眼神方面

雙眼眨動，不敢看對方，表示心虛、沒有自信；眼神和學生接觸，並掃視全班，環顧四周，可以掌握全局。而眼神常是教師自信的表現，如果老師上臺只盯著黑板、天花板、地板看，所謂「三板教師」，就會顯得很沒有自信；反之，如果教師眼神能夠與臺下學生接觸，就能激起師生的互動，顯現出教師的自信，是教師教學過程很重要的肢體語言。教師對每位學生眼神接觸一次約3秒，人數多則可分四個象限來處理，而且老師的目光隨機在各象限移動往哪移動，學生會跟著移動，老

師的眼神可以喚起學生的注意力，如此做也有掌控全局的效果。（李璞良譯，2012）

(二)在臉部表情方面

　　教師嘴角拉起表示愉快、喜歡對方；嘴角下垂，表示生氣、憤怒或討厭對方；嘴角拉平，表示注意在聽對方說話；嘴巴嘟起來，表示教師不同意學生的想法。教師的情緒透過臉部表情，顯現無遺，而微笑是傳達快樂、歸屬、溫暖和同理心的有力訊號（Olender, Elias, & Mastroleo, 2010），老師應該經常面帶微笑。

(三)在頭部姿勢方面

　　向上抬頭超過30度，表示教師在思考或有所批判，不想要傾聽學生的意見或問題；向下低頭超過30度，表示教師已經做了決定，不想再聽學生解釋或說明。只有頭部的姿勢維持水平，不過高、過低，才能顯現出傾聽學生的肢體語言。

(四)在手勢方面

　　亮出掌心表示「停止」；把食指放在唇上表示「安靜」；以手指擊出聲音表示「注意」；而豎起拇指表示「贊同」。

(五)在雙手擺放位置方面

　　教師面對全班兩手插腰、或是兩手放於胸前，表示教師高高在上的感覺；而面對全班兩手放於丹田前、兩手放於背後，走下講臺巡視，則表示很輕鬆自在的樣子。

(六)在坐姿方面

　　學生前來時，教師只坐椅子前半面身體往前傾15度左右，表示教師想傾聽學生的心聲，而且師生如果呈直角坐下來晤談，會更沒有壓迫感；但教師如在學生前來時，坐滿椅子並往後仰，則表示教師懷疑學生的話。

　　不過肢體語言也有文化因素的差異，不同的族群、地區和文化，同

樣的姿勢，可能有不同的意涵。尤其像手勢，事情順利完成，人們習慣擺出OK手勢，但其他國家OK的手勢意義卻有不同，例如：日本代表金錢、法國象徵廢物、巴西和德國卻具淫褻涵義，不同國家有不同意涵，因此在不同地方或面對不同國家的人，這個手勢就不能隨意使用。但手勢也是會跨國流傳的，例如：對人比中指，表示辱罵對方，這本是西方傳統的用法，但是在東方目前也是這個意涵，為人師者切忌使用。

二、教師肢體語言可以設定限制

教師的肢體語言會透露出當事人的情緒並代表某種意涵之外，也可以用來設定學生行為的限制，例如：教室如果發出一些干擾上課的聲音，運用語言策略（如大聲訓斥），倒不如運用非語言策略（如眼神接觸）來的有效（葉玉珠，2004：17-19），可知肢體語言的奇妙。有許多學者都提出了運用肢體語言來約束學生行為的方法，最有系統的應屬瓊斯（F. Jones）的設定限制（limit setting），而Redl與Wattenberg、Albert和Canter夫婦在其理論內容也有一些描述，說明如下：

(一)瓊斯運用肢體語言設定限制

瓊斯（F. Jones）很有系統地運用肢體語言設定限制，讓干擾的學生回到學習任務。其過程有：背後長眼睛、暫停教學、轉身注視呼名、走到課桌前、慢慢走開、使用手掌壓桌、前面紮營、後面紮營等八個步驟，進行到哪一步驟時如果學生能回到學習任務就停止，如果仍繼續有干擾行為，則持續進行下去。具體說明如下（Edwards, 2004:227-236）：

1. **背後要長眼睛**（having eyes in the back of your head）：教師在教學同時間要注意班上所有學生的行為。教師在處理學生行為時清晰度（clarity）和堅定性（firmness）愈高，愈能中止學生的干擾行為。清晰度指具體指出其錯誤行為，堅定性表示教師說話溫和而堅定的口氣。

2. **暫停教學**（terminating instruction）：雖說不要只注意學生不當行為以免強化，但是可以用手勢表示會暫停一下、或可以快速和學生

說：「請等一下，我馬上回來，先處理這件事」。

3. **轉身、注視、稱呼學生名字**（turning, looking, and saying the student's name）：暫停教學後就要轉身注視發出干擾的學生，接著看該生的眼睛，堅定不疑的凝視著該生，不要用瞄的（dart）、顯出厭惡（disgust）、刺激（irritation）、或生氣（anger）的表情，雙手自然下垂在舒服的姿態，不要插腰而顯得沒有耐心，以平靜的語氣叫學生名字一次。

4. **走到課桌前**（moving to the edge of the student's desk）：像在公園散步一樣慢慢地走過去漫不經心的學生身邊，一直到其桌腳邊緣，不要急，保持輕鬆，不要再喊學生名字，也不要強調班級規則，而是給學生自行決定做什麼，等到他回到學習任務。

5. **慢慢走開**（moving out）：學生如果回到學習任務，教師可以彎腰向學生表示謝意（用肢體表示不用語言），然後慢慢離開。

6. **使用手掌壓桌**（using palms）：但學生如果還是沒有反應，繼續他的干擾行為，教師可以側身手掌壓在他桌上，給他一個口語或非口語、簡短而直接的提示，例如：「坐回座位，完成數學習題」，如果仍無結果，可以雙掌壓桌，維持眼神接觸，學生可能會假裝無奈（如：我不懂啊！）、否認責任（如：我沒做呀！）、責怪他人（如：他先開始的！）、怪老師專業能力不足（如：老師你沒有講清楚！）、督促老師離開（如：我要做作業了，請老師離開！）、批評老師（如：離開一點，老師你有口臭）、辱罵老師（如：直呼老師姓名或不雅言語等），這些都是學生逃避責任的藉口或做法，教師主要目的在請他回到學習任務，所以教師要冷靜、保持輕鬆、沉默和等待，假如你能夠冷靜就能掌控情境，讓學生回到學習任務。有必要，可以在私底下約談，在沒有同儕在場時處理。

7. **前面紮營**（camping out from in front）：如果上述六個步驟無用，老師就站在其課桌前不走，不在意地看著他並等待，接近他並保持眼神接觸，可以做簡單提示，如果學生回到學習任務，可以感謝他並慢慢離開。

8. **後面紮營**（camping out from behind）：如果學生還是未回到學習任務，或者有其他學生一起講話或其他違規行為，教師可以走到桌後做後面紮營。如果仍無效，表示肢體語言未能設定限制學生行為，只好訴諸約談等其他輔導策略了。

肢體語言設定限制的問題是，這個技巧具有威嚇性，愈接近學生，學生就愈覺得威脅和不舒服，也可能引起學生暴力行為，教師要有所因應和警覺。研究者讓學生實地運用演練時，發現教師使用時務必要和教學同步進行，除了開始時教學稍微暫停一下外，其餘步驟的進行不該停止教學，保持輕鬆，等待學生行為回到學習正軌，口語使用除了呼名外，可以提問該生問題，要其回答，以回到學習任務，但切勿與學生爭辯，如前文所述，如此才容易達成肢體語言設定限制的效果。

(二)其他學者對肢體語言的運用

1. 運用肢體語言掌控全局

「掌控全局」（withitness）是J. Kounin提出來的經營技巧，或稱「背後長眼睛」，教師要讓學生相信教師知道學生們正在做的行為，當學生有錯誤行為，要即時反應，教學同時要處理學生的錯誤行為。

2. 運用肢體語言作為支持自我控制的影響技術

「影響技術」（influence techniques）是F. Redl和W. W. Wattenberg提出來作為維持團體控制的方法，包括：支持自我控制、提供情境協助、評估現實、訴諸快樂和痛苦的原則。其中的支持自我控制，大部分運用教師的肢體語言來幫助學生找回控制自己的能力，包括：傳達訊息：使用眼神接觸、皺眉、搖頭等；趨近控制：教師靠近違規行為學生的周圍、或忽視等。

3. 運用肢體語言作為「獲得注意」錯誤目標的處理策略

L. Albert受到A.Adler與R. Dreikurs的影響，認為如果學生有「獲得注意」（attention getting）目標的追求，教師可以運用眼神接觸，讓有不當行為的學生知道教師在注意他、或是用身體接近，走近有不當行為傾向的學生。這兩種肢體語言可以用來處理想要獲得注意的學生。

4. 可以配合表達口頭設限

L. Canter與M. Canter夫婦提出的果斷紀律模式（assertive discipline model），認為教育可以運用肢體語言來配合表達口頭設限，例如：利用眼神的接觸，讓學生集中注意，但不必要求學生直視教師，或以堅定的聲音與面部的表情、手勢來強調口語傳達的意義，但切勿指著學生的鼻子罵。另外，還可以身體接近或拍手與叫出學生名字，使訊息更加明確，這些都是搭配肢體語言，使口頭設限更加明確。

5.教學過程的走動管理有助於學生投入學習

在教學觀察——座位表觀察技術中，記錄教師教學過程在教室裡的移動情形，也是想藉此瞭解教師在課堂教學過程的走動情形。教師如果能夠在教室座位行間走動和巡視，有助於學生投入學習，尤其是在小組討論、個人獨立作業，做習題解題時，更是如此。

三、教師溝通時非語言訊息的重要

E. Berne與T. Harris提出的「人際處理分析」（transactional analysis）提到，人們在溝通時有三種自我心態，分別是父母、兒童和成人。不同的自我心態可見其肢體語言，父母的自我心態：表現於肢體上，如手放臀部上、手交叉置於胸前、嘆氣、搖頭、皺眉、抿嘴、令人厭惡狀等；兒童的自我心態：表現於肢體上，如哭泣、發脾氣、抱怨、嘟嘴、嘴唇顫抖、聳肩、傻笑、扭曲身體、眼睛向下垂視、大笑等；成人的自我心態：表現的肢體語言是微笑、看起來是在尋找更多訊息的樣子。教師是否駐留在成人的自我心態，可以從其肢體語言得知。

因此教師在與人溝通時，不管是學生或是家長，都應該要注意非語言訊息的重要性，善用肢體語言。以下是研究者在建構親師溝通能力指標時（張民杰，2013），透過焦點團體訪談，獲得如何在溝通過程善用非語言訊息的做法。

(一)溝通過程有合宜的服裝儀容或肢體接觸

合宜的服裝儀容是一種禮貌，也是第一印象，代表對溝通者的尊

重，有助於溝通。而如果有肢體接觸也要合宜，例如：當事人沮喪時可以拍拍肩膀表示安慰，與家長面對面溝通開始或結束時可以握握手，表示歡迎或祝福，讓對方感受到親切，降低其敵意與壓力。但是要符合文化規範，以免引發對方的不舒服，甚至構成性騷擾。

　　教師應如何穿著（dress code）呢？國內並無明確規定，在美國則視為憲法上保障的表現自由，非經正當程序不得剝奪，因此只有基於教育目的、已經造成教學的干擾和學生的危害，才能約束教師的穿著和髮型，如果是基於教師個人品味，留鬍子、山羊鬚、落腮鬍，或是基於宗教信仰、種族文化的穿著打扮，都應予以尊重（Lemley, 2001）。

　　然而由於學生每天上課都要面對教師，可說是「強制的觀眾」（captive audiences），教師的服裝儀容自然會對學生造成影響，甚至也代表對學校及教師本身的尊重，因此要穿出專業感（professional code），並以身作則，作為角色楷模，我們不希望學生如何穿著打扮，教師就不該這樣穿著，紋身、打耳洞、低胸、垮褲等，都要儘量避免（Million, 2004, January）。

(二)溝通過程善用合宜的肢體動作

　　肢體動作包含眼神接觸、臉部表情、手勢、姿勢、姿態等。如前所述，這些肢體動作都表現出特定意涵，如果我們語言訊息和非語言訊息不一致時，對方更會以肢體動作來判斷溝通的意涵，所以肢體動作經常是溝通過程雙方判定訊息的依據。教師神色自若、態度從容、誠懇專注，有自信，避免過度呆板、木訥與緊張，可以讓家長（學生）更正確地接受到傳送的訊息，溝通更順暢。

(三)在溝通過程留意自己的聲音

　　溝通時有超語言部分，包含音量、語調起伏、語速、流暢度、清晰度、避免口頭禪等，也是語言內容外很重要的訊息。教師口語表達時要能注意省察自己的講話習慣，找出缺點，戒除口頭禪，純熟使用口語溝通，以溫馨的語調感同身受，讓對方感受到尊重。

第二節　教師的幽默感——先從讓學生開玩笑開始

幽默風趣的老師總是受到學生的喜愛，不管幽默到底是天生還是後成，要擁有它的老師可以有一些做法。首先，先從嘲笑自己、自我解嘲下手，當然要先不怕出糗，有讓學生開玩笑的雅量。再者，充分瞭解學生，在適當時機或情境裡表現出導師的幽默感，以下是一些案例。

一、導師要有讓學生開玩笑的雅量

導師嘲笑自己、自我解嘲，並不難辦到，但學生可能同時也會跟導師開玩笑，這時候導師要表現出雅量，不以為忤，才能達成輕鬆愉悅的效果。以下是研究者教室觀察獲得的三則案例（張民杰，2006）。

案例3-1　變液態是因為離婚

導師陳老師在上國中理化課時走下講臺，將自己比喻成固體、液體、氣體三態。結婚前是氣態，因為自由自在、沒人管；結婚後是固態，被管東管西，要顧慮家人感受；小孩長大後是液態，不喜歡黏著老爸。這時有學生笑說，變液態是因為離婚，同學們大笑，甚至鼓掌叫好。陳老師並沒有離婚，不過他知道同學在開玩笑，不以為意（張民杰，2006）。

案例3-2　是不是常用水池的水洗頭？

國中導師阿信問學生：「校門口有幾個噴泉呀？」學生七嘴八舌，導師也不給答案，要同學自己去看。接著阿信又問大家：「建築師為何要把噴泉頭做到邊邊呢？」這個問題也在學生一陣問答對話後，說出是要讓每個噴泉頭壓力相等的答案。這時阿信

話鋒一轉，問學生：「噴泉的水是從哪裡來的？」眾說紛紜後，有學生說了正確答案──雨水。阿信老師順勢說：「所以同學千萬不要喝噴泉裡的水。」（註：因為阿信老師常看到同學在喝，藉此機會教育）。想不到，有位同學反應很快，馬上問阿信老師：「是不是常用水池的水洗頭？」這時全班哄堂大笑（註：因為阿信老師有點禿頭，同學私下叫他阿禿老師）。阿信老師卻只是淡淡地說：「我知道你在講什麼人，但這個人肚量很大，不會在乎。」下課後，還有許多學生圍著阿信，問老師博客何時開張？阿信老師說歡迎同學上去留言，什麼都可以講，但要言之有物（張民杰，2006）。

案例3-3　做錯事還不承認的人

有國中生上課時玩弄小盆栽，導師何老師糾正他，他卻不承認。何老師說：「我最討厭一種人……」，馬上旁邊的同學接話：「像你這樣的人。」何老師不理會，接著說：「做錯事還不承認的人。」（張民杰，2006）

案例3-1及3-2可以看得出老師自我解嘲，有讓學生對自己開玩笑的雅量。而案例3-3，學生在嚴肅問題上開玩笑，老師也以忽略方式轉移到正題，不和學生計較，不遷怒，也是很好的情緒管理。

二、瞭解學生和情境，才能掌握幽默時機

有些課堂趣事是隨機出現的，老師要在充分瞭解學生和當下教室的情境，才能掌握這個稍縱即逝的時機，以下是三則案例：

♥ 案例3-4　打雷了，一定不能反悔喔！.............

　　一個小學三年級的班級，在一個很平常的上課日子，當天原本晴朗的天氣突然烏雲密布，班上正在上國語課，學生玉玲（化名）舉手造句，她說：「我答應媽媽要永遠做一個乖小孩」。此時，雷聲巨響，班上小朋友紛紛說：「打雷了！打雷了！」。導師淑惠老師笑說：「妳一講完就打雷，一定不可以反悔，要做到喔！」全班學生（哄堂）大笑（張民杰，2006）。

♥ 案例3-5　你們真是「二裂」.............

　　導師梨瑟老師的幽默感常是從學童的反應而來，舉例來說：小學六年級的學生小張上課才舉手告訴老師想去洗手間，梨瑟老師說：「快一點，只給你30秒！」（註：通常小學老師給的時間都是相當有「彈性」的，不會真的去計算。）全班聞言，便一起倒數計時，只見該生瘋狂跑出教室外，全班一邊數秒、一邊笑成一團。梨瑟老師也跟著哈哈大笑，並舉出張開食指和中指的手勢說：「你們真是「二裂」（註：惡劣之青少年肢體語言）」！又一次，上課時有學生不專心，被梨瑟老師指名，老師說：「某某（該生名字），你不專心，是不是因為後面有美女？！這證明了『年齡不是問題』」（註：此時教室後方正坐著實習老師），全班哄堂大笑。（張民杰，2006）

♥ 案例3-6　你是否沒吃早餐？.............

　　804這個國中二年級的班級，早上第一節課時學生阿明（化名）肚子痛，導師家立老師關心的對他說：「你是否沒吃早餐？」阿明點點頭。

家立老師說：「你知道我為什麼知道你沒吃早餐嗎？」

阿明一臉無辜的樣子。

家立老師說：「你沒吃早餐會使胃酸過多，胃壁變薄，就容易肚子痛，所以我知道你沒吃早餐。」（註：事後家立老師告訴研究者，是家長告知阿明沒吃早餐的事，他剛好借題發揮。）

家立老師說：「不吃早餐，中餐與晚餐的食量會變大，甚至還吃到宵夜，晚上食量多又不運動，會使人變胖，不然我們來問問看。大安（化名），你是不是沒吃早餐？」

身材高胖的大安說：「是啊。」

家立老師指著大安高胖的身材說：「就是這個樣子，這就是最好的證明！」（全班哄堂大笑）（張民杰，2006）

隨後，家立老師便開始講述健康的道理，要學生好好照顧自己！

三、幽默的當為與審慎

上述前三則案例，如果三位導師無法忍受學生開玩笑：老師離婚了、頭禿了或冒犯的話語，具備讓學生開玩笑的雅量，那麼後果可能不是學生的發笑聲，而是師生之間的不愉快、甚至衝突。而後三則的案例，說明老師只要能掌握教學情境，並充分瞭解學生，那麼信手拈來，隨時都有趣事發生。

不過案例3-6，家立老師以挖苦學生來製造幽默的手法，使用起來要特別小心，因為正值青春期的男生最在意外貌，而被開玩笑的大安，不會因老師的玩笑話而生氣，其實蘊含了導師對這位學生的充分瞭解，不然不但無法營造快樂氣氛，甚至會引起不必要的師生或親師衝突。根據研究者當天觀察，大安對於老師的開玩笑並不以為意，上課中還有良好的互動，下課時還主動找老師聊天，所以導師才敢走此偏鋒。

老師的幽默感還是要儘量避免挖苦或嘲笑學生，不使用與課程無關、含（有）敵意、性、宗教或政治等禁忌事物之話語，也不要用幽

默淡化吸毒、或酒醉等嚴肅之事，或以幽默對付嚴重行為問題及情緒低潮，而是要具備同理心和判斷力（邱連煌，2005）。幽默像水，「能載舟也能覆舟」，導師要培養幽默感，就先從自我解嘲，讓學生可以開自己玩笑開始吧！

 ## 第三節　教師自我的情緒管理──覆水難收

　　日前，一位國小老師因為學生跟他的同學打鬧嬉戲，互相碰觸生殖器。老師看到後，勃然大怒，連續打了他九個巴掌，導致該生整張臉紅腫、瘀青，引起軒然大波。老師是人，當然也會生氣，然而學生是未成熟的個體，老師則是具有教育使命的成熟個體，因此更應做好情緒管理，作為學生示範，這是最重要的身教。

　　教師不但不該動手體罰學生，就連動口罵學生時也要考慮用詞，以下從兩則真實發生的案例說起，再談談老師如何用「我訊息」（I-message），表達生氣（張民杰，2010，7月）。

一、從案例說起

案例3-7　曉芬穿灰襪

　　一天，國二生曉芬（化名）穿了灰襪子到校，由於學校規定只能穿黑色或白色的襪子，因此教師珠容（化名）很生氣，脫口而出：「曉芬，你有色盲啊？」。曉芬回家後告訴家長，家長覺得自己小孩受委屈了，教師怎麼可以不分青紅皂白就破口大罵，指責自己小孩是色盲呢？於是拿起家長通訊錄，四處打電話告訴班上其他家長，抱怨教師的不是。有位家長好意轉知教師，珠容知道曉芬家長的舉動後十分不悅，但自知理虧，還是打了電話向曉芬的家長道歉。可是隔天，珠容氣不過，到了教室後告訴

曉芬，以後不會再管她了。曉芬當天回家又告訴家長，教師對她說的話，家長聽完後很擔心，教師會不會真的不再管曉芬了……（張民杰，2006）。

上述真實發生的事件，並沒有結束，教師和家長種下了日後可能產生衝突的因，而這件事件起因於教師口無遮攔，未能做好情緒管理。底下還有一則真實案例：

案例3-8　再怎麼努力也沒用

教師文雄（化名）帶的班級已經國三，要參加升學考試了，可是成績一籌莫展。有次段考全班成績還是不理想，文雄「愛之深、責之切」，在全班學生面前，以諷刺的口吻說：「以你們的程度，再怎麼努力也沒有用，不需要那麼用功了，你們每科能達到40分的水準，就可以偷笑了！」打算用激將法，要學生好好努力。

可是學生不能體會教師的用心，反而轉述家長這些話。隔天，校長就接到該班家長的電話，家長以極度不滿的態度反應和控訴，告訴校長：「這位教師是怎麼當的！他的這番話已深深地刺傷了我孩子的心，為人師表怎麼可以這樣打擊學生的信心，我們的教育還有救嗎？」（張民杰，2006）。

凡是人都會有情緒，教師是人，所以教師也會有情緒。然而氣話說出口，就像潑出去的水，覆水難收呀！

二、情緒的良性循環取代惡性循環

情緒是主觀的，唯有自己才能為個人的情緒負責，事件本身不一定

導致某種情緒，主要還是自己的想法。

(一)情緒的惡性循環

教師珠容和文雄應該避免讓自己的想法，落入以下負面情緒的惡性循環：

1. **災難化**：怎麼會發生這種事呢？明明規定要穿白色或黑色的襪子，再簡單不過了；或是都到國三了，離考試不遠，班上成績還是這麼差，真糟糕。

2. **受不了**：曉芬一定是故意的，分明是挑釁，我受不了，一定要加以處理；或是這怎麼得了，升學考試結果必定慘不忍睹。

3. **發命令**：教師便發出命令或批評學生，大罵學生是色盲，才會穿錯；或是出言嘲諷，再努力也沒用了。

4. **自我菲薄**：教師覺得自己真是沒用，一點點小事都管不住學生；或是我對班上的成績已經無可奈何了。

5. **非難學生**：教師轉而認為學生就是這樣不受教；或是成績已經無可救藥了，灰心絕望之餘，也讓師生關係疏離，甚而導致接下來的親師衝突。

(二)情緒的良性循環

轉換上述的想法，教師應該讓自己有以下想法，使情緒有良性的循環：

1. **學生的行為只是讓我失望、遺憾、不方便**：明明規定襪子顏色，非黑即白，再簡單不過了，卻還穿錯，真讓人失望；成績未見起色，真讓人遺憾。

2. **還有辦法可以處理**：不過襪子穿錯顏色，也不是什麼大不了的事，學生可能想表現其獨特性、或是襪子沒洗，只剩灰色襪子可穿，或有其他原因也說不定；想看看在最後節骨眼，還有沒有提升成績的方式。

3. **對學生提出忠告和建議**：教師可詢問學生穿灰襪的原因，甚至幽默地表示這是白色襪子穿髒了，還是黑色襪子穿舊了，提醒下次要注

意；或是建議學生一些讀書策略和考試技巧。

4. **難免會有這種事發生**：學生偶而違規，不必因這件事，就斷定自己班級經營有問題；或是天生我才必有用，針對學生狀況做學習或生涯輔導。

三、用我訊息表達生氣

中國俗話說：「忍一時氣，免百日憂」，國外還譯為英文 "If you are patient in one moment, you will escape a hundred days of sorrow." 廣為流傳。情緒激動下的非理性決定，往往要花很多時間和精力彌補。教師珠容出言不當在先，向家長道歉後本該反省自己言行，或許家長四處告狀傷害了她，但珠容又將怒氣發洩在曉芬身上，言明從此不再管她，此舉再次破壞了親師之間的信任和合作關係。接下來的帶班日子，難免暗潮洶湧，一波未平、一波恐又起。而文雄反唇相譏，不但沒有讓學生更加努力，反而遭到家長責難，並直接告上校長，節外生枝。

不過情緒的良性循環，並非意味著教師不能生氣喔！《中庸》上言：「喜怒哀樂之未發，謂之中；發而皆中節，謂之和。中也者，天下之大本也；和也者，天下之達道也。」只要生氣合乎「中節」即可。怎麼做到呢？吉諾特（H. Ginott）認為教師可以用「我訊息」（I-message），說出學生行為造成的影響和教師的感受，適度地表達生氣。若教師表現生氣的情緒得當，還可以作為學生情緒管理的示範。例如：珠容看到曉芬穿灰襪，可以向她說：「學校三令五申，而且已經放寬黑白兩種顏色的襪子都可以穿，你卻還是穿了其他顏色的襪子，破壞團體紀律，讓我覺得很失望」，如果教師覺得這樣說還是不夠，可以追問她：「是不是有什麼困難，讓你只能穿灰襪子到學校？」教師瞭解原因後，可以有更妥善的處理，如果曉芬的答案是沒有，教師還可以補述：「那麼老師期盼你明天起按規定穿著，希望你下次不要再違規了」；而文雄也可以跟班上學生表達自己對他們成績的失望及心情焦慮的感受，讓他們自己討論該怎麼辦才好、或是文雄也可以給學生一些忠告或建議，讓班上學生化悲憤為力量，或許仍有可為。

教師與學生朝夕相處，隨著學生的好壞乖劣，教師也會有喜怒樂哀的情緒，如何做好情緒管理和表達，更是時時考驗著教師。尤其，這也是身教的一部分，屬於情意態度的教育，對於學生品德和教師的教學工作是再重要不過了。

第四節　教師的權威——實習老師不是眞正的老師

《教師法》規定教師有其一定的權利與義務，其中第17條第4款明定有輔導與管教學生的義務，這是法律賦予教師的法定權威之一。然而教師的這項法定職權並不包括實習教師。實習教師的角色內涵並不易界定，早年在「師範教育法」時期，實習老師雖然名爲實習，但已占實缺、納入人事編制，並實際擔任正式教師職務，進行相關的教學、班級經營與輔導學生等工作。民國83年「師資培育法」公布後，實習教師不再具有正式教師資格和實質的工作，然而其角色在實習辦法的規範模糊，以致實習期間的權利、義務也不明確，徒增實習教師很多困擾、焦慮和壓力（梁滄郎、林榮茂，2000；葉兆琪，2000；賓玉玫、單文經，2000）。

「師資培育法」於民國92年修訂後，教育部重新訂定「師資培育之大學辦理教育實習作業原則」（教育部，2005），已經明確規定實習的角色爲實習學生（本書以下行文以實習生稱之），而非實習教師，然而其職責包括：全時參與教學實習、導師（級務）實習、行政實習及研習等活動、擬定實習計畫、參加座談或研習、繳交實習作業或報告，並於期末整理成個人實習檔案等，與先前實習辦法規定的實習內涵並無差別。這樣的角色定位反而更讓實習生在從事教學實習、導師（級務）實習面臨許多的困擾。再者，實習生在實習過程無可避免地是以「第三者」的身分，介入輔導老師的教學與班級經營，免不了對原有班級的師生互動產生影響（陳美玉，2003），有些班級事件的發生，會讓實習生在處理上面臨左右爲難或無權處理的困境，然而也正好可以從沒有法

定職權的實習生，其面對班級經營的案例，來省思教師到底具備什麼樣的權威（authority）（張民杰，2008a）。

一、從四則案例談起

案例3-9　小馨的英文課

小馨是師資培育大學小學學程的實習老師，本身英文系畢業，所以在實習時學校給她比較多上英文課的機會，以下是她提供的案例：

在實習期間，除了實習班上的英文課外，我還上了四年一班的英文課。原來實習班的小朋友早已熟悉我的上課風格，因此秩序良好，各方面配合都不錯，但這一個新班級有幾個「頑劣」分子，不但上課秩序不佳，不尊重老師，而且還當場與我頂嘴。有位陳姓小朋友上課居然和我說：「妳只是實習老師，又不是真正的老師，只是一半的老師而已！」當我聽到這樣的厥詞，心裡非常生氣，當下只想大罵一頓，但若衝動脫口而出，可能會招致不好的結果。

當場我聽到學生這樣說，第一個反應是請他將他剛剛說的話再說一次，但是我的口氣維持平和，並沒有表達出我不滿的情緒，這個小朋友也就再把說過的話說一次。我告訴他這是非常沒有禮貌的行為，想要獲得別人的尊重之前，必須先學會尊重別人，但是他仍然不予理會。我就馬上告訴他，下課後我要親自告訴他的班導師，有關他上課時的不良行徑，並且請班導師處理。他聽到後馬上安靜下來，不再干擾我的教學（張民杰，2008a）。

案例3-10　小娟的導師實習班級 ·············

　　小娟也是師資培育大學小學學程的實習老師，她也是英文系畢業，在三年級的實習班級也碰到相似的問題，事情是這樣發生的：

　　音樂課前的下課，因為是第一次直笛課，小朋友都有點興奮，也因此紛紛拿起直笛胡亂吹奏。因為先前已有規定制止，所以就重申將會把無視規定同學的直笛沒收。有位學生阿明（化名）取出直笛後就一直亂吹，口頭警告時辯稱沒有聽到我重申規定，於是先讓他回座位，並警告若是再發出聲音即會將他的直笛沒收。不久之後又聽到他吹直笛，因此要求他將直笛交給我；學生反應非常激烈，除態度強硬、口氣惡劣之外，更談條件要求中午前要將直笛還給他。之前曾與輔導老師討論過，阿明很機靈，知道我是實習老師，因此較不尊重、不禮貌。因此我的態度也較趨堅持，不讓他談條件，也提醒他在說話時不應該如此不禮貌，但是因為已經影響音樂課上課時間，所以陷入兩難，不知道應該將阿明留在教室處理、或是先讓他去上音樂課。其實我也瞭解該生興奮的心情，但是因為他態度很差，又不肯遵守規定將直笛交給我（學生還有另一支直笛放在學校可供使用，只是堅持不肯將吹奏的那支交給我），我說處理完才讓他去上課，他也態度很惡劣的說不上就不上。雖然科任老師跟我早已認識，但是我認為影響科任課也會造成輔導老師的麻煩，因此感覺到困擾。（張民杰，2008a）

案例3-11　小媛的師生互動 ·············

　　小馨和小娟在小學碰到的例子，在國中也是有的。擔任國中數學領域實習生的小媛，在導師實習時，也有同樣的遭遇，讓小

媛相當氣餒。我們來看看小媛碰到的問題：

9月初學校正式開學，實習生活才真正步入軌道，行政、教學、導師等實習都已經安排好，我們也正式進入了工作崗位。真不知是幸還是不幸，我們實習學校分配的教學實習及導師實習是不同的輔導老師，導師實習分配到的是一年級新鮮人的班級，這個班級聚集了幾個愛搗蛋的小毛頭，目前堪稱是全一年級最吵雜的班級。

我會到班上的時間是一大早的早自修、中午午餐時間及午休時間，還有下午的打掃時間，通常這些時間導師都在，我只是在一旁學習或偶爾有事幫忙，只有老師不在的時間，我才會去管他們。可是，有些學生似乎不把我當老師看待，對於我的管教毫不在乎，有時吵鬧到忽視了我的存在，甚至有些狂妄的學生直接說我只是實習老師而已，這樣的情形讓我有些失望，因為私下時間，學生和我也都有說有笑，我對他們也不錯，可是，他們對我如此的回應，實在讓我氣憤、失落和難過。實習老師通常都是學生覺得比較好親近的對象，所以學生都會很想和實習老師有好的互動，可是相對的，也就比較不尊重實習老師。

我覺得我現在是實習老師的身分，這個有點模糊不清的身分，有時不僅讓自己很難做事，也讓學生難以服從。也許是因為平常時間和學生有說有笑的，他們也都覺得我很好相處，不太會管他們，一旦到了我要像導師一樣的角色，去制止他們一些行為的時候，他們就不能接受而反彈。因此，我認為我現在應該要做的是，即使在平常也應該要有老師的模樣，和他們保持一些距離，並且制止他們一些不好的行為，還有更重要的是，必須告訴學生們，我雖然是實習老師，但是仍然是你們的老師，學生對我應該要有的尊重，是我必須要先建立起來的。（張民杰，2008a）

案例3-12　小孟對學生不當行為的處理.................

　　小孟在國中實習，中文系畢業的她，學生還認為被欺負了告訴她是沒有用的。小孟有以下的記載：

　　班上有一位體型肥胖的女生，常被同學取笑，有一位調皮的男生在掃地時間欺負她，兩人互相對罵，並用板擦將粉筆灰拍打在對方的桌子上。當我去巡視時，她向我告狀，其他的學生卻說，告訴我沒有用、不會怎樣，因為導師請假，而我只是實習老師，因此，兩人還是繼續互罵，尤其男生還用肥婆等不堪字眼不斷辱罵著她。

　　我當時做了以下的處理：

　　1.私下與學生溝通，瞭解他們的感受與想法。

　　2.教育班上每位同學不要做人身攻擊，同學應和睦相處。

　　3.告知導師，請她協助處理。

　　由於自己是實習老師，無法全權管教學生，以致失去教師權威性，學生較不尊重我，也較不順從我的指導（張民杰，2008a）。

　　從上述四則案例可知，這四位實習生都希望在授課時，學生能夠將之視為「一般教師」，期待自己在教學歷程擁有足夠的權威來教導學生，使教學活動或班級常規能夠順利地進行和維持。然而事與願違，有些學生並未將實習生視同一般教師看待，而出現挑釁的言語或行為，甚至輕視實習生處理學生同儕間衝突的權威和能力。

二、實習生的班級經營策略

　　針對案例裡實習生因角色定位所引起在教學、班級經營和輔導學生上所遭遇的問題，研究者試著從相關法令和理論提出一些因應策略。

(一)正確認知實習生的角色

自「師資培育法」公布後，實習教師不再占實缺，不納入實習學校編制，以致角色混淆不清，影響實習成效，而迭受學者們討論（林信榕，2000；陳斐卿、陳曉麗，2001；洪志成，1998；梁滄郎、林榮茂，2000；葉兆琪，2000；賓玉玫、單文經，2000）。由於實習角色的困擾，教育部在民國92年修訂「師資培育法」，將其身分明定為實習學生。

教育部更在「師資培育之大學辦理教育實習作業原則」第32項規定：實習學生之各項實習活動應有專任教師在場指導。實習學生不得從事下列事項：

1. 獨任交通導護。
2. 單獨帶學生參加校外活動。
3. 代理導師職務。
4. 兼任與實習無關之工作（教育部，2005）。

所以實習的角色定位，已法令明訂是學生了，這是不爭的事實，參與實習者應該要有正確的認知。如此也難怪上述四則案例，有些實習班級的學生會以「實習老師不是真正的老師」，來挑戰教師的教學和輔導措施。

不過就像Wong與Wong（2004）提醒老師的"You do not dress where you are, you dress where you want to be."實習生不要妄自菲薄，要以想成為的正式老師來看待自己，這樣也才能獲得學生如正式老師般的對待，正所謂「人必自重而後重之」。試想，如果擔心學生說自己只是實習老師，而不敢投入對學生的教學和輔導，那麼成為正式老師後，學生同樣也可能嗆你，只是一位老師，憑什麼管我呀！

(二)尋求實習輔導教師的授權與協助

洪志成（1998）在「師資培育法」尚未修正，還是實習教師身分的時候，所做的研究發現：接受訪談的實習教師被實習輔導老師引介給該班學生時的角色定位，有三種：

1. 與正式教師地位等同之老師。

2. 具有實習身分之準教師。

3. 具有學生身分之實習教師。

如果輔導老師能以第一種身分引介給學生，通常實習教師會有比較大的權威（authority），而如果被冠上「實習」兩個字，好像就象徵著不完整的權威，所以有些輔導老師發覺此種角色不利於在學生心目中樹立權威時，會給予實習老師後續支持性建議：「再三告誡我：要對學生嚴格要求，以免被（學生）欺負。」（洪志成，1998）

而研究者從自己輔導實習生的案例發現，許多輔導老師見到這個情形時，會直接跟班上學生講：「老師不在，實習老師就代表老師，大家要聽從他的指導。」甚至明確地授權實習老師可以處理的班級事項，以及可加運用的獎懲方式或策略。如果實習生能從輔導老師得到這些授權和協助，相信較容易建立權威。

(三)強化自己法定職權以外的權威

教師有什麼權威呢？French與Raven認為教師有五種權威，分別是法職權、酬賞權、強制權、專家權和參照權（郭明德、陳彥文、李逢堅、陳真真、王春展譯，2003）。實習生雖然不具法職權、酬賞權、強制權，但可以利用專家權，完善的準備，將自己的專業知識和教學能力展現出來，讓學生得到有效率的學習。善用參照權，以身作則，公平地注意和關心每位學生，產生面對面的互動。如此仍然可以使教學活動順暢地進行，而輔導學生不當行為時，也可以收效。

像案例3-9的小馨，如果她把英文課教得生動、有趣，吸引學生投入學習，這樣的情況出現的機率就會降低；再者，小馨對四年一班而言是科任，可能跟班上學生不熟悉，如果增加對班上學生的瞭解和互動，情況也可能好轉。實習生如果能夠充分發揮專家權和參照權，可稍加彌補權威不完整的缺憾。況且，實習生和實習學校學生年齡相近，瞭解學生的想法和行為，實習生的個人魅力與外表吸引力，也有助於自己的教學或級務（導師）的實習。

(四)瞭解學生的心理需求

德瑞克斯（R. Dreikurs）認為每個人都會用獨特的方法來為自己尋求一個社會定位。學生的不當行為，可能是學生自己在團體中的位置有著錯誤的目標，錯用了方法和人相處。錯誤的目標有四，分別是：1.獲取注意；2.爭取權力；3.尋求報復或爭取公平；4.無能化或自暴自棄（曾端眞、曾玲珉譯，2002）。前三個案例裡的小朋友們，很明顯地在和老師爭取權力，把「實習老師又不是眞正的老師」當成是挑釁的用語，我們應該以友善的、非學生所預期的方式來回應，學生便不能從反抗的行為中得到滿足。也就是老師不和學生玩零和遊戲，讓他沒有競爭的對手，便不再有贏的樂趣，而停止或減弱他的不當行為。實習生還可以找機會和這類學生談話，鼓勵他，會使他下一次更願意合作。

案例3-9的小馨針對陳小朋友的嗆聲，要他再講一次，如果陳小朋友不肯，可能會僵在那裡，而形成零和局面，倒不如像H. Ginott所建議的乾脆忽略它（單文經等譯，2004）、或以幽默口吻或非預期的方式回應，例如說：「喔！但是我教的內容一樣很重要啊！」或是「那你的意思是我教的內容聽一半就好了囉！」，讓陳小朋友的反抗失去著力點。

而案例3-10的小娟，因為學生還有另一支直笛，也可以跟阿明講：「你不把直笛拿給我，是要和老師在教室嗎？或者你還是先去上音樂課，但這支直笛由老師先保管，等你想清楚再來跟我拿」，利用R. Dreikurs建議的：使用一種「或者」的陳述，給予兩個以上的選擇權利，藉機把阿明從權力爭鬥中移開（單文經等譯，2004）。

(五)做個堅定溫和、果斷反應的班級經營者

雖然實習生沒有法定的教學和輔導學生的職權，然而我們可以回歸到教學和班級經營的本質，就在促進學生的學習效果與正向行為，因此實習時有機會獨當一面進行課堂教學和經營班級時，還是要把自己視為「一般教師」，而不只是討人喜歡的大哥哥、大姐姐，做一個具有堅定而溫和態度的「教師」。堅定代表自我尊重，而溫和則代表尊重學生，

也就是Canters所說的：要做個「果斷反應型」的教師，讓學生清楚對他們的期望，並有效地、不斷地堅持學生要符合這些期望，而不做採用敵對方式，大聲說話、威脅和諷刺學生的「怒氣衝天型」教師、或缺乏效能的、沒有建立明顯行爲標準，或者缺乏適當的行動能力的「優柔寡斷型」教師（Edwards, 2004）。

　　案例3-11的小媛剛開始可能就是以大姐姐的角色認知和學生相處與互動。因爲有些實習老師就表示：「像學生的大哥哥、大姐姐比較輕鬆，因爲班級是老師的，就像老師扮黑臉，我扮白臉」（賓玉玫、單文經，2000），但未給學生明確期望的後果，會導致後來上起課來，希望學生把自己當成一般老師看待時，學生根本調整不過來。而像案例3-12，雖然學生不信任小孟的權威，小孟還是要以堅定而溫和的態度，主動處理同學間的衝突，甚至教導學生自行解決衝突的技巧，從專業上獲得學生的信任。

三、以教師的角色自許

　　教育部民國92年的修法，將參加教育實習者明確定位爲實習學生，解決了「師資培育法」制定以來實習教師角色的爭議，並且還在「作業原則」明文規範實習學生之各項實習活動應有專任教師在場指導，有四類不得從事的工作。基於學習者受教權的立場，這樣的規範就像實習醫師不得單獨執業一樣，是合理的。但是實習學生在教學與輔導學生時的關係如何定位呢？是師生關係？還是大哥哥、大姐姐（張芳全，2004）？恐怕是後者了。而如此對教育實習的成效與深入的程度，勢必也將大打折扣，對整個師資培育歷程或教師專業發展的正負面影響，值得觀察。

　　不過目前教育實習的角色是學生，已是法令明定的事實，實習生應正確認知自己的角色，在教學或班級經營時，應尋求實習輔導教師的授權與協助，並強化自己法定職權以外的權威，讓自己有更多對學生的影響力，藉著對於學生心理需求的瞭解，努力做個堅定溫和、果斷反應的班級經營者，還是可以做好各項實習工作，爲將來正式成爲人師做好準

備。老師應該如何自我經營，以利和學生相處，就如研究者的打油詩：

語氣堅定無怒意

老師情緒起漣漪

幽默風趣說說笑

人格專業影響力

一分鐘重點整理

1. 教師的肢體語言是不用說的祕密，不管是眼神、臉部表情、頭部姿勢、手勢、雙手擺放位置、坐姿等，都能傳達非語言的訊息和意涵，並且需要留意肢體語言具有文化差異性。

2. 教師可以運用肢體語言來設定限制，以瓊斯模式而言包括：背後長眼睛、暫停教學、轉身注視呼名、走到課桌前、慢慢走開、使用手掌壓桌、前面紮營、後面紮營等八個步驟，還有多位學者的觀點和做法，都可以讓教師用來吸引不專心或干擾上課的學生回到學習任務。

3. 教師的幽默感，可以先從讓學生開玩笑開始。老師要有讓學生開玩笑的雅量。

4. 情緒失控有如潑出去的水，覆水難收。改變對於事件的想法，讓自己的情緒管理進入良性循環。

5. 用我訊息：這件事造成什麼困擾，我的感受很生氣、很難過，來表達自己憤怒、悲傷的負面情緒。

6. 教師的權威，除了法定職權外，專家權和人格權格外重要，擁有專業素養、瞭解學生需求，以身作則、關懷學生，就可以影響學生，發揮教師的權威。

7. 堅定溫和的教師：堅定代表自我尊重，而溫和則代表尊重學生。

教師有原則，但願意傾聽、接納、同理學生，協助學生價值澄清。

8.果斷反應型的教師：有別於「怒氣衝天型」、「優柔寡斷型」，讓學生清楚教師對他們的期望，並有效地、不斷地堅持學生要符合這些期望。

延伸思考

· 導師在帶班的過程，應該從自己做起、以身作則，有哪些是教師該說的話、該做的事；而又有哪些是教師不該說的話、不該做的事呢？

　　老師應該多一些鼓勵和肯定的話，多做一些傾聽和接納的事；反之，老師不要說嘲諷或挖苦學生的話，也不要做體罰或傷害的事。老師不管是獎勵或懲罰學生，都應該就事論事，避免意氣用事，尤其不要拿學生做比較，要尊重學生、瞭解學生，才能教育學生。

　　教師不該說的話，例如：「連這個也不會嗎？」、「人家別的班，怎樣、怎樣」、「我不想再見到你了」（呂建良譯，2000）、「光○○好有什麼用？如果讀書像這樣就好了」、「你不行，我來」、「竟敢撒謊，真是壞孩子」（紹澤水、張健麗，2003），至於辱罵學生髒話、或是罵像某種動物，更不該從老師的嘴巴裡說出口。

第**4**章

班級人際關係
的經營

班級裡的人際關係，最頻繁互動的就是師生關係和學生的同儕關係，以下分別從公平對待與關懷陪伴、聯絡簿或週記、該不該告訴大人來討論師生關係，再從同儕影響的事、班會和衝突解決，探討學生間的同儕關係。

第一節　師生關係的經營——公平對待與關懷陪伴

師生關係的經營是需要老師付出時間的，而在師生互動的過程中，公平對待與關懷陪伴是老師與學生相處最重要的原則。陳奎憙（1990：166）蒐集相關調查研究，發現學生心目中優秀教師的特質，以公平和關懷學生兩項特質最受青睞；而反向調查結果，最討厭教師的特質則是不公平、有偏見、吹毛求疵、苛責學生，由此可知教師這兩項特質的重要。

一、積極差別待遇

教育部頒布的「學校訂定教師輔導與管教學生辦法注意事項」規定：「教師輔導與管教學生，非有正當理由，不得為差別待遇。」然而這種法律規定，難免有些消極，因此在教育的做法上，反而是顛倒過來的，應該因為正當理由，而對學生有差別待遇。提出「司法慎思型紀律理論」（judicious discipline）的Forrest Gathercoal，以美國「憲法」、「權利法案」及「修正案」作為基礎，強調自由、平等和正義的價值。正義是整個過程中之首要考量，也是用來作為處理公平性的準則；而平等並不意味著所有學生都有相同的能力、興趣和天賦，都能達到相同的目標或成就，但是要給所有學生成功的機會，也因為學生有個別差異，因此「絕不要以為所謂的公平一致，就是指用同樣的方式對待所有學生」，應該考量學生的個別差異，對不當行為的處罰方式也因人而異（Gathercoal, 1997），這些主張說明了公平對待的真諦乃「積極差別待遇」（positive discrimination）。

(一)公平大考驗

　　積極差別待遇才符合公平對待，然而這對老師來說，卻產生了對學生是否公平的大考驗。現在中小學的每個班級多多少少都有身心障礙或家庭背景特殊的學生，老師可能對這些學生特別好，例如：比較頻繁的關懷和互動、功課或整潔工作減免等特權，會讓其他學生覺得老師偏心，特別喜歡誰。

案例4-1　老師對柏薰特別好⋯⋯⋯⋯⋯⋯⋯⋯⋯⋯

　　帶國小一年級的郁琪老師（化名）就有這項困擾。因為班上柏薰（化名）是個自閉症的小朋友，而柏薰媽媽因為擔心說了，會讓柏薰交不到朋友或受同學欺負，所以再三懇求老師不要讓其他小朋友知道其兒子的身心狀況，不過老師對柏薰的特別教導和給他的特權，卻也讓班上小朋友有個感受，就是老師偏心、不公平，為什麼對柏薰特別好？

　　郁琪老師發現這樣下去對她和全班小朋友都不好，於是她利用一節課的時間來進行機會教育。這節課郁琪老師拿出預先準備好的養樂多、七七新貴派等小點心，讓小朋友吃東西、聊聊天，郁琪老師先是問了一個自然領域的問題，哪些是留鳥、哪些是候鳥？小朋友紛紛舉手回答，老師又補充了上禮拜該班小朋友在校園看到的白頭翁、綠繡眼，告訴小朋友只要細心觀察，不用到關渡平原，也可以看到一些珍貴的鳥類。這時候小朋友陸續把點心包裝紙拿到後面垃圾桶丟，柏薰也到後面垃圾桶，卻大聲問要丟在哪裡？顯然他無法自行判斷環保上的垃圾分類，老師告知放瓶罐的桶子，幫助他跨越所碰到的障礙。

　　郁琪老師話鋒一轉，接著是問小朋友：「你們覺得老師最喜歡班上哪位同學？」結果全班小朋友異口同聲說：「最喜歡張柏薰！」老師請班上小朋友會這樣認為的舉手，結果幾乎全部的同學都舉手。老師接著要每位小朋友說出會這麼覺得的理由，有

位小朋友說：「不一定，要看表現。」老師說：「你的答案很成熟，我喜歡（註：鑑賞式讚美）。」、「對，看表現。看什麼表現？」小朋友開始七嘴八舌，你一句、我一句。有小朋友說：「張柏薰表現不一樣。」老師問：「有什麼不一樣？」，小朋友又開始陸陸續續分享和張柏薰相處的經驗。有小朋友說：「他會一直碎碎念，還有老師稱讚他，他會得意洋洋。」老師接話說：「他情緒表達很直接是不是？不像各位同學接受老師稱讚會害羞或不好意思。」有小朋友說：「他好像沒辦法控制自己不要這樣，需要別人幫忙」。老師說：「對，張柏薰需要人特別給他幫忙。每位同學都需要老師幫忙，有可能幫忙的地方不一樣。」郁琪老師舉了其他一位小朋友的例子，並針對他們的弱點，分別具體提出他們需要特別幫忙的地方。老師緊接著又說：「張柏薰不像各位小朋友，他完全聽不懂老師的話，自己也看不懂書上的字，張媽媽在家裡都要唸課文給張柏薰聽，甚至要演給他看，他才會瞭解，而且假日還要去找醫生聊天。」老師又說：「他光學會說『請、謝謝、對不起』，並在適當場合應用，就學了三個月，而你們可能幾天就學會了。」

有些小朋友就直接說：「因為我們比張柏薰聰明，比較懂。」老師修正並告知小朋友說：「我們比較能『瞭解』，張柏薰比較沒辦法。」老師告訴大家每個人都有需要幫助的地方，又具體說了哪位小朋友在哪個部分需要幫忙等。老師最後說：「由於張柏薰需要比較多的幫助，所以老師對他的幫忙比較多，希望同學也能體諒他、包容他，相互尊重。不用對他特別好，但也不要欺負他，要彼此幫忙和尊重。」郁琪老師的苦口婆心、機會教育，目的就是要解釋其中的原因，教育全班學生（張民杰，2006）。

　　老師對於特殊學生給予積極差別待遇並不難，難在如何讓認知和道德發展還不成熟的年幼學生瞭解，這不是偏心或是不公平，這就不容易了。先聽學生怎麼說，再利用機會澄清，進行機會教育。上述郁琪老師的做法可以參考。

　　訪談時有國中老師對我說，她會直接跟學生講：「天下事沒有什麼是公平的」，並舉例說：「有些人生下來就含著金湯匙；有些人生下來三餐不得溫飽。要得到公平待遇，自己就得要有好的表現，或是積極努力地去爭取。」這些話跟學生講有些殘忍，但卻是老師的真情流露。話雖如此，老師在行為上還是要對學生公平對待，不可偏心或徇私，老師是否能得到學生的尊敬和愛戴，還是考驗著老師的公平。

(二)寵物現象與教育愛

　　然而老師也是人，如果有些學生面貌姣好、端莊有禮，或學業成績、行為表現很好，而得到老師特別的喜愛，有比較頻繁的關懷和互動，也是在所難免的。例如：有些學生上課認真，老師提問，每每都有正確和豐富的回答，老師可能就會受到制約，經常點他起來回答問題。這類學生有時也會犯錯，但老師可能就會比較寬大處理等，這個現象就很容易挑起學生感覺老師不公平或偏心的神經，好像女生身心發展較早，比較成熟懂事，老師給予較多的讚賞和肯定，而引發男學生感覺老師好像對女生比較好的心裡嘀咕或抗議。這種教師在班級有特別寵愛的學生，如喜愛的寵物一樣，就稱為「教師寵物現象」（teacher's pet phenomenon）。

　　教師有特別喜愛的學生，卻多半樂觀地認為自己能隱藏好而不被其他學生發現，表示他們會特別和有特殊情感的學生保持距離，以免受到其他學生誤解。而學生對教師寵物現象都給予負向的評價，學生表示他們會與受教師寵愛的同學保持距離，而且討厭那些會特別寵愛某些學生的老師；而有部分受到教師寵愛的學生也不願意被當作老師的寵物，所以在全班面前，不會表現親近老師的行為（Tal & Babad, 1989，轉引自魏麗敏、黃德祥，2002）。這就是教育部訂定的《學校訂定教師輔導

與管教學生辦法注意事項》第十一點平等原則「有沒有正當理由差別待遇？」那麼「對身心障礙等弱勢學生比較好的對待」可以是正當理由，但「對成績比較好的學生特別好的對待」可能就不是了，因此正當理由應該是濟弱扶傾、雪中送炭，而不是獎掖強權、錦上添花。這就是教育愛的發揚。

就如西洋教育史裡，發揮無比愛心的教育工作者斐斯塔洛齊（J. H. Pestalozzi, 1746-1827）。教育愛的特質就是把愛的對象指向「價值層次低」的學生，林玉体（2005）這樣描述著斐氏的教育對象：

> 貧苦無依、孤苦伶仃、無家可歸、流浪街頭或臉髒髒的，甚至是白癡低能的孩子。這批兒童遭受社會忽視、冷落或受鄙夷的。這群生來即遭厄運的可憐幼童，他們形同嗷嗷待哺的孤雛，如不施以援手，不讓他們普沾教育愛的恩澤，則不但社會上缺乏公道，並且改造社會的目的，亦將無法達成（頁300）。

因此，把愛的對象指向「價值層次低」的學生，就是一種積極的差別待遇，也是老師公平對待學生最極致的表現。

二、公平有情感和程序的成分

相傳最有智慧的所羅門王（King Solomon），遇到／處理過一件事：兩位母親帶著一名男嬰來到面前，請求裁決誰才是孩子真正的母親。所羅門王建議將活著的孩子劈為兩半，每個母親得到一半。這時，一位母親說她願意放棄這個孩子。所羅門王立即宣布：那位願意放棄孩子的母親才是孩子真正的母親，並把孩子還給了她，這就是用愛與關懷來作為判斷。還有一則軼事是兩個兄弟分家產，因為父親的遺言兄弟可以各得一半的財產，但有些東西沒辦法分成兩半，例如：一頭牛、一棟房子，也求助於所羅門王。所羅門王把兩兄弟叫到面前，叫兩兄弟一個先把遺產分成兩半，而另一個則先選擇要哪一半，也解決了這項爭議。

這兩則故事也告訴我們，公平對待不只是一樣的結果而已，它還包括情感和程序的部分。

(一)不公平會引發不理性的反應

有個類似上述第二個故事的研究，有100元要給A和B，A先拿後，餘下給B，只要B同意，那麼兩人都可以拿走，但是B如果不同意，兩人都拿不到錢。那麼如果A拿50元，剩下B可以拿50元，B應該會同意；但是如果A拿了70元，B會同意只拿30元嗎？很多受測者會不同意，導致兩敗俱傷，拿不到任何錢。如果以理性分析，B拿1元就是1元，但是當B的情緒覺得不公平時，他寧可選擇不要，也不願意讓A占便宜。由此可知，不公平將會引起當事人不理性的反應。所以當學生感覺老師處理的不公平時，也有可能出現不理性的反應。

(二)公平要注重程序、符合比例原則

從前面的兩則故事也可以看出，公平除了實質的內容外，公平也要有程序的正當性。故事裡兄弟兩人先分財產而後選擇，程序不可以顛倒，才是公平。另外，老師對學生的管教要符合比例原則：(1)採取之管教方法應有助於教育目的之達成。(2)有多種同樣能達成目的之管教方法時，應選擇對學生權益損害最少者。(3)採取之管教方法所造成之損害不得與欲達成教育目的之利益顯失均衡（教育部，2007）。舉個例子說，當學生上課隨便和鄰座同學講話、上課分心，老師要他原位站立反省，可以說符合了上述三個原則：(1)達到讓學生專心聽講的教育目的；(2)選擇了對學生損害最小的站立反省，而不是站到後面或走廊；(3)雖然學生站著有些不舒服，但老師要維護的是全班其他學生學習不受干擾，且站立反省的學生也可以專心。可是如果這名學生站著還是一直講話，那麼老師就可以選擇讓他站到教室後面反省；如果學生站在後面還是講話，老師除了約他私下晤談外，如果窗戶是透明的，不妨礙學生看到老師的教學視線，甚至可以要求學生站到走廊窗戶邊往內看著老師上課。後兩者研究者認為是符合比例原則，也是公平的，因為開始選擇損害最小者，此種管教方法無效後，當然要再從可能有效的諸多

方法中選擇較小者，然而如果老師對於學生上課隨便講話就要他站到走廊反省，程序顛倒了，就無法構成好的管教方法了。

三、花時間陪伴：一起努力一些事

師生關係的建立，還有一個重點就是花時間陪伴。一位導師不管他的班級經營技巧有多好，要是沒有花時間陪伴學生，效果還是很有限，而且導師要跟班上所有學生都有互動或接觸，不是特定的一些學生而已。以下是一些陪伴學生和學生互動的做法：

(一)心繫班級，多到班上走走

很多老師會利用早自習、午休、自習、整潔時間去陪學生，有時候科任課也會到教室周遭逛逛，不但可以觀察到學生的表現，而且可以讓學生知道老師對他們的關心。

(二)班級活動的參與和班遊的舉辦

各種班際競賽或表演，事前的練習、競賽的過程，甚至事後的同樂與檢討，都是師生關係營造的契機，比賽並不在乎得獎，而是在乎團隊精神，在乎團體的凝聚力。還有班級旅遊的舉辦，也可促進班上同學的情感。老師能夠參與班上學生的活動，一起努力一些事，可以產生「革命情感」，說明我們是「同一國的」，形成共同記憶。不但讓師生更加瞭解彼此，而且也使班上產生向心力和歸屬感。

(三)聯絡簿上表達關懷和私下晤談

老師可以善用聯絡簿每天的批改，給予個別學生表達關懷，這也可以彌補上課期間緊湊、學生人數眾多，無法對學生一一表達關切的不足，以下第二節有更詳細的說明。有些老師會利用早自習、午餐時間，約學生私下談話，這也是一種不錯的個別互動方式。

(四)網路上MSN、Facebook、Twitter的互動

網路上訊息溝通不受時空限制，所以有些老師會和學生以MSN、Facebook、Twitter聊天互動，並可藉此把握學生的脈動和青少年次文

化，可是老師需投入的時間更多，要量力而爲。

 ## 第二節　師生關係的經營──聯絡簿或週記

　　師生關係的經營，也可以透過文字書信的往來，這時聯絡簿或週記就扮演著非常重要的工具。王文華（2007）的著作《聯絡簿裡的祕密》，把親師溝通、親子學習的心裡話，跟大家分享。日本北川夕夏（2008）的漫畫《我最親愛的老師》，描寫新來的小六老師武田俊昭，透過和學生交換日記（註：日本學校沒有家庭聯絡簿的設計，該師每天讓學生寫下心情札記，由教師批改，類似聯絡簿），讓受到排擠的學生能夠找回自信，恢復精神活力和學習動力。美國教師艾琳‧古薇爾（Erin Gruwell），也透過日記讓學生與全班分享自己的故事，不但是一種心情的釋放，而且也訓練他們寫作能力，這些作品最後取名爲《自由寫手（*Teach With Your Heart*）的故事》（林雨蒨譯，2008）。如此可見聯絡簿或週記，有促進親師或師生互動的妙用。

一、聯絡簿或週記的意義

　　聯絡簿就是用來記載學生每天在校行爲表現及家庭作業的簿本，通常由學生記載老師指派的家庭作業及應記載事項，回家請家長或監護人督促完成簽名，回到學校由教師批閱，作爲親師溝通和師生溝通的簿本。而週記則是每週一次，學生將自己一週內的生活和學習心得記錄下來，繳交由導師批閱。目前在臺灣，國中小學生寫聯絡簿，而高中職學生寫週記。

二、聯絡簿或週記的功能

　　聯絡簿基本上是讓老師在指派家庭作業時，要求或幫助學生在聯絡簿上記載，讓學生備忘，也讓家長知道家庭作業的內涵，並且作爲簡單回饋的管道。吳麗君（2008）檢視了多本國小學生的聯絡簿，發現

到很多國小老師的用心。在聯絡簿裡，展現了人和書面的兩種課程；在「人的課程」方面，就是生活教育，老師不但教育學生也影響家長，是親師溝通的重要管道，以此互動來建構「教育村落」（註：用一個村的力量來教育孩子）。在「書面的課程」方面，聯絡簿可作為課業學習的延伸，國語、數學是頻率最高的作業，屬於短期的練習型態，考試文化和「勤有功、戲無益」的傳統價值充分體現在聯絡簿上（頁232）。以此觀之，聯絡簿上的記載廣義上是家庭作業的一部分，為重要的親師溝通、親子溝通、師生溝通的管道，具有親、師、生三方溝通的功能。而週記主要責任為師生溝通的功能，學生把一週內的所見、所聞、所思、所想、所感寫下來，導師予以批閱回饋，藉此瞭解學生對其個人、班級、學校、社會等的感觸。

三、聯絡簿和週記的記載事項

為達上述功能，聯絡簿上的欄位設計很豐富多元，每所學校甚至班級都會有稍許的差異，最主要包括：備忘事項（今日作業和應帶物品）、成績登錄、家庭與學校聯絡意見、離校時間與到家時間、家長簽名、導師簽名。隨著學校和家庭的重視，聯絡簿的欄位也有一些增加和變化，例如：增加心情小站、佳句欣賞、生活常規表現、日行一善、佳文欣賞等，豐富了學生的學習，但也增加學生和老師填寫和批改的負擔。而週記的記載事項比較單純，以前還有一週大事的摘述，甚至要求要用毛筆書寫，以增加軟筆字的練習機會，現在則通通取消成為一個欄位，在此欄位書寫「生活省思」、「學習心得」、「心靈小語」均可，再加上「導師的話」，供學生自由書寫和老師批閱。有些學校特別量身訂做，在聯絡簿或週記的前後頁面加上學生基本資料、學校的聯絡處室和電話、緊急事件聯絡人、生活公約、請假規定和請假專線、甚至還有學校行事曆等，方便家長和學生利用，設計得相當周全。

四、聯絡簿或週記的批改和回饋

(一)聯絡簿或週記的批改時間

聯絡簿或週記的批閱，也成爲導師的甜蜜負擔。研究者試著讓師資生批閱聯絡簿或週記，統計顯示師資生批改聯絡簿平均要2-3分鐘，而週記要3-5分鐘，那麼以全班30人計算，改一次全班聯絡簿要50-90分鐘，相當一至二節課；而週記要90-150分鐘，相當二至三節課，也難怪有些老師在平常開會、或聽演講時，還會想要邊聽、邊改聯絡簿或週記。

(二)聯絡簿或週記上錯別字或簡體字的批改

在電腦網路時代，學生寫字的機會相對過去少了很多，因此聯絡簿或週記上常見錯別字或簡體字，老師在批改時怎麼辦呢？通常老師都會把它們圈起來，在旁邊畫一兩個空格要學生訂正，或再寫上一個正確的字詞以利訂正。然而隨著年級的不同，在這方面的要求也有差異。在小學低年級，聯絡簿從老師用張貼打好的紙條、到用注音符號、注音符號和國字夾雜出現、到國字的過程，可以看到學生學習文字的軌跡，因此筆畫順序和字形如有誤，都會加以訂正，例如：「詩」，右上角是「土」，寫成兩橫一樣長或是「士」，都需要更正重寫。到了國中生筆畫順序和字形就比較不重視了，但是一般導師都會要求不要有錯別字和簡體字，導師多半以考試作答的文字來要求學生聯絡簿或作業的書寫，但到了高中職之後，爲了讓學生能盡情地抒發他的心情，表達他的想法，因此除錯別字訂正外，有些老師也包容學生簡體字的出現，只是提醒學生在準備考試或是正式表件，有利害關係時，要使用繁體字（或稱正簡體字），以免不清楚而被扣分或吃虧。另外爲考慮閱讀者的感受，老師在批改上應該避免用x號，也少用？號，學生寫錯別字或簡體字、該填寫的欄位未填寫、或是家長未簽名，都可以用畫圈圈方式予以提醒較佳。

(三)聯絡簿或週記的評語和回饋

　　導師能夠詳細看完聯絡簿或週記的內容，用心地給予學生回應和回饋，學生就更願意書寫，師生之間或親師之間的關係，增進不少，其中也多了為師者為學生傳道、授業、解惑的效果。聯絡簿或週記讓我們看到親師生密切的互動。以下茲舉數例與讀者分享：

1. 對學生價值觀的引導

　　某生的心情札記寫到：「上禮拜考試，考題並沒有明顯偏難，但很多人覺得很困難，唉！現在的學生真是每況愈下。我們學校為何沒有資優班呢？不是說要分兩種人，只是讀書會比較有衝勁，自私一點來說，希望自己能直接在一個有讀書風氣的班級，兩年也很快啦，要拚前三志願囉！」導師回饋寫道：「孩子，你要明白也許你聰明，程度又好，這要感謝你的父母，不是每個人都如此幸運。再者，常態編班也是一種學習，學習和各種人相處，因為你不會一輩子都跟聰明人在一起，要學會去包容弱勢，去欣賞別人的優點。」

　　一位國七學生在心情札記表示暑假計畫要去打工，想體會賺錢的辛苦。「當然囉！會先徵求父母的同意，大概就是發傳單之類的，我要學會自己賺錢，用自己的錢買東西，很有成就感耶！」導師擔心不合法和安全問題，提醒道：「賺錢機會以後多的是，但業主也不可以聘請未成年童工，唸書外也可以充實喜歡的繪畫技巧、或學一技之長，不要急著去打工。現在的年紀打工風險大，又容易遇到壞人，有時被吃豆腐也不自覺。再者，賺錢的目的只為滿足購買慾望，得到的這些「物質」不見得就是成就感喔！希望你要三思，想要體驗工作辛勞，可從幫忙分擔家務或盡學生本分用功學習開始」。

2. 對學生的關懷和鼓勵

　　有位同學早上都去練田徑，有時耽誤到正課，導師在聯絡簿表達了他的關懷：「好孩子，看你流汗做體能真是辛苦，但每逢看你功課沒考好，就會有點心疼，老師擔心你的汗白流了。你一定要多努力充實自己」，提醒學生「在田徑場上，你是道道地地的高手，但在課業方面也不要放棄」。

3. 以合作夥伴的態度邀請和鼓勵家長協助

短短十週時間，導師就爲小一學生居誠（化名）常常忘東忘西，甚至遺失課本和作業，而和家長在聯絡簿有多次的互動，如案例4-2。起先，媽媽十分配合，但是由於居誠還未形成習慣，隔不了幾天就又有課本或作業忘了帶，以至於媽媽漸漸失去了耐性，甚至生氣、無奈、無力感，但此時導師會適時給予居誠正向肯定、給媽媽鼓勵、感謝協助，並邀請媽媽一起來協助居誠克服「天才幼年可能有的迷糊」，導師讓家長有合作夥伴的感覺，一起協助孩子，才不會讓家長認爲導師一直數落小孩。而導師帶班眞的需要很多耐心和等待，接下來導師還要跟媽媽再討論其他方法，嘗試養成居誠檢核攜帶課本、作業的自主管理習慣。

💗 案例4-2　常忘東忘西的迷糊學生 ⋯⋯⋯⋯⋯⋯⋯⋯⋯

開學第三週，9月22日（週四），小一導師在聯絡簿寫上：「媽咪，功課表沒有數學，但若前一天有數學功課，請協助居誠（化名）帶至學校批閱，謝謝幫忙。」母親：「老師您好，昨日晚上我確實檢查過居誠的數學習作14、15頁後放入書包中，可能居誠自己都不清楚帶了些什麼物品，我會提醒他要記得交作業，謝謝老師。」隔天，導師：「數習今日已交，放心。座談會請爸、媽參加。」

下週一，9月26日，導師：「今日上完數學，居誠不小心把課本弄到大櫃子的縫縫內，下午我請學生幫忙找，若找不到，可能要再買。」母親：「老師，請問可到哪裡買書？」隔天，導師：「已請教務處協助。」又隔二天，導師：「國習缺交二天了。」隔天，導師：「居誠很迷糊，近日作業都有未完成現象，請爸、媽多留心。（課本）不用錢啦！教務處說『再』丟才會收錢。」

隔週一，10月2日，居誠數學課本又不見了，折騰了兩週才從教務處買到新課本，期間又有幾次未帶作業。老師要居誠自己

用注音在聯絡簿提醒自己：「ㄉㄠˇ ㄕ，ㄨㄛˇ ㄏㄨㄟˋ ㄋㄨˇ ㄌㄧˋ ㄐㄧˋ ㄓㄨˋ。」導師旁邊附註：「加油！」

兩週後，11月3日，導師：「親愛的媽咪，居誠真的、真的、真的……太『散』了，要麻煩家長多加督促呀！」隔天，母親：「親愛的老師，唉！我每天好像一個嘮叨的老太婆，又像是氣炸的熱水瓶，可是依然『脫線』，稍有鬆懈，就會忘這忘那，我們會繼續努力督促，希望他能夠『專注』！謝謝老師！」

隔天，導師：「其實有很多事他表現非常好，不知為何作業常出亂子，上課課本也常忘了帶，要您別氣，好像您不關心，好！我們今天一起『氣』，不過他今天不錯，算了！今天就不要氣他了。」導師另外一行提醒居誠：「居誠，媽媽很可憐，你要努力『記』得喔！」隔週四，母親：「唉！居誠又忘了帶生活習作回家寫了，……我……我……我……很想……Q_Q。隔天，導師：「已補了。」

11月29日（二），母親：「居誠又忘了帶國語生字回家寫了！怎麼罵、怎麼唸都沒用呢！真無力！」隔天，導師：「昨天一整天狀況不斷（雪上加霜Q_Q）被老師罵。ps.不過呀！天才好像幼年時代都這樣，咱們就忍忍吧！搞不好有一位天才在我們的容忍下誕生了！」母親：「感謝老師，我們就再忍忍了！」

五、聯絡簿或週記的討論

有些學生畢業時把課本、習作都丟掉，唯獨留下聯絡簿或週記，就好像要留下他們學校生活的回憶，作為教師的我們，更應該好好善用聯絡簿或週記。聯絡簿或週記的運用，還有以下議題可以深入討論：

(一)應將聯絡簿或週記視為學習材料的一部分

由於聯絡簿須每天書寫，而週記設計上也是每週要書寫，因此其本身就應該視為學習材料的一部分。新北市設計有品德教育聯絡簿，從小

一到國九都有，其特色是每天都有小品文供學生閱讀寫作心得感想。有些學校則以全校爲單位統一印製，可以將學校的基本資料、緊急聯絡電話、相關處室電話，還有學校的生活公約或注意事項，列印於內，方便學生查閱及瀏覽。而坊間也有像福智基金會的「觀功念恩聯絡簿」、感恩社會福利基金會所發行的「感恩圓夢儲蓄聯絡簿」，也是把聯絡簿視爲推動教育理念的學習材料，雖是空白的小冊子也應謹愼設計或選用。

(二)維護聯絡簿或週記書寫內容的隱私

爲了讓學生能夠放心地在聯絡簿或週記抒發自己的感想和心得，並和導師反映個人的所思、所感，班上或學校的近況，老師在收發簿本時，應該要確保這些作品的隱私性。導師叮嚀學生一大早到學校晨間活動時，就把個人聯絡簿交到固定的辦公桌位置或欄架裡，導師親自收回整理拿回辦公室批改，而且運用早上時間儘快改完，親自交回學生手上；或利用其他方法，讓學生瞭解聯絡簿或週記是個人書信，須互相尊重彼此的隱私權，如此可以增加學生書寫的眞實性和內容揭露程度。

(三)筆談外還可以面談

誠如前頁（p.67）對聯絡簿批改的建議，聯絡簿或週記因紙短情長，因此如果從批改過程發現學生有異狀或緊急需處理的問題，應該私底下找來談談，或下課主動邀請過來瞭解，以發揮立即的效果，取代原先書面文字的評語或回饋。再者，可以藉此瞭解事件的眞實程度，例如學生有輕生的念頭，應私下瞭解是「爲賦新詞強說愁」，還是學生現有眞實的感受。

(四)高中職學生不該寫聯絡簿

目前國中、小學生寫聯絡簿，高中職學生寫週記。有人認爲聯絡簿既然有這麼好的親師生溝通功能，應該延伸到高中職也寫聯絡簿，這樣孩子上高中後的學習狀況，親師也能夠有所掌握和瞭解。然而此舉研究者認爲不可，因爲高中職學生15到18歲的青少年處於「自我認同對角色混淆」（identity vs. role confusion）的後期，老師和家長應該要讓孩

71

子逐漸學習自制、自律，而且此時期學生也處於叛逆期，希望能夠擺脫成人的約束和牽掛，學會獨立自主，因此對於課業和學習生活的記載事項，應讓學生自行養成書寫記事本備忘的習慣，大人也應尊重這時期的孩子保有自己的隱私，因此聯絡簿如推廣到高中職，恐怕弊多於利。

第三節　師生關係的經營──該不該告訴大人

　　同儕間發生的事，該不該告訴大人呢？個體從小到大，漸漸從親子關係，發展出同儕關係，親子關係和同儕關係這兩種影響力會交互影響（任凱、陳仙子合譯，2006）。學生要不要將同儕之間發生、教師和父母不知情的事情，告訴教師或父母呢？等於是將基於平行關係的同儕互動事件，轉而向垂直關係的父母或教師做互動，本身就是一個同儕壓力，如果本來想講，後來想想不講了，就像第四節即將提到的本來有意願，受同儕影響卻不做了。因為學生將這類事件告訴大人，有可能會被冠上，像是「打小報告者」（snitch）、「告狀大王」、「爆料者」、「抓耙仔」、「金手指」、「報馬仔」、「二五仔」、「眼線」、「線民」、「間諜」、「內奸」等不一而足，而這些名稱有汙名化的意涵（Coloroso, 2003; O'Moore, & Minton, 2004）。

　　學生舉發同儕的不當行為到底好不好？甚至連教育人員也很矛盾。吳耀明（2004）的研究訪談了國小11位優良教師，他們也把愛打小報告與上學遲到、忘記帶課本及學用品、上課不專心、學習效果不佳、交頭接耳、說謊不誠實等，同樣列為教室裡最常發生，也最感困擾之偏差行為之一。然而如果學生之間出現偷竊、說謊、考試作弊、霸凌等不當行為，卻沒有學生願意告訴老師，甚至連受害學生都不敢張揚，那老師就會喪失處理的先機。由於學校要有效地反制霸凌，其關鍵就在於鼓勵受霸凌者及目擊者，站出來報告他們所遭受到的或目睹的事件（李淑貞譯，2007），而孩子不說的顧慮是有道理的，蔡佩真（2011）的研究發現，有些比較文靜、好學的同學，會跟老師走得比

較近，那些活潑的學生會認爲他們是「抓耙仔」，他們在拍老師馬屁，就會成爲被排擠的對象（頁146），自己反而成了被關係霸凌的對象。但如果沒有學生願意告訴大人，那麼校園暴力或霸凌等校園不當行爲，將更不容易解決。

學生社群扮演一個重要的角色，應該鼓勵受害者或旁觀者勇敢地向學校當局報告事情的發生經過，假如他們自己面對同儕霸凌時，能夠站起來反對他們的行爲，這樣對終止霸凌會有很大的幫助（Damani, 2011）。

一、同儕事件告訴大人汙名化的由來

爲何同一社會階級的人將其他人的事情告訴上一階層或上位者，會被稱爲「告密者」、「打小報告」、「抓耙仔」而受汙名化呢？可以從歷史上對告密或告密文化的探討可以得知，而警察在犯罪偵防時，有些犯罪地點、時機和情境，非祕密進行無法達成任務，也不得不應用「線民」。然而「線民」因爲要對具體個案有人際互動關係，難免利用兩者之間的信任，使具體個案有被出賣和背叛的感覺，更使得這一類名詞，都有著負面的印象。以下加以說明：

(一)歷史和文學上對告密者和告密文化的探討

1. 中國告密者的故事

自有信史以來，中國歷史上第一個告密者應該是商紂時的崇侯虎。崇侯虎是崇國（陝西戶縣地區）的諸侯王，名叫虎，據說其長得就非常特別。從寥寥無幾的正史記載來看，崇侯虎應該是紂王設在陝西黃土高原上的一個密探（線民），他的主要任務就是監視高原上的其他諸侯國，周伯昌就是他告密的對象，還因此讓紂王把周伯昌抓起來丟進里城，這個中國歷史上的第一個國家監獄裡呢（何木風，2009）。

楚漢相爭時，韓信帶兵打仗幫劉邦取得天下，因劉邦稱帝後對韓信猜忌心很重，因有人密告韓信要謀反，劉邦最後把韓信給殺了。而「韓信謀反被殺」因而成了歷史懸案，到底韓信有沒有要謀反，而那兩個告

密者又是誰呢？不管到底有沒有要謀反，都可說告密者毀了韓信（飛石，2011）。

司馬遷的外孫楊惲也因告密發跡，又因告密而腰斬。楊惲父親楊敞因霍光的提拔而位居宰相，然而楊惲密告霍府密謀造反，獲宣帝封為平通侯，升為中郎將。然而楊惲喜歡「發人陰伏」的個性廣為眾知，自己也不避諱。有一戴長樂說話誇大不實，受皇帝監禁，竟以為是楊惲告密，反過來告他一狀，楊惲被宣帝紬官。然而他毫無悔意、口吐惡言，再因拜成的告密，最後被宣帝處以腰斬（何木風，2010）。像楊惲一樣，有些人喜歡告密，因為這是一條終南捷徑。不過成也告密，敗也告密，告密文化成了專制時代的特產，也籠罩著這些時代的知識分子。

無論是武則天設銅匭、置酷吏，還是朱棣復錦衣衛、開東廠，其鼓勵告密的動機都來源於合法性危機情勢下的決策反應。告密者常常是專制主義下彌補統治者和被統治者雙方訊息不對等的重要手段，統治政權作為訊息的接收者，需要溝通者不斷地輸入訊息，進行處理轉換後再輸出，但因雙向傳遞呈現極度不對稱的態勢，完全只是以統治政權為中心的由上而下的單向訊息傳遞，告密者在一定程度上彌補溝通者訊息輸入不足，緩解雙方訊息傳遞的不對稱。告密本身並不涉及民眾利益訴求，更難以發揮監督政權的權力運作功能，因而根本未改變政治體系的運行方式和規則，以至於告密成為專制體制的一部分。君主用它來監視百官言行，有效加強控制功能，也作為整肅異己的鬥爭手段（李輝，2006：16-17）。

由於溝通的品質和真實性有問題，導致告密更加氾濫，虛假的訊息未加區辨而造成冤枉錯誤，許多人牽涉其中，有些人甚至將告密作為捏造罪名陷害別人的武器，以至於告密行為的作用範圍與破壞性後果大大增加，難怪民眾對於告密者反感（李輝，2006：19）。

2. 西方告密的現象

西方也是如此，羅馬帝國初期，告密是個普遍現象，羅馬史家和作家都把這個亂局稱為內戰。告密是當時羅馬上層進行權力鬥爭和群體迫害的主要工具，此與帝國初期的政治和法律制度的變化有密切關係。皇

帝改變了羅馬社會一直存在的恩主與門客關係，由於皇帝掌握經濟和政治資源，成為整個國家的恩主，如果能以某種方式向皇帝提供支持，皇帝自然會報以升遷或金錢，甚或這也是一種對國家的效忠，加上皇室內鬥、皇帝與元老院的對抗，而使得告密者絡繹不絕，嚴密的等級制、男性公民以政治領域作為人生價值，都是羅馬人會告密的原因（李永毅、李永剛，2010）。

德國希特勒納粹期間也有很多告密者，有位太太想擺脫他的先生——一位長期服役的德國士兵，告發她先生在探親期間表達對希特勒的不滿，本來軍事法庭根據納粹政府的法令，該名士兵發表煽動性言論，犯了危害帝國國防力量罪，要判處死刑，但後來未處決又被送到前線打仗。戰爭結束後，判決的法官因為不能逃避司法職責，在納粹統治下，如果拒絕審判可能遭遇生命危險，而這位太太被告罪名成立，因為他的行為是自由選擇的，而造成丈夫監禁的結果（柯嵐，2009），所以告密者在改朝換代後也得不到好下場。

3. 小說裡告密者的悲歌

張靜茹（2005）針對李喬的《告密者》與張大春的《透明人》兩本小說的主角湯汝組和張敦進行分析，發現小說中兩人因為長相、資質不如人，加上家庭變故或經濟負擔、求學歷程的挫折、愛情波折等外在壓力，與內向敏感、陰鬱的內在性格，形成人際關係封閉，而選擇當告密者來面對油然而生的自卑感。

不過文中對告密者的定義是：「為威權體制服務，與民眾站在對立位置，對一般人進行監視、檢舉者」（張靜茹，2005），這些告密者可能化身為各種身分在人群中，以窺伺、建立交情等方式蒐集情報，在他人不察下報告相關單位，這些告密者像是國家警察、校園特務或職業學生、間諜等皆屬此類，俗稱「眼線」、「報馬仔」、「抓耙仔」等。

(二)告訴大人被汙名化的原因

Harris（1998）在《教養迷思》一書提到「在美國的中學，聰明、功課好不是一件對你有利的事，這可能是同學認為這些好學生受到老

師和家長的影響太深，是他們的『走狗』、『應聲蟲』。人類學家Don Merten曾經形容過伊利諾州某所初中的學生社會類別。在學校裡，成熟得晚、運動不好、沒有吸引力的平庸男生被稱爲梅爾（Mel，從Melvin而來）。梅爾跟聰明人不同的地方是，梅爾並不是特別聰明或功課特別好，但是梅爾也跟聰明人一樣，被看成是老師或大人的走狗」（引自洪蘭譯，2005：350-351）。打小報告就是向老師揭發或檢舉一些不爲老師所知的同學違反紀律的事情。對老師而言，這是瞭解學生的途徑之一，但對學生同儕而言，檢舉或揭發者，卻扮演了一個同學之間的叛徒或間諜的角色。

打小報告在道德上之所以難以被人接受，是因爲它使人與人之間失去信任。打小報告或告密者會受人唾棄是因爲他們使周遭的人感受到不安全，學生需要一個可以預料的世界，不確定性會使人產生恐懼和焦慮。以馬斯洛（A. Maslow）的需求層次理論而言，有了安全需求，才能追求愛與隸屬、受尊重與自我實現的需求。班上有人打小報告或告密，將使得班級充滿緊張不安的氣氛，同學之間和師生關係是疏遠和戒備的，無法讓學生坦承和輕鬆的面對他人。學生的成長需要受到尊重，老師要能眞誠地與他們交流。

(三)通報或告密的區隔

Coloroso（2003）提到大多數的霸凌行徑，都是在大人的「視線之外」發生的，孩子會猶豫該不該說。因爲孩子可能也被大人教導在手足或同學背後論長道短，會被告誡：「別告狀或打小報告」（Don't tattle, don't snitch.），可是當孩子不讓大人知道霸凌這麼嚴重的事情時，我們卻會責問他們：「你爲什麼不說？」當孩子想到這就是打小報告、告狀、告密（rat）、告發（squeal）、出賣（fink），就會三緘其口。

學生把同儕之間發生的事情告訴大人（父母或家長），是不是就會成爲同儕間的告密者？要幫助孩子勇敢面對霸凌的好對策，就是要受霸凌的孩子能與信任的大人談談，並且告訴孩子：通報不是打小報告（李岳霞、王素蓮譯，2011）。如何將學生告訴大人的行爲和告密者做區

隔，才能避免這樣的同儕和道德上的壓力。

Beane（2004）認為，要讓學生打破沉默，就要區分「打小報告」和「通報」的不同，打小報告是會造成別人麻煩；而通報是讓人脫離麻煩，如此才能打破學生不可說、不可告發人，不告訴大人的困境（林凱華譯，2008）。而Coloroso（2003：135）也認為，告密（tattling）或打小報告和告知（telling）是有所不同的，我們要教導孩子以下分辨的規則：

1. 告密：如果說出來會讓其他小孩陷入麻煩，就別說。
2. 告知：如果說出來會讓你或其他小孩遠離麻煩，就要說。
3. 如果同時有一和二的情形，一定要說。

她還舉例說：弟弟強尼霸占鞦韆，告訴大人只會讓他挨罵，別說；弟弟強尼把杰夫推落鞦韆，還口出惡言，就要告知大人（魯宓、廖婉如譯，2011）。教導學生做這樣的判斷，大人首先要以犯錯學生改過遷善作為前提，而不是以懲罰為前提，犯錯學生要負起責任、償付代價，而不是大人的謾罵、懲罰，那麼學生就更容易區辨，講出來也是為犯錯者好，希望他改過遷善。

二、設置線民的爭議

老師該不該在學生之間設置線民，以幫助老師瞭解學生之間的情況，答案是否定的。以下從一些具體事件，和警察設置線民的限制來加以瞭解。

(一)老師不該讓學生擔任線民

臺灣不久前有所高中傳出教官要求犯錯學生充當「抓耙仔」，蒐證舉發抽菸同學，險些釀成同儕相互欺負的安全事件，家長質疑教官行徑失當，校方則澄清絕無此事，僅鼓勵同學一起維護校園環境。但家長直呼不可思議，並強調青少年血氣方剛，講求義氣與信用，教唆當起「抓耙仔」，勢必引來其他同學排擠和恥笑（陳賢義，2011）。教官要學生共同維護校園環境，勇於舉發違規同學，並以敘獎為獎勵，也有正向

之處，然而舉發別人之學生會被冠以「抓耙仔」的汙名，卻凸顯了使用這項方法的限制。

在大陸也有類似情況，大陸山東人大工作室（2010）批評昆明市有關部門要市內所有學校的班主任（導師），在班上設置2到3名「治安小情報員」。學校要這些學生蒐集校園暴力、侵害他人財物、手機網路傳播淫穢、校園周邊交通秩序、學校周邊不良少年活動的訊息，以供公安機構與教育機構全面掌握校園動態。該文認為此舉既不合理又違法，不合理之處在中小學生沒有義務和職責當線民，如果偶遇校園違規事件，雖然應當報警，但是不可要他們制度化的長期報告警察，而這也違反了大陸的「未成年保護法」第5條及第38條，讓未成年從事危險性工作的規定。

(二)警察設置線民的限制

線民的由來主要是警察為了達成警察法所賦予的任務，基於確立警備對策之目的，需要在必要範圍內為各種資料蒐集與查察行為，這是警察職責範圍內事項，但是卻經常有非隱藏身分祕密進行不為功的窘境，以至於警察執行法第12條賦予警察得遴選第三人祕密蒐集資料。此第三人即俗稱的「線民」（李錫棟，2006：283）。

然而警察遴選線民有一定的限制，第一是個案遴選原則，警察之資料蒐集活動約可分為偵查情報活動、案件情報活動及一般情報活動。警察運用第三人從事資料蒐集，須以具體個案為原則，亦即特定人對公共安全、公共秩序，或個人生命、身體、自由、名譽或財產，將有具體危害行為或有觸犯刑事法律之虞時，始得運用第三人蒐集特定人之相關資料，不得基於通案之目的，而遴選第三人蒐集資料。第二個是自願原則，必須徵詢被遴選者之自由同意（李錫棟，2006：286-288）。

警察遴用的第三人（線民）一定要加以保護，否則身分曝光可能危及其本身或其家人生命身體之安全，因此不管遴選過程、聯繫過程、檔案管理、充當證人都要予以保護。然而即使做好這些工作，並依警察職權法遴用，但線民蒐集的資料在刑事證據上還是有一些問題：一則因

為運用線民本身就蘊含詐欺的問題，因被告會認為被朋友出賣，可能會摧毀深層的社會人與人之間的關係，好像人性的利用；二則如線民以違法之行為蒐集資料，亦無證據力；最後是其無法行使緘默權告知的義務（李錫棟，2006：300-306）。

　　由上可知，即使警察因蒐集犯罪證據需要，借助第三人（線民）蒐集資料，也只能限定具體個案，有具體危害行為或有觸犯刑事法律之虞時，且所蒐集到的資料仍有刑事證據上的問題，在法庭上不見得可以採用。那麼不具司法警察身分的教師，更沒有合法基礎要學生擔任線民，不管是偵查情報活動、案件情報活動及一般情報活動，都不該對學生作線民的安排。

三、學生將同儕事件告訴大人的關鍵

　　Fuller與Fuller（2011）歸納了教養經驗，認為小孩有事不敢跟大人說的原因，有以下八點：1.信不過的大人不敢說。2.告訴對象和自己關係良好，怕給朋友帶來麻煩，他們會反過來對自己不高興。3.洩漏祕密，會讓朋友陷入麻煩。4.怕被同儕排擠或報復。5.出於私人及卑劣的動機（陷害別人），而告密不光彩。6.不規矩，早晚會被抓包，不必自己去講，事不關己、袖手旁觀。7.因為不知道事情的真實性，因此選擇保密。8.告密後大人會如何處理：小孩對老師或父母處理的知覺，會影響告訴與否（引自許晉福譯，2011）。王俞文（2010）所做「國小校園安全氣氛、社會支持與高年級學生霸凌受害經驗之相關研究」，從彰化縣國民小學高年級學生的644份有效問卷發現，學生未主動向師長報告霸凌的原因，首要為不想被認為是「告密者」，其次則擔心報告後影響自身安全。Urberg、Degirmencioglu與Pilgrim（1997）的研究，將朋友進一步分為「好朋友」和「一般朋友」兩類，觀察同儕影響力的差異，結果發現「好朋友」的影響大過於「一般朋友」的團體。中學生告不告訴父母同儕間發生的事，會看對象，「好朋友」和「一般朋友」、「不友好的人」會有不同的做法。

　　從另一個角度來看，學生如果願意將同儕事件告訴大人，其動機則

可能是以下六點：1.正義感。2.不公平的感覺：觀察學生互動，如果有小朋友先寫家庭作業，小朋友會跟老師講某某同學在偷寫作業。3.陷害同學。4.想讓同學受到處罰。5.想得到師長的注意或讚賞。6.不願意見到同學做這種事，受到傷害或惹禍上身。動機有正向和負向的不同。

　　由於師資生在過往求學過程，一定有要不要把同儕事件告訴大人（老師或家長）的類似經驗，而未來這些人要去當老師，所以想藉由他們的經驗和想法來瞭解，什麼因素會影響中小學生要不要把同儕事件告訴大人，以下是研究者舉辦了18場焦點團體座談，訪談94位師資生得到的結果。學生要不要把同儕發生的事件告訴教師或家長等，主要關鍵在事情的性質、和發生事件當事人的關係、老師的人格特質和處理能力。

(一)事情的性質

　　學生會不會將同儕事件告訴大人，有一個因素是看事情的性質，包括事情的嚴重性、學生自認為會處理搞砸了才告訴老師，例如：同學有人鬧自殺、懷孕，學生會評估跟老師講的後果，不得以才講，把跟老師講當成是最後一道防線，不得已，沒辦法了，才跟老師講，因為學生會覺得老師有個聯絡網，如果跟老師講了，那麼有可能班上同學、家長、甚至其他科任教師等「全世界」的人都會知道，所以要特別謹慎。

(二)和發生事件當事人的關係

　　學生會考慮和發生事件當事人的關係，如果是好朋友做錯事，通常不會跟老師講，會瞭解情況，私下勸朋友、跟他討論，除非不跟老師講，朋友會受到傷害，才會告訴大人。有位受訪的師資生說：

> 我國中是英文小老師，不過我們班都不太喜歡英文老師，但
> 我跟英文老師很好，班上同學也跟我很好。他們不喜歡英文
> 老師也不喜歡英文課，有一次我們班家政課做了一個PIZZA，
> 他們故意把它弄的超級辣送給她吃，英文老師吃了以後很生
> 氣，我只好裝不知道，雖然我覺得這樣不太好，但我也不能

講，因為講了之後就會知道是我講的，我也想保護同學他們，但也是避免同學怪罪自己（20130122）。

如果是一般同學或不熟悉的學生，就要看這件事情的性質而定，事不關己所以不講，以免惹事生非，但也可能是不認識，沒有同儕壓力，為了公平正義會去告訴大人。

(三)老師的人格特質與處理能力

「信任」是學生要不要把同儕之間發生的事情告訴老師的關鍵，老師要能夠維護犯錯學生的自尊心，而且學生要相信老師會保護他，才會願意講。學生在描述的過程，老師會傾聽、接納，讓學生傾訴心情，情緒獲得紓解，即使聽到學生的抱怨，有時也不必急著解決，先聽一聽學生的想法，或可讓學生嘗試提出解決方法，協助其價值澄清和合理的邏輯推理，可以提升師生間信任，學生願意把同儕發生的事告訴老師。

再者，學生如果評估老師有處理能力，處理的方式又是他要的，更會願意跟老師講。所以當老師聽到學生告訴自己事情時，可以問他：「你覺得老師該如何處理？」可以取得更好的資訊和更深入的案情，有助於問題的解決。有些事情，光是融入情境、理解學生，傾聽接納還不夠，老師要有處理能力，學生才願意把發生的事情跟你講，因為知道你有能力解決，而不是像其他同學一樣，講了也沒辦法處理，那還是會選擇不講。

而學生告訴老師的方法很多，除了私下自己去找老師外，也有一群人一起去找老師，或透過紙條或書信，而在聯絡簿或週記反映的也不少，老師平常如能提供學生多元的溝通管道，也有助於學生將同儕發生的事件告訴大人。

第四節　同儕關係的經營──同儕影響的事

　　前一節提到「該不該告訴大人？」其實就是受到同儕壓力的影響。而當學生有違規行為，老師通知家長時，常會聽家長講：「我的小孩很乖咧，都是被同學帶壞的！」這句話有幾分道理，小孩長愈大、愈容易受同儕影響。洪蘭教授翻譯J. R. Harris所著《教養迷思》（*The nurture assumption: Why children turn out the way they do*），五百多頁的篇幅重點只講一件事，那就是同儕影響大過親職教養（洪蘭譯，2005）。

　　青少年同儕之間的友誼講求共同的思想與情感、忠誠與承諾，重視同儕歸屬、講義氣，容易形成小團體或死黨。這時期的友誼不管是強度和傷害性，都達到頂點，因此出現了個體本來不想做，但受同儕影響而產生意願的行為；以及個體本來想做，但受同儕影響而變成無意願的行為。這些行為如果依照行為的正向（包括中性）和負向、個體的有無意願，可以分為如表4-1四種類型。

表4-1　同儕對個體行為的影響分類表

個體本意	正向或中性行為	負向行為
本來無意願卻做了	1.受同儕影響而產生意願的正向或中性行為	2.受同儕影響而產生意願的負向行為
本來有意願卻不做了	3.受同儕影響而變成無意願的正向或中性行為	4.受同儕影響而變成無意願的負向行為

　　研究者有機會詢問大學生過往求學受同儕影響的經驗，依照學生的分享，這四種類型的行為，有以下的實例：

一、本來無意願卻做了

(一)受同儕影響而產生意願的正向或中性行為

本來自己並不想這樣做，但看到同學這樣做了，自己覺得也應該跟著做。這些行為包括像：衣服穿著改變（改長褲成五分褲、AB褲改成喇叭褲或垮褲）；打電玩遊戲；郵購或網購；描手形算命；交筆友或網友；做手工藝；抓飛機許願；購買特定的玩具；改變穿著和生活用語；共組小型讀書會；受室友愛整潔影響對環境要求標準提高；看同學下課都在準備下節考試，結果自己也不自覺在下課讀書；同學考前唸書，自己也跟著唸書；相約讀書；看到同學買參考書，自己也跟著買；補習；同學連署對學校申訴；選課時會因朋友們都修同一門課，雖然那位老師或課程並不是自己想要的，卻還是會去選等。

(二)受同儕影響而產生意願的負向行為

本來自己並不想這樣做，但看到同學這樣做了，覺得自己做了也沒關係，最多一起受罰。這些受影響的行為包括：攜帶違禁品到校；作弊；抽菸；嚼檳榔；爬牆；真（假）割腕；上學遲到；遲進教室；不上課；利用教室設備看影片；不寫作業；上課睡覺；翹課；吃東西；發言不舉手；體育課穿便服；學同學罵髒話；討厭或排擠同學和老師；護航朋友犯錯；聯合幹部罷工；去網咖或電動遊樂場；玩筆仙、錢仙；買和穿名牌等。

二、本來有意願卻不做了

(一)受同儕影響而變成無意願的正向或中性行為

本來自己想這樣做，看到同學不這樣做，即使是正向行為，也覺得自己不想做了。例如：校外教學因為好朋友沒參加而作罷；因同學嘲諷而不敢在下課時間看書；本來自己喜歡團體活動但因同學不喜歡，自己也不喜歡了；本來自己喜歡某類裝扮或髮型例如：紅色衣服，但因某位同學行為做法不受班上同學喜愛，他喜歡穿紅色衣服，所以自己衣服就避免跟他相同；討論報告時有自己的想法，但感覺同學不是很同意，所

以選擇接受他人的意見；班上同學都覺得粉紅色很三八，有人喜歡粉紅色不敢說出來，有粉紅色的東西也不敢帶；受到班上不良分子威脅，因而不敢舉發同學違規行為等。

(二)受同儕影響而變成無意願的負向行為

本來自己想這樣做，看到同學不這樣做，也覺得自己不想做了。好比說：不敢把惡作劇的同學告訴老師；當幹部時，睜隻眼、閉隻眼等。

從上述的例子可以看出，同儕的影響力量不可小覷。在課業上，如果能夠形塑班上的學習風氣，可以讓學生不自覺地和同學唸起書來。在行為上，學生會跟同儕一樣趕流行、追時髦，也會不由分說地做一些跟自己意願不同的事情；而對於作弊、抽菸、攜帶違禁品、上課不遵守規範的行為，會有「漣漪效應」（ripple effect），如果有學生從事而未受到禁止就會影響其他同儕，比如作弊就是一例，如果有學生作弊，老師未發現或未處理，就會導致其他學生陸陸續續作弊。教師在教學和班級經營時，不僅要看到學生個人行為，也要注意到同儕集體所產生的影響。

三、青少年特別容易受同儕影響

青少年特別容易受到同儕影響，就像本章第一節所講的「寵物現象」，部分學生不願意被當作老師的寵物，在全班面前，不會表現親近教師的行為。由於獲得同儕團體的認同，被青少年認定是最重要的事，因此他們會表現出「很酷」（very cool）的樣子，無視於老師的存在。其實他們並不是粗魯和漠不關心，他們只是要維持在同儕團體中的形象、友誼和重要性而已。當賀爾蒙作用時，青少年是不會把對教學者的學習列為優先事項的（Pressman, 2007）。

以讚美（praise）而言，本來在國小低、中年級，甚至高年級都是很有用的技巧，小朋友都會喜歡，可以說是一種很好的社會性獎勵，不管是對全班、小組或學生個人，都很管用。然而小學高年級或國中以上的學生，因為想要維持他們很酷的形象（Pressman, 2007），情況就不一樣了。有一次研究者進班觀察時，就發現一位國小六年級的小朋友張

杰（化名），原本常發脾氣、不寫作業，因爲老師的堅持，與父母溝通和協力督促，張杰行爲有了起色，於是在一節國語課：

> 訂正考卷時，老師突然稱讚張杰的情緒管理有所進步，在家裡比較少對父母發脾氣，並分享靜思語「太陽光大，父母最大；君子量大，小人氣大」。但老師在稱讚張杰時，張杰並未露出害羞或喜悅的笑容，反而表情冷漠，好似事不關己一般（張民杰，2006）。

如果瞭解上述原因時，張杰一副「很ㄍㄧㄥ」的模樣（註：導師對他的形容）就不足爲奇了。我們常言「揚善於公堂、隱過於私室」，這時候反而也需要「隱善於私室」了，或者老師也可以用肢體語言，露出微笑、表達肯定，來取代口頭讚美。而研究者的做法是：不指名道姓，稱讚同學具體事蹟，例如：「感謝同學幫我先把單槍和電腦打開，讓教學活動更順利開始。」如此傳達了老師的心意，也維持了學生在同儕面前的形象。

 ## 第五節　同儕關係的經營──班會

從前，「班會」（class meeting）在國小、國中、高中可說是外顯課程（explicit curriculum）的非正式課程（informal curriculum）之一，是在功課表上看得到的科目。然而自從國民教育九年一貫課程推動後，國小的功課表已經看不到「班會」課，國中也消失不見了，融入綜合活動領域。高中、高職雖然目前一週是週會、隔一週是班會，但隨著課程綱要的頒布，未來也將不再單獨呈現於功課表上。

一、班會具有的教育功能

雖然班會可能不再以非正式課程方式出現在中小學的課表上，但

是班會在民主社會的團體規範和班級經營，仍有很重要的教育功能。包括：

  (一)訂定班級規則，並於學期間予以增刪調整。

  (二)學生可定期對班級事務表示意見，參與班務。

  (三)賦予學生解決班級問題的責任和能力。

  (四)學習人際關係及表達溝通技巧。

  (五)成為學生自治組織的集會，學習會議規範和自治自律。

  (六)聯繫同學間情感，增進團體約束力和班級凝聚力。

二、班會的準備與實施

  雖然班會不是固定在課表上的一堂課，但是卻可以化整為零，在有必要的時候，例如：要訂定班規、決定班級事務、學習會議規範、班級問題解決、凝聚班級向心力時召開。班會要成功，事前應該有所準備。

(一)班會的準備分人員和議題兩部分

  事前的準備大致分成兩個方向，一個是討論議題的準備、另一個是人員的準備。每次召開班會，要針對中心德目，學生的生活情形，擬定討論題綱，並在開會前兩天公告在班上的布告欄上，讓全班同學提前準備；擔任主席者，應事先訓練，控制班會時間、引導發言，才能讓會議順利進行；而學習心得報告、演講或時事報告的學生，也要在會前做充分的準備，如此才能讓會議順利進行，有效率地達成目的。

(二)班會進行的程序

  任何會議都有一定的程序，傳統學生班會，其程序及規範，會依照內政部訂定的會議規範，其程序如下：1.報告出席人數；2.主席宣布開會；3.宣讀並確認本次會議議程；4.宣讀並確認上次會議議程；5.上次會議決議案執行情形報告；6.主席報告；7.其他報告；8.提案討論；9.臨時動議；10.老師講評；11.散會。這樣的程序按照會議規範，所以提案、討論和表決也都有一定的規則，按照這些程序和規則，其實就在模擬政府組織或法人團體的開會模式。

　　上述的程序和規則著重在可以達成學習民主社會的法治規範，然而如果著重在團體問題解決、或增強班上凝聚力時，則可以修改一些程序來達成目的。以下有3位學者提出另一類型的班會程序，與傳統班會有所不同，但3位學者彼此之間並無太大差異。分別條列說明如下：

　　1. Nelsen等人（李政賢譯，1999）的班會程序包括：(1)主席宣布開班會；(2)感謝時間；(3)舊議案；(4)新議案；(5)結束班會。其中的(4)新議案是重要的核心活動，其討論的步驟如下：①學生角色扮演將問題發生始末表演出來，以助全班釐清問題；②教師請全班以腦力激盪想出各種解決方案；③將各種解決方案寫在黑板上，再請學生評估各種方案；④各種方案有充分的討論後，讓提案者自行選擇解決的方案。如果問題涉及其他人，也請他們各自選出最有助於解決問題的方案。

　　2. Style（2001）的班會議程其程序包括：(1)主席宣布開班會；(2)鼓勵活動；(3)舊議案；(4)新議案；(5)感謝與讚美；(6)結束班會。其部分詳細的做法如下：①鼓勵活動：每位學生先花1分鐘的時間思考，對同學說些鼓勵的話，再請先舉手的第一個人發言，接著繞圈發言；②感激與讚美：在班會結束前可以進行「感激與讚美」的活動，學生們可以藉此機會答謝其他同學或師長在一週內或班會活動中所做的事，如此可以集中班級的向心力；③結束班會：班會結束時，主席謝謝每位同學安靜的聆聽與積極的參與，並請同學安靜的將桌椅恢復原位。

　　3. Phelan與Schonour（2004）的班會議題，討論步驟包括：(1)請提出議題的同學描述他想要解決的問題；(2)其他同學提出對於問題的想法和感受；(3)開放同學提出解決方案的構想，每位同學都可以發言，但每次僅有一個人發言，確保大家都能聽到他的意見；(4)在大家同意的基礎上找到解決方案，最後的想法可能聯合了不同學生的建議，假如無法取得過半數同意，可交由老師做最後處理；(5)同意的解決方案應該做成書面記錄，並公告在公布欄，也可以寫在班會紀錄、筆記本或電腦上；(6)下一個同學提出下一個問題，並繼續前五個步驟。

(三)班會討論的議題與決議

班會的議題要以班級自治活動、班級事務為主，還包括品德教育和團體輔導。目前很多學校會以整學期為單位，規劃全校統一制式化的討論專題，可是這樣一來，反而會和學生的生活經驗、班級事務脫節，導致同學討論的興致不高。至於班會的決議，議案如果關係到全班，就用多數決方式做決議，但不能因此讓學生間彼此有出現隔閡的感覺，可以讓學生學習到每個人並不是用相同的方式在思考和感受，或是也可以利用問題解決的歷程，一直到全班達成共識為止也可以。全班的問題，其解決方案採少數服從多數；如屬學生個人問題，解決方案留給問題擁有者自己決定。

三、小三第一次教「班會」、實際開班會

中小學生開班會，那是什麼課程？什麼時候教導如何開會呢？答案是國小三年級的社會領域課程。以下是研究者觀察的一位小三社會領域老師，教導小朋友如何開班會的觀察和訪談紀錄。

案例4-3　小三第一次教「班會」

認識班會是社會領域課程的一個單元，社會老師表示：「三年級『認識班會』的課程大概需要三堂講解時間，可以視情況需要調整到第四堂。」

(一)第一堂

1.教師講解班會課程之目的與流程〈約25分鐘〉

(1)班會課程的課文理解

教師先要求學生將課本第一段內容讀過一次，藉此導入班會的概念，其內容即：班會是全班同學參加的會議，班級的重要事項必須經過班會討論決定。開班會時，應由主席主持，依照一定的會議程序進行；發言時要先舉手，經主席同意後才可以發言。

社會老師說：「課文中關於班會的內容一共四頁，但本班同學卻只唸過第一頁的課文內容。因為教導學生班會課目的是班會

課程的核心價值，尤其三年級的學生，自主能力並不高，所以在這個時候太過於著重教導學生班會程序，只會模糊他們對於開班會的認知。」

(2)班會目的說明

　　正因為社會老師認為教導學生班會課目的是班會課程的核心價值，所以學生唸完課文之後，社會老師便在黑板上寫出「目的：解決問題」，並花了不少時間講解班會的目的，其主軸環繞在下述兩點：①瞭解目前工作階段；②有問題大家一起解決。希望可以讓全班學生對於班會的目的一目了然，並有所理解。

(3)班會程序說明

　　介紹完班會目的之後，教師強調班會是先有目的才有程序，再導入班會程序的說明。在此社會老師簡化原翰林課本中的八點班會程序，僅保留第二點「主席報告」與第五點「討論提案」，又在第四點「各股股長報告」後面增加「與工作報告」，再以「主席結論」為程序最後一項。最後將簡化後的四點班會程序寫在黑板上，其內容如下：

①主席報告

②各股股長報告與工作報告

③提案討論

④主席結論

2. 全班大略進行班會流程〈約15分鐘〉

　　由於是第一次開班會，教師希望全班大略知道班會流程即可。首先，教師先指定班長為主席，主席報告便請主席複述社會老師即時的說話內容。之後各股股長輪番上臺，報告這一星期關於各股股分內的班上事務，如果不知道要說什麼，僅需上臺說「謝謝大家」即可。提案討論部分因為時間的關係則先略過，但是老師在此又再度強調班會目的就是為了解決問題，所以提案討論是非常重要的。最後的主席結論，再由主席複述社會老師即時的說話內容。

(二)第二堂與第三堂

1. 全班完整進行班會流程〈約80分鐘〉

　　社會老師說：三年級各班的提案討論都不相同，例如：忠班有耶誕節活動，提案討論時，全班便一起討論耶誕慶祝會；仁班沒有耶誕慶祝會，我便讓他們討論「我們可以為學校做什麼」。這樣會比以前提案討論僅是由學校訂定的問題，像：「如何做一個好公民？如何培養良好的品格？」等既定問題要來得好。提案問題最好是生活中實際的問題，才能讓他們可以培養真正解決問題能力。另外，開會時間不一定要很長，其實視問題大小的不同，開班會時間也會有所不同。

2. 社會老師的建議

　(1)班會課宜延後年級再教導

　　學生在三年級時，不會有太多的選擇權，尤其班會課程是為了要解決抽象的問題，學生除了具備抽象運思能力外，也要自主意識成熟，所以在很難具備上述兩項特質的小三階段，導入了班會課程，老師上課講解真的很吃力。因此，班會課程到了小學高年級甚至國中階段再教導會比較適當。

　(2)班會課程重點應該是目的（解決問題）而不是程序

　　社會老師表示，如果他是社會課程設計者，他不會在三年級階段導入班會課程，因為此時教授小三學生太多的開會程序，反而可能誤導他們開班會只是形式。然而，班會課程最重要的實質意義應該在目的，程序並不是那麼重要！以前的班會課程有既定的問題，如：品格、發揮公德心或環保等既定議題，但是現在的班會課中應該要教導學生，就算沒有既定的程序，還是能解決問題。就像班會課教導的「少數要服從多數」，舉凡現實生活中的一般公司，決定權往往還是停留在權力階層，不見得真的少數服從多數。但是老師還是要在這階段培養學生具有民主素養，並讓學生認為開班會對自己與團體都是有幫助的，進而想要開班會。假使學生懂得開會的意義再學習開會程序，這樣班會的進行便會

自然又順利。

(3)班會課程應培養學生主動解決問題、不依賴他人的精神

　　班會課目的是解決問題，換句話說，其精神在於「培養學生解決問題的動機，使小學生具有民主素養」。然而要培養這樣的精神，不是只靠上課，而是平常就要養成習慣。因此要求學生懂得「自己問自己，找出自己的問題並加以解決」是有必要的（張民杰，2006）。

　　研究者發現，小學三年級的社會學習領域，關於班會的分段能力指標，關聯性最大的就是：「6-2-5從學生自治活動中舉例說明選舉和任期制的功能」。而高年級能力指標中有一項：「6-3-2瞭解各種會議、議會或委員會（如學生、教師、家長、社區或地方政府的會議）的基本運作原則。」為何有些版本的教科書在小三就教導班會課？是不是只是沿襲舊有課程標準的教科書，有待進一步瞭解。而小朋友上完班會課，實際上又是如何召開班會的呢？以下是後續的觀察。

案例4-4　小三第一次實際開班會

　　12月分的社會課主題是班會課，而其中一次討論主題是關於聖誕節，所以在聖誕腳步將近時，幾位學童紛紛找級任老師要求於班會討論聖誕節，言下之意是希望能跟阿孝老師「拗」到一節課來慶祝耶誕〈玩〉，級任老師後來答應讓他們在綜合課時討論如何慶祝耶誕節，學生也運用班會議程如實進行「自主班會」，會議直接進入提案討論，並由班長擔任會議主席，其中有幾個有趣的現象：

1.學童彼此約束──禁止提出與議題無關的提案

　　例如：小甫在提案的時候，舉手跟老師說蓉蓉桌上有零食（級任老師明令禁止），即遭其他同學禁止，要求他不要在討論提案的時候，舉手報告這一件事而影響開會時間。

2. 提案討論無法得到具體事項

學童的提案總共4個：(1)帶玩具來學校玩；(2)帶零食來學校吃；(3)同樂會；(4)交換禮物。最後全班同學熱烈地支持(3)同樂會並通過。

級任老師認為讓他們討論，似乎又回到原點了，這樣又要開始討論同樂會要做什麼？慶祝耶誕的主題又變成期末同樂會的性質，這一次班會討論，沒有具體做法，也沒有可行性的結論產生。

3. 級任老師給予班會自主空間

過程中，級任老師一直給予極大的自主空間（如我覺得很扯的提案，如同樂會），也不太會制止或引導發言，除了一開始的提案討論，小朋友首先提出一項提案，其他小朋友便深入的討論其優缺點，級任老師點名應該是將所有提案列出，再一一說出其優缺點，最後再行決議。

4. 主席懂得下結論並控制時間

似乎全班有了共識，在下課前2分鐘，主席便引導全班進行投票，並在投票後作出結論，使得班會的形式得以成形。關於這一方面，阿孝老師認為社會老師的班會課教得相當不錯，所以小朋友大致上都能瞭解班會的議程與程序，得到一次有決議的班會（張民杰，2006）。

研究者發現，社會老師的班會精神──「解決問題」深植人心，從本班學生懂得利用班會課來決議事項、避免與議程無關的討論、主席開會懂得控制時間，並盡力歸納以及結論等現象來看，我想社會老師的教學是成功的。但就像社會老師說的，沒有抽象能力的三年級小孩，的確是很難討論出具體的結果。

班會可說是班上調節學習的時間，有些老師就借用來上課、考試，然而班會有助於團體問題解決、班級凝聚和培養民主規範，老師們應該適時召開，而且也不一定限定在課表上固定的「班會」時間。

第六節　同儕關係的經營——衝突解決

　　學生同儕之間難免會有意見不合或衝突發生，這會讓學生瞭解到對於同樣事件的看法，每個人會有不同的角度和觀點，這是衝突帶來的正面意義。然而教師必須做有效的引導，讓學生衝突得到解決，甚至自我解決衝突的能力也因而提升。雙方發生衝突後，可能會有冷戰、互不理會，或吵架等語言衝突，乃至於打架等肢體衝突。以下針對學生同儕間的吵架和打架衝突，說明教師的解決之道。

一、七龍珠中的基紐事件

　　大部分中小學生都喜歡看漫畫或電視卡通，劇中人物常成為共同喜歡或討論的對象，這些漫畫或卡通更是無國界，我們的學生多少接收到日本的作品，像是哆啦A夢、小丸子、口袋怪獸、七龍珠、火影忍者、家庭教師和航海王等，在書局、錄影帶店或電視裡處處可見，對學生的影響是老師須謹慎留意的。以下是一則國中生用動漫人物幫同學取綽號，引起的衝突事件。

(一)用七龍珠中的「基紐」取綽號

　　國中二年級的辰鴻（化名）是班上情緒管理有問題的孩子，很容易和同學起衝突、打架，甚至憤而離開教室，喜歡和同學玩，但又愛生氣。班上男生知道他的脾氣，卻又常常逗他生氣。

　　這天，宗儒（化名）和其他同學將日本動漫「七龍珠」中的角色和班上人物配對，宗儒覺得辰鴻像「七龍珠」裡的「基紐」，於是大家開始喊辰鴻「基紐」，有的人還跑去寫在黑板上。此時，傑文（化名）開心地喊著辰鴻「基紐」，遭到辰鴻出手攻擊，兩人扭打起來。之後，辰鴻離開教室，說是要去流浪，同學趕快去告訴導師，兩人立刻被找到辦公室。瞭解事情原委後，導師因有科任課，且上課鐘響完很久了，先分別告誡辰鴻和傑文，就讓他們回教室上課。

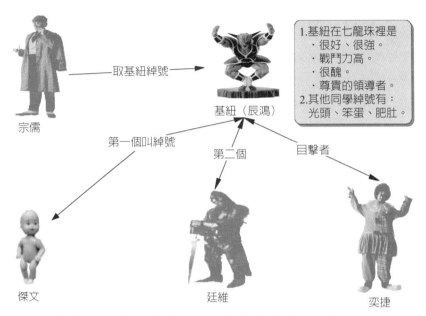

宗儒　——取基紐綽號——→　基紐（辰鴻）

1.基紐在七龍珠裡是
　・很好、很強。
　・戰鬥力高。
　・很醜。
　・尊貴的領導者。
2.其他同學綽號有：
　　光頭、笨蛋、肥肚。

第一個叫綽號　　第二個　　目擊者

傑文　　　　廷維　　　　奕捷

◎圖4-1　學生同儕因取綽號而發生衝突的關係

　　隔天，辰鴻並未釋懷，情緒依舊不穩定，中午時分，廷維（化名）又喊辰鴻「基紐」，辰鴻又和廷維大打出手，廷維的脖子都是抓痕，兩人又被找來辦公室。導師發現這事情不徹底處理不行，於是找了辰鴻、宗儒、傑文、廷維以及看到事情經過的學生奕捷（化名），還有班長（註：班上意見領袖，人緣不錯，可以補充他瞭解的狀況），6個人一起到辦公室把事情談清楚。

(二)導師運用同理心的問話過程

　　6個人到辦公室以後，千惠導師要4位當事人先站著冷靜一下，她詢問旁觀者奕捷和班長到底發生了什麼事情？於是奕捷把事情來龍去脈、一五一十講出來，班長則是他們說話的見證人。

　　導師聽完後，心中已經有了譜。接著導師要他們6個同學分別寫出「基紐」這個角色在「七龍珠」劇情裡有哪些特徵？歸納出來他們寫的「基紐」特徵：很醜、是特戰隊的隊長，生氣後戰鬥力會增強（註：這可能是宗儒會替辰鴻取「基紐」綽號的原因，因為每次辰鴻生氣就會想

和其他同學打架）。接著導師詢問宗儒還有哪些角色？原來還有光頭、巴特（笨蛋），還有古杜（肥壯）。所以相對來說，「基紐」是比較好的角色。

　　導師先對宗儒表示他的觀察力很好，接著對大家說：「雖然『基紐』是個不錯的角色，但是如果辰鴻不喜歡別人這樣叫他，別人還可以用這綽號來稱呼他嗎？」再來導師針對傑文和廷維，問他們叫辰鴻「基紐」的原因是：看他不爽、好玩，還是故意讓他生氣？傑文選了第二項、廷維選了第三項。導師要他們3位想想看，世界上是不是都會有弱勢者，有些人是情緒方面比較無法控制，這樣就應該受到嘲笑嗎？導師要他們3位想想，自己以後該怎麼做？

　　最後一個問話的是辰鴻，導師對他說：「宗儒幫你取的角色還不錯，其他人都是因為外型被嘲笑，可是你卻是一個比較好的角色。」導師要辰鴻想一想：「其實同學都當你是一分子，才會跟你玩、對你開玩笑，而你卻因此而生氣，何不笑看這件事情呢？」導師接著舉致豪（化名）為例，致豪在國中一年級時，被同學叫「扒仔」，他非但沒生氣，還說叫我「扒仔王」，他的大度量，反而讓「扒仔王」成為一種同學對他的尊敬。導師讓辰鴻能夠換個角度想想，是否也可以這樣。導師詢問辰鴻有沒有不對的地方？他坦承自己動手打人，是不對的。導師問辰鴻，下次如果情緒上來可以怎麼做？他說可以先離開教室。導師讚許他這樣是對的，但離開教室會不會有問題發生？上課在外面遊蕩是不妥的，可不可以先到辦公室找老師？辰鴻點頭。

　　導師告訴宗儒、傑文和廷維：「辰鴻自己也覺得動手打人是不對的，他也知道你們叫他『基紐』是想跟他玩，開開玩笑。」但她也告訴辰鴻：「宗儒、傑文和廷維已經知道了，你不喜歡『基紐』這個綽號，以後不會再用它來稱呼你。未來如果有你不喜歡的話語或是行為，就要清楚告訴對方你的感受，但不要大打出手。」雙方就此言和。因為廷維脖子有抓痕，導師另寫聯絡簿告知家長發生的事情。

　　同儕之間互取綽號是常有的事，但有些綽號當事人並不喜歡，有些綽號帶有嘲笑或歧視的意味，讓當事人生氣和難過，如果還以此稱呼同

學並樂此不疲，會形成語言上的霸凌行為，導師應及時介入。千惠老師以同理心的方式引導學生體會對方的觀點和感受，並教導他們下次遭遇類似問題的處理方法，有助於化解學生間的衝突。另外，利用「角色扮演」也是運用同理心的好方法，也可一試；附錄五的師生溝通情境模擬演練，可以參考。

(三)運用同理心處理學生衝突的步驟

學生在國中階段正處於艾瑞克森（E. H. Erickson）提出理論裡之「自我認同與角色混淆」（identity vs. role confusion）的發展危機，情緒較易衝動，對於同儕與自我的認同相當在意，因此學生間爭執和衝突事件經常發生。

再者，13到15歲國中階段的孩子，也處於希爾門（R. Selman）提出觀點取替能力的「第三者觀點階段」，正在發展「設想以第三者的想法，預測自己或他人對其同伴觀點的反應」之能力。因此千惠導師運用同理心來問話，企圖解決學生之間的衝突，也培養其觀點取替能力。其步驟大略如下：

1. **停**：讓雙方先冷靜下來，並藉由旁觀的第三者，以客觀的角度釐清事情真相。學生通常不喜歡這個角色，會被認為是「抓耙仔」（向老師打小報告），導師要告訴他們這是基於信任，如果友愛同學一定要老實說，這樣才是幫助同學的表現。

2. **聽**：聽雙方對衝突發生的經過、原因和感受。因為導師已聽了旁觀者的描述，當事人因為融入情境，比較會據實以告。

3. **看**：從雙方的談話中，用同理心引導出：「體諒對方，找到對方委屈之處」、「檢討自己，承認自己做錯之處」，交叉詢問，讓雙方感受到對方也能同理自己的感受或委屈，也願意承認自己的錯誤。

4. **思**：導師詢問雙方要怎麼做來解決問題？未來遇到相同問題要如何處理？引導學生思考提出解決方案。

5. **擇**：將每個解決方案詢問雙方，這樣可以解決問題嗎？協助學生做雙贏的選擇。

6. **行**：接著雙方就去做相互同意的解決方案，如果下次又起衝突，就再以此為基礎，來討論和反思雙方沒有做到的原因。

二、形塑觀點取替的問話技巧

　　衝突解決過程在停、聽、看階段如果能夠形塑觀點取替的思維，就容易解決同儕間的衝突。在「分開問話」的過程，研究者觀察的對象：家立老師，對此有其特有的流程，以甲、乙兩生吵架為例，家立老師的處理步驟，可參見表4-2：

表4-2　衝突處理形塑觀點取替的步驟

步驟	對象	處理方式	意義說明
1	旁觀者	找出周圍關係，畫出事件輪廓。	以客觀的角度還原事件原貌。
2	單獨甲生	找出自己做「錯」之處。	檢討自己，承認自己做錯之處。
3	單獨甲生	思考對方做「對」之處。	體諒對方，找到對方委屈之處；甚至說出對方平常的優點。
4	單獨乙生	重複步驟2、3。	便於步驟5、6的進行。
5	甲乙雙方在場	讓乙生知道甲生承認自己做錯什麼，並且知道乙生的委屈。	同理心發揮功效（亦即：雙方聽到對方除了檢討自己，還願意站在自己的立場為對方抱屈，欣賞自己的優點，因而產生被瞭解感）。
6	甲乙雙方在場	讓甲生知道乙生承認自己做錯什麼，並且知道甲生的委屈。	
7	甲乙雙方在場	給予時間互相道歉與談話。	因感情互融而產生實質原諒。

　　以下將這些步驟的做法加以說明：

(一)詢問旁觀者：以旁觀者立場取得正確描述

　　家立老師說：「分開問話是希望讓事件可以周全且正確的被描述，一開始會問旁觀者，因為他們比較容易正確描述，但是學生通常不喜歡當這個角色，會被認為是『抓耙仔』，此時我會教育旁觀者，老師

會問他們是基於信任，如果他們友愛同學的話，就一定要說，這樣才是幫助同學的表現。」

(二)當事人問話（衝突的學生）

家立老師說：「再來進行當事人（甲、乙兩生）分開問話，當他們知道老師對事件已經充分瞭解，便不敢說謊話。例如：我曾經跟某生說：『我現在要聽你說這件事，因為我信任你，所以你一定要描述實情，不然我一定會知道。』」事件中的學生因為融入情境便會說出實情，而家立老師還會依據事件輪廓，引導當事人說話，檢討自己，承認自己做錯之處，並體諒對方，找到對方委屈之處，甚至可以請學生描述平常對方的優點，以利雙方問話時運用。

(三)調和（衝突解決者）

家立老師說：「到最後雙方因感情互融而產生實質原諒，這就是最重要的時刻了，這時我會當起調和者的角色，讓彼此和好如初。」

再者，老師問話的過程，也可以運用以下的問話內容和技巧，來引出學生的同理心，例如：「你的哪個行為最讓對方生氣？」、「對方最在意你哪個行為？」、「你這樣講或這樣做，對方會怎麼想呢？」教師問話過程不用肯定學生的回答，而教師的意見也不要摻入談話之中，目標是讓發生衝突的學生雙方能夠倒映彼此，所以教師要引導雙方，但自己不要介入其中。而且問話過程不是為了解決眼前的問題而已，還要引導學生思考下回遇到問題時及日後可能發生的問題（賴孟怡譯，2014：195）。

案例4-5 難分難解的同儕衝突 ……………………

班上最近發生一件學生之間的衝突。這件事發生在某天午餐時間，A同學和B同學兩個人差點在我面前打起來，幸好有我出面阻止，衝突才沒有繼續擴大。

之後我在午休時找了A和B兩人當面對質，A同學宣稱，因為

上一次的生物考卷上，題目裡有一題答案不確定，兩人剛好各持不同的答案，於是兩人就以自己的答案打賭，答錯的人要給答對的人100元。答案揭曉後是A同學贏，於是A同學就向B同學要100元，但B同學賴帳不肯給，於是A同學就以強硬的態度向B同學要錢，B同學就以髒話回罵A同學。兩人就這樣僵持不下，A同學就放話說要落（láu）校外的「兄弟」打B同學。A同學的家庭狀況是單親，在校外和校內結識了很多朋友，交友圈廣闊；而B同學家庭狀況正常，為人單純，但個性很衝。

　　聽了整件事情的原委和經過後，我自己內心深深覺得應該是小事一樁，只要兩人各退一步，就可大事化小，小事化無了。處理學生之間的衝突，先不要對學生說：「你們兩個都有錯。」而是以理說服兩個人，站在對方的立場，換個角度看待同一件事。老師對兩個學生說：「既然你們打賭有輸有贏，又牽涉到金錢賠償的問題，基於你們都沒有賺錢的能力，所以必須通知家長來處理。」A同學一聽到要請家長到校，便決定放棄向B同學要回100元；老師又對A同學如同流氓般討錢的態度訓示他：「你想想電視新聞裡的討債公司，若今天被討債的人換成你，你是不是也會一樣惡言相向？」A同學承認會如此。

　　B同學以當初沒立契約為由，耍賴不肯認帳，於是老師對B同學說：「今天你們雖然沒立下書面契約，但是如果連你自己說過的話也都不算數，以後還會有人相信你說的話嗎？」B同學也自知有錯，退讓一步。

　　有些人以為打賭但沒立契約，就不算數，這是錯誤的；契約的構成只要有要約和承諾即可，只是書面契約有憑有據，不會口說無憑而已（張民杰，2006）。

　　衝突的發生，有可能一方或雙方都受到傷害，老師如何讓學生得到合理處分〔或邏輯後果（logical consequences）〕呢？B. Coloroso提出

的紀律訓練3R，可以作爲參考（楊世凡、陳淑惠譯，2003）：

1. **復原（Restitution）**：彌補做過的事，包括修補生理損害與心理損害，沒有「可是」、「要不是」的藉口或諉過。上述案例的A同學所受的損失，是認爲B同學不守承諾，而產生心理上的忿忿不平，而復原的方法之一就是要B同學信守承諾，給出100元。

2. **解決方法（Resolution）**：合理的處分應該是合理（reasonable）、簡單（simple）、有價值（valuable）和實際可行的（practical），而且是可以避免重蹈覆轍的方法。例如：對A同學來講，有可能B同學認爲打賭只是開玩笑罷了，口頭說說，因此不該執意向B同學要100元，下次也不要再和人打賭了；而對B同學而言，A同學在打賭時可能是認眞的，所以當B同學要賴時，A同學才會那麼生氣，如果當初自己不是認眞的，未來也應該不要再和人打賭了。

3. **和解（Reconciliation）**：如果能夠彌補做過的事，實踐解決方法的承諾，雙方才能夠達成最後的和解。但是有時雙方都在氣頭上，不一定如此快速達到和好，還是需要時間來淡化和轉化。

一分鐘重點整理

1. 公平對待與關懷陪伴是老師與學生相處時最重要的原則。

2. 公平有情感和情緒的成分存在。要做到積極的差別待遇並不容易，老師有必要適度向學生溝通、進行機會教育，以避免產生不必要的誤會。

3. 教師寵物現象：教師在班級有特別寵愛的學生，如喜愛的寵物一樣，這種現象不可避免，老師應以教育愛加以權衡。

4. 公平的程序：要符合比例原則，採取達到目的、損害最少、維護法益大於損害法益的管教方法。

5. 教師要花時間陪伴學生，一起做一些事，和學生是「同一國」

的，形成共同記憶，增進班級凝聚力和向心力。

6. 聯絡簿是親師生每日溝通的書面管道，除了作備忘錄外，還可以與家長和學生溝通學習的表現和行為，具備生活教育和課業延伸學習的功能；而週記的功能主要在師生溝通，藉此瞭解學生學習過程與感受。聯絡簿或週記的批改，需要花費不少時間，是導師的甜蜜負擔，應利用此機會對學生價值觀加以引導，表達對學生的關懷和鼓勵，並且要以合作夥伴的態度邀請和鼓勵家長協助。

7. 同儕間發生的事，該不該告訴教師，牽涉到同儕關係和師生關係的競合，而有「打小報告」的汙名。教師不該於學生群裡設置線民，但應該讓學生區隔「通報」和「告密」的不同，願意把學生的不當行為，諸如暴力、霸凌等行為，告訴老師。

8. 學生要不要把同儕發生的事告訴教師或家長等大人，主要關鍵在事情的性質、和發生事件當事人的關係、老師的人格特質和處理能力。教師應該把握這些關鍵，讓學生願意跟老師講。

9. 同儕關係影響個別學生的行為，使個體本來不想做的行為卻做了；反之，本來想做卻不做了，教師要瞭解同儕壓力對學生行為的影響。

10. 班會有學習會議規範、團體問題解決及凝聚班級的功能，不必拘泥於形式的一節「班會課」，而是可以透過班級會議（class meeting）一起處理班級事務，與學生共同經營班級。

11. 班會程序加入鼓勵活動、感激與讚美，可以避免成為「批鬥大會」，達到問題解決和形塑共識的目的。

12. 衝突解決六步驟：停、聽、看、思、擇、行。

13. 利用觀點取替，形成同理心，採用復原、解決方法與和解來解決衝突。

延伸思考

‧老師如何和學生在一起建立學習共同體（learning community）？

　　如果老師和學生建立學習共同體，就要建立一個以人為中心的班級（person-centered classroom）（Freiberg, 1999）。所謂以人為中心的班級，領導權是分享的，經營是一個輔導的形式，學生是班級運作的促進者，紀律來自於學生本身的自我紀律，所有學生都能成為班級經營的成員，班級規則是以師生協議的方式發展而成，結果反映出個別差異，酬賞是屬於內在的，學生分享班級的責任，彼此形成夥伴，豐富和擴大學生的學習機會。

第**5**章

親師關係的經營

教師和家長在教養上所持的觀點和立場，是有些差異的。教師是比較客觀理性地從橫切面來看學生，知道學生現在的發展狀況、該生在團體中的地位，並且企圖尋求一個最好的方法來教導所有的孩子；但家長卻是比較主觀感性地從縱貫面來看待孩子，因爲他們知道孩子的過去種種、關心該生的成長和需求，希望注重個別差異、個別化教學（黃怡雯，2006）。親師知道雙方觀點和立場有所不同，才容易在溝通過程具有同理心，而使溝通達到效果。

第一節　親師溝通的技巧與管道的限制

　　寫功課是家庭作業（homework）的俗稱，是每個人求學階段共同的記憶。學生國中小求學過程，家庭作業如影隨形地跟著教師、學生、家長，成爲親師生互動的重要內容；而聯絡簿則記載著每天家庭作業項目，還有著親師溝通的功能。以下藉由一則實際發生的案例，說明導師如何處理家庭作業的問題及與家長溝通的技巧（張民杰，2010，11月）。

一、大雄不寫家庭作業

　　學校聯絡簿有一欄「生活札記」，導師發現大雄連續幾天都沒寫，便在聯絡簿寫上：「請家長指導大雄完成『生活札記』。」沒想到隔天收到大雄媽媽在聯絡簿上寫著：「大雄是左撇子，寫字很不方便。」導師無言，決定要跟大雄好好溝通。

　　不只是生活札記未寫而已，開學一個多月了，幾位科任老師紛紛反應大雄的學習狀況：「功課都不寫！」、「要他罰寫，也沒任何動作！」、「就只剩下大雄沒交作業，每次都是他！」、「他上課明目張膽吃東西！」導師數度打電話給大雄的媽媽，媽媽總是要老師體諒大雄，口氣很不好地說：「肚子餓就是要吃東西啊！」、「他不會寫有什麼辦法」、「不要逼孩子」、「大雄是左撇子，不要逼他寫功課，好

嗎？」

　　導師打過幾次電話沒用後，索性不再跟媽媽口頭溝通了，有什麼問題直接寫在聯絡簿上。前幾天數學老師為了大雄，放學還留下來教他、盯著他寫。當天媽媽就在聯絡簿上寫到：「為何他的孩子這麼晚回家？（數學老師晚上六點放他走），為什麼要這樣對他孩子？」導師在聯絡簿上寫道：「大雄沒盡到自己本分，數學老師還特別留下來輔導，難道大雄一點愧疚感也沒有嗎？」翌日，見到大雄的聯絡簿後傻眼，大雄媽媽寫著：「何謂本分？何謂愧疚感？請解釋清楚！」導師在聯絡簿上回道：「本分，就是大雄沒有盡到學生本來該做的事——寫作業；再來，愧疚感就是指數學老師甘願為大雄一個人留到六點，為什麼還不知感激呢？」

　　導師愈想愈不對勁，隔天一早打算把大雄聯絡簿拿去影印，不料翻開大雄聯絡簿時，臉都綠了，因為已寫的部分都被撕掉了，只見媽媽在新的一頁寫著：「我要讓他重新開始！」（註：本案例修改自劉瓊云撰寫，並同意提供的個案紀實。）

二、導師對不寫作業的處理

　　案例中大雄對於家庭作業是不會寫、不能寫或不想寫，或者是二種以上原因，導師應該先瞭解。所謂不會寫是指大雄不懂作業內容，不能寫是回家後沒有時間和空間、或如大雄媽媽所說左撇子等生理因素而不能寫，或因父母溺愛、或因太過忙碌無法監督，而主觀上不願意寫作業。以下針對這三種情形加以說明：

(一)不會寫

　　大雄不會寫家庭作業，導師應該審視一下這些家庭作業的學習目標是什麼？難度是否太高？有沒有其他可替代的作業？由於各科老師和導師指定的家庭作業，大部分是配合該年級或該學科的教學進度，而其他學生也大部分會寫，因此可能是大雄的先備知識或起點行為不足，導師應進一步瞭解大雄先前的學習表現，私下親自或安排課業較佳、樂於助

人的學生在旁輔導或協助，幫助大雄完成家庭作業。

(二)不能寫

　　大雄媽媽說他是左撇子，不要逼他寫作業。或許大雄真的有一些生理上的缺陷，以至於寫字速度較慢；或是其他生理因素，導致反應比較慢；也有可能大雄回到家要幫忙很多勞務，致使沒有時間寫作業；還是家庭環境不理想，導致沒有合適的空間和環境寫作業。如為生理因素，導師應建議家長適時請教醫生或專業人士提供協助；如為家庭環境因素，應該與家長討論是否有其他方式幫助大雄完成，例如：利用下課或午休時間補寫作業。

(三)不想寫

　　有可能大雄不會寫、不能寫，主觀上也不想寫；或是會寫、能寫，只是不想寫。如果是前者問題較為複雜，須配合前兩項一一克服；如果是後者，就要針對他的習慣和價值觀來輔導：有可能在家中無人監督大雄完成家庭作業，又受到電視、電動玩具等吸引，而無暇寫家庭作業；或是認為課業學習不重要，忽略了家庭作業的完成，這時就要用價值澄清的方式，透過和大雄討論，讓他瞭解不寫家庭作業可能的種種後果，而要他負起自己選擇寫或不寫的責任。而導師也要同時對大雄媽媽澄清價值，避免成為大雄不寫作業的「靠山」，相輔相成，才易收效。

二、聯絡簿作為親師溝通管道的限制

　　當導師將大雄上課不專心和缺交作業的狀況，打電話告知大雄媽媽時，得到的卻是媽媽為大雄編織的各種理由，讓導師灰心不想溝通。不過換成家長的立場，當她接到導師數落自己小孩不是的告狀電話時，會跟人們感受焦慮或痛苦情境時一樣，出現佛洛伊德（S. Freud）所稱的防衛機轉（defense mechanism），表現出合理化（找藉口）、否認、攻擊、退化、冷漠等行為。我們知道左利者（俗稱左撇子）不太可能影響課業表現，歷史上很多有成就的人都是左利者。媽媽說大雄是左撇子，寫字比較慢，很可能只是為大雄不寫家庭作業找藉口而已（合理

化）。

　　從這個案例來看，導師和家長溝通時應該注意以下兩件事：一是親師溝通要運用三明治技術或金字塔技術；二是書面溝通以學生優點為主，尤其是聯絡簿，避免打筆戰。分述如下：

(一)運用三明治技術或金字塔技術做溝通

　　導師如要避免口頭溝通學生不當行為時，家長出現的防衛機轉，有必要採取威廉斯等人（Williams, Alley, & Henson,1999）所提的「三明治技術」（sandwich technique）（張民杰，2007）。三明治一般有五層，上、下兩層是土司，比喻對孩子行為的正向陳述；中間三層是煎蛋、主食（雞肉、鮪魚、起司等）、小黃瓜，象徵著「表達老師的努力」、「需要家長建議和配合事項」，以及「未來老師的計畫」。分述如下：

　　1. 開始溝通時先說明自己身分，對學生做正向陳述，並肯定家長對學生的關心與付出的努力，然後開門見山，講到重點。

　　2. 陳述自己已對學生做了什麼事情和努力。

　　3. 詢問家長對孩子的期待，並請家長分享應該或如何協助學生的意見或建議，討論和適度建議家長一些可以在家做的事情。

　　4. 並說明導師將於學校為學生再做些什麼。

　　5. 仍用對學生正向陳述作為結束，並表明請家長支持、再聯絡和合作的意願。

　　對話結束亦以正向陳述，如此可以符應正向心理學的理念，建立對未來樂觀、希望、具有信心和信任的正向情緒（Seligman & Csikszentmihalyi, 2000），如此可以讓家長更有意願提供協助，而學生也更有積極改善之可能。

表明身分、正向陳述、開門見山、講到重點

老師已做、傾聽家長建議、邀請協助事項、老師未來還會再做事項

正向期望結果、表達持續聯絡、合作意願

⊛圖5-1　三明治溝通技術

　　不過親師之間有時若有緊急事件要溝通、聯絡，也不一定按照三明治技術作爲溝通的步驟和技巧，例如：學生發生意外傷害，教師以電話緊急聯絡家長，應該利用金字塔技術來聯絡。所謂「金字塔技術」（pyramid technique），乃參考B. Minto的「金字塔原理」（Minto Pyramid Principle），亦即任何一層的觀點永遠都必須是它們下面組成觀點的總結。而每組觀點永遠都必須具備相同的特性，且每組觀點永遠都必須按照邏輯順序組織。簡單地說，清楚的順序永遠都是先給予概括的觀點，然後再分別討論包含其下的個別觀點（陳筱黠譯，2007）。時間順序倒過來，從結果、歷程，再到發生原因，或是先提出結論，再說明理由。以意外傷害發生爲例，教師打電話給家長，有以下步驟：

　　1. 首先在表明身分後就開門見山，說明這起意外事件，並先說明處理結果（例如：手骨折已在某某醫院做好包紮）和孩子目前的狀況（沒有大礙，目前躺在醫院某個病房）。

　　2. 其次再說明意外傷害發生的處理過程，以及事情發生的大致經過。

　　3. 最後再說明意外傷害發生的原因，以及相關責任的釐清。

　　由於意外傷害發生後就要立即通知家長，整個事件發生的過程和原因，可能不是很清楚和具體，而且還缺乏查證，因此要謹愼對話內容，以確定的事實表述，避免推測，以免事後家長認爲教師說詞前後不一致，而影響了家長對教師的信任。

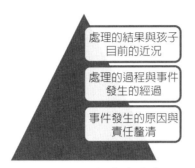

處理的結果與孩子
目前的近況

處理的過程與事件
發生的經過

事件發生的原因與
責任釐清

☸圖5-2　金字塔溝通技術

(二)書面溝通以學生優點為主，避免打筆戰

　　聯絡簿的記載是白紙上寫黑字，具有累積性，寫下來不換本子就會一直看到，因此導師的記載應該儘量以發掘學生長處和良好表現為主，至於缺失的記錄以事實描述為佳、點到為止，如果家長不能虛心接受，應該改以其他溝通方式為之，避免和家長在聯絡簿上打筆戰，否則不但不能解決問題，反而擴大事端；再者，因為文字書寫無法完美，容易留下把柄，讓家長拿去做文章，不可不慎。以前面案例為例，如果電話溝通不良，可邀請家長到校實地瞭解、或約定時間面對面溝通較佳。

三、回歸家庭作業的本質

　　家庭作業有其目的和正向的功能，包括：增加學習機會以促進學業成就、增進學生個人發展、促進人際互動等三大部分；然而也造成壓力、減損興趣和健康、干擾家庭生活、形成錯誤學習習慣、不利社會經濟背景低落學生等負向的影響。

　　因此，Kohn（2006）在《家庭作業的迷思》（*The homework myth: Why our kids get too much of a bad thing*）一書中建議，老師應該設定「沒有家庭作業」為內定值，只有在確定可以達成目的和正向功能，才出該項作業，而家庭作業不是愈多愈好，而是適量就好。Cooper（2007）的研究結果還建議，寫作業的時間有一項學生年級乘以10分鐘的規則（亦即三年級就是30分鐘），作為學生一天作業的總量，也

可以提供老師們出作業分量的參考。對於聯絡簿的批改，筆者有以下建議：

> 紙短情長、篇幅有限，以正向鼓勵為重。
> 把握當下、計畫未來，以目標導引為要。
> 傾聽同理、用我訊息，以接納建議為宜。

四、電子郵件或Line的溝通技巧

由於電子3C產品的普及，教師和家長的溝通也常會利用到電子郵件或Line等作為溝通管道，綜合學者（李璞良譯，2012；洪慧芳、林俊宏譯，2011）和中小學老師實務的建議，有以下溝通技巧和注意事項：

(一)開宗明義

讓收件人一開始就知道你的目的，開頭的那句話要和信件主旨息息相關。

(二)簡潔有力

技巧包括：1.言簡意賅，儘量保持簡短，但要涵蓋必要的訊息。2.盡可能每封電子郵件只有一個主旨、或每個Line只談一件事。

(三)考慮對方

技巧及注意事項包括：1.考慮對方接到郵件的瞭解和感受，要有足夠時間思考，以冷靜態度做井然有序的陳述，讓對方真正瞭解你的意思。2.用詞時「我」字要比「你」字少，並考慮收信者特性，使用粗體字或放大字型。3.傳送前，可先以對方心情最糟糕的狀態重讀一遍。

(四)加上語氣

把語氣加回去，視狀況使用表情符號或網路用語，以免表錯情、會錯意。Line可以多用圖片或符號

(五)調節情緒

技巧及注意事項包括：1.不要在不滿或生氣時寄出電子郵件或Line。2.有必要寄送時，可先表白自己心情，或請無預設立場的同事或朋友先看一遍。3.不要寄出內容會讓你上報的郵件或Line。

電子通訊設備的溝通，其優點是快速、便利，不只文字，圖片、符號甚至影音也都能傳送，但缺點就是不一定每位家長都有這些3C產品或設備，而且缺乏隱私，溝通的訊息內容或過程，都可能因為不特定人士的加入或轉送，而使得溝通訊息公開化，例如：教師和家長討論的群組，因為不小心讓學生加入，而喪失原有較隱密的功能，或因對話成員的轉貼或轉送，而使其他不特定第三者知悉，最有顧慮的是網際網路的資料一經上傳，往往透過轉貼、下載，流傳後是不易刪除的，使得這些過去的事件和對話，一直留在網際網路上，教師使用時不可不慎。

第二節　以同理—專業—法律來面對興師問罪的家長

父母為何會怒氣沖沖，跑到學校來興師問罪，McEwan（2005）歸納有四大類理由：

1. **是我們所處的世界是個有壓力的地方**：現今社會科技進步，但也因此生活步調很快，有時間的急迫性，每天都像打陀螺一樣，大家的壓力都很大。

2. **教育人員的作為惹火了家長**：溝通失敗、只會繞著專有名詞、成見和刻板印象、防衛、不守承諾、威脅和責備、粗俗魯莽、不誠實、不願道歉尋求諒解、未讓父母瞭解自己孩子、不尊重父母和孩子、不夠專業等。

3. **教育活動和教育人員未能符應家長的期望**：學生學習不佳、教師不能勝任、缺乏安全感、不能選校等。

4. **父母本身的問題**：分居或離婚、虐待子女、藥物上癮、功能失

調和精神失常的問題。

　　研究者認為，根據父母前來興師問罪的理由不同，應該以同理、專業和法律三個途徑交叉互補來處理。

一、同理

(一)應對初期很重要

　　凡人都難免有第一印象，因此初期的應對很重要。老師每天可能都會接到家長的電話、聯絡簿上的意見、或者是來校表達各式各樣不同的意見。其中，會有一般性的洽詢、商量，但也有對學校的不安、不滿、期望或申訴等。

　　如果是一般性的洽詢、商量，學校可以有統一的應對機制，例如：學生請假、相關事務諮詢等；但如果是對學校或個別教師的不滿，應該謹慎地應對，以免影響後續的處理，大事可能化小，小事也可能演變成大事。

　　有效的應對，不可以先入為主，也不可以擅自作主，或亂下決定；重要的是應該在當時仔細傾聽家長的聲音，掌握事件發生當時的背景因素或心理狀態。即使一開始只是單純的洽詢、商量，會因為學校應對不當而造成彼此的誤會，到最後有可能會對學校產生不滿或不信任感，更可能進一步發展成為提出無理難題或過分要求；相反地，一開始雖有不滿或申訴，但經由有效的傾聽及溝通，可以使誤會冰釋、增進彼此的瞭解，進而將教師視為強而有力的夥伴關係。不論教師與家長，本來都是以「為了小孩好」作為共同目標。

(二)重視肢體語言與座位安排

　　如果是面對面的溝通，要謹記麥拉賓定律（Mehrabian principle）：

　　整體的感受=55%臉部表情等肢體語言+38%音調+7%語言內涵（Ewing, 1994）。

教師與家長對談時，留意語言內涵對溝通訊息而言，占不到一成，反而是音調與肢體語言更重要，因此表情、態度、語氣等都是重要因素。

再者，座位安排也很重要。根據心理學上的研究，面對面的坐法，容易產生互相對立的情感；而坐同一邊的話，比較會有共同的意見，但是卻對溝通進行造成不便；因此，可以安排L型的坐法，讓人安心說話，又不會有四目相對的壓迫感，可促進良好的情感交流。如果是要談得比較久，可以坐討論位置；如果是詢問意見或蒐集資料和證據，可以坐諮詢位置，如圖5-3。這些坐法的影響，可稱為「斯汀澤效果」（張萍譯，2010）。

◈圖5-3　斯汀澤效果

(三)接納、傾聽是基本技巧

基本上，就是站在對方的立場，仔細聆聽。想像「如果是我的話，會希望別人怎樣聽我說呢？」就會理解，不論是誰都希望對方能夠不批評、不反駁的接納自己的說法，讓自己感受到「有人理解我說的話」這種心情。再者，透過這樣的聆聽方式，還可以幫助整理自己本身的情緒，也就較容易回顧過去所發生的事情（東京都教育委員會，2010）。表達接納、傾聽可以運用高爾登（T. Gordon）教師效能訓練（teaching effect training, T.E.T.）（單文經等譯，2004）。包括：

1. **專注的沉默**：利用身體的姿勢與肢體語言，讓對方知道你察覺他的問題，並傳達出相信他自己擁有解決問題的能力（停頓）。

2. **酬答的回應**：「喔」、「嗯」、「我懂」，配合身體向前傾、微笑、蹙眉等肢體動作。

3. 敲門磚：「願意多講一些嗎？」、「看來好像你很把它當作一回事？」

4. 積極的傾聽：是最有效的治療之一，聆聽弦外之音，並且以當下反應來推測他內心的想法和感受。

先設想「對方現在這樣，一定有什麼不得不的理由或委屈」，然後仔細聆聽「他真正想要說什麼事情？」或者，「他真正希望的是什麼？」這樣就比較容易聽出藏在內心的聲音。若能掌握這個技巧，往後的對應就會有很大的改變。

(四)接納情緒與感受，而非認同想法和行為

但是，必須注意的是，沒有確認事實就表現相同的意見，會成為同意他的說法。所以，基本上，同理心的基準應該是接納情緒與感受，而非認同其想法和行為。

同理：原來你是這麼想的，我瞭解你的感受。

認同：我認同你的想法和你的作為。

(五)表達歉意是基於心理性事實

一開始是接納其情緒與感受，而非認同其想法和行為，所以開口可以適度地表達歉意，但此舉是針對讓對方產生負面情緒（增加憂慮、不愉快）這件心理性事實表達歉意。又，在客觀性事實（該事件實際發生情形）尚無法確認時，絕對不要有曖昧的回答或承諾。例如：告知「這次讓你擔心了，真是抱歉，在調查完事實的真相之後，會再與你聯絡。」

這個表達歉意的做法，並未違背「不要輕易道歉」的應對原則。我們是承諾學校會儘速確認事實真相，並傳達處理方式與執行進度，而不是承認或認同其想法或事實，例如：告知「這次因為管教不當而引發這樣的糾紛，實在很抱歉」，就言之過早；或是找藉口推卸責任，如告知「這是上一任老師的做法，我不知道」，如此反而會模糊問題的焦點，使得處理問題的難度和時間增加。

二、專業

　　教師應該回到與家長都是為孩子好的共同目標上，發揮教師的專業，重述（rephrase）家長的談話內容，以釐清（clarify）事實及其本意（張德銳、丁一顧，2010），然後以教育專業「如何可以讓孩子更好？」來作回應。

(一)重述與釐清事實

　　重述技巧，是一種「你訊息」（you message），也是傾聽的技巧，可以有三個做法：

　　1. **瞭解與解釋**：你覺得、你關注的是、換句話說、你認為。

　　2. **摘要與整理**：所以，你的內容主要是……、你說的內容中，包括下列幾個焦點……

　　3. **改變概念上的焦點**：所以說，你所抱持的（信念、價值、假設、目標）是……

　　釐清技巧，目的在讓對話者能澄清其想法，鼓勵其做更具體精準的思考。例如：將名詞、形容詞、動詞更具體和清晰化，如家長表達：「作業出得太難？」我們可以追問：「哪一科作業出得太難？」更具體清晰。

　　再者，可以用比較性詞句。例如：家長說：「小孩考得不好？」教師可追問：「比起上次考試嗎？」或適度用反問的方式來回應家長限制性與過度推論的語句。例如：家長說：「我的小孩成績沒有一次考得好。」教師可以追問：「一次也沒有嗎？」

(二)區辨「事實」與「推測」、「期望」與「無理要求」

　　回應家長的抱怨或通知家長時，都應該將「事實」與「推測」、「期望」與「無理要求」區分開來，如此有助後續處理。舉例來說，家長告知：「孩子在學校受傷了。」這句話是「事實」，但如果說「他被欺負了」，這可能是家長的「推測」；同樣地，老師對家長說：「體育課有同學說錢掉了，當時剛好只有你的孩子在教室。」這是事實，但

如果教師說：「你的孩子是小偷，因為同學的錢不見了。」這可就是教師的「推測」了，應該加以避免。而家長「要求霸凌的學生及其家長道歉」這句話是「期望」，而「要求霸凌的學生轉校」、「更換班級導師」等就是「無理要求」了；同樣地，老師告知家長小孩數學考不好，邀請家長共同督促，這是「期望」，但如果教師要求家長要多指導學生功課，這就是「無理要求」了，因為並不是每位家長都有能力教導小孩某個學科，這應該是老師的責任。

(三)記錄客觀事實，將談話內容轉成文字

將「事實」和「期望」、「推測」與「無理要求」分開來記錄，再針對客觀事實加以分析，配合期望來思考解決策略。

小朋友間發生的糾紛事件，一定要聽到小朋友本人（當事者）的說法，並確認所有相關小朋友的說法。再者，第一時間或第一次聆聽的事件始末和意見，最為客觀，應留下紀錄。往後日子再不斷重複聆聽相同的問題，小朋友可能會因為外在環境資訊、暗示性或誘導性等負面問題，導致難以確認當時的真實情況。

小朋友間所引發的糾紛事件，學校夾在雙方的家長間，有時無法順利解決。然而小朋友間很容易重修舊好，有時可以藉由小朋友來向雙方家長溝通，有助問題解決（東京都教育委員會，2010）。

(四)尋求第三者及校方的協助

由導師一個人抱著問題處理，有許多情況會延誤早期處理的黃金時間。因此有些親師衝突，必須報告校方，同年級或同科別的老師、處室主任、校長，可合力來處理，甚至可以啟動校內危機處理小組，聽取大家的意見，彙集眾人的智慧，一起找出解決的方法。有以下三個合作事項（東京都教育委員會，2010）：

1. **合力蒐集事情發生的實際狀況**：特別是事件牽涉到多位小朋友時，可由多位老師分別詢問和聆聽。然而大家要先確認好：「哪些小朋友、誰來負責詢問、在哪裡、聆聽什麼、如何聆聽、必須確認哪些、什麼問話順序」等問題，再實施。

2. 共同出席家長會談，各自扮演不同角色：如同危機處理小組有各種不同分工，在與家長會談時，學校同事可以分別扮演「接納者」以家長立場和觀點出發、「決策者」以解決問題為導向或學生當事人的角色，並事前設定應對的過程，安排適當人員於適當時機發言，如此更有利於會談目的的達成。

3. 以校方的立場回應家長意見和傳播媒體：對於接到的希望或申訴等，重要的是要以學校的立場而非個人立場回復。有誠意地說明處理過程、處理策略等，即使遇到無法回答問題，也絕對不可以慌亂回答。而回應不是只有在處理結束後，在處理階段，即使只是說明當天學校的處理經過、現階段處理進度的簡短報告，也會讓對方或外界安心，所以這是必要的，納入處理過程，才能顯出學校處理的專業。

三、法律

法律是最後的一道防線，面對許多McEwan（2005）歸納的第四類，家長興師問罪或親師衝突是因為家長（父母）本身的問題：分居或離婚、虐待子女、藥物上癮、功能失調和精神失常等，就有必要訴諸心理諮商、醫藥治療或法律途徑了。

「家庭暴力防治法」公布後，可說破除了「天下無不是父母」的迷思；同樣地，教育決策或政府單位也應該屏除「天下無不是家長」的錯誤想法，社會上還是有「不講理」的家長，以下舉個真實案例，像這類的家長，學校或教師還是應該受到法律的保護，教育主管機關應給學校及教師提供法律諮詢的常設管道，必要時可訴諸法律途徑解決。

案例5-1 程的「爸爸」

學生程，小學讀三、四年級時是我帶的。在那兩年，我真的是受夠了他那所謂的「爸爸」，常有學生或朋友向我抱怨，手機怎麼都不開機呢？因為在那兩年，我常接到程爸爸的問候電話，而且是在酩酊大醉之後，聽也不是，掛也不是，乾脆不開機就不

會有問題。

　　程是在三年級上學期剛開學從北部轉學過來，猶記得當天的情景，父母帶著他和姐姐一起過來，母親安靜站在旁邊，一切由父親發言，程閃著亮晶晶的眼睛，天真的四處張望，父親很健談，幽默風趣，不時開點小玩笑，還在黑板留下夫妻倆的行動電話。初接新班級，我都會給家長寫一封信，陳述我的教學理念，也希望家長寫一些他們希望我配合的事件，做初步溝通，並留學校、班級、家裡和手機的電話號碼給他們。教書二十幾年，都與家長配合得很好，相安無事，沒想到這次正是惡夢的開始。

1.打電話來亂的

　　有一天放學後，我接到程爸爸的電話，他說：「老師，我是阿程的……」、「哦！是阿程的爸爸」、「我兒子說他不知道功課要寫什麼？」我說：「聯絡簿上面都有抄啊！」他回答說：「他就說他不會寫。」我心想：今天交功課，他一切OK，怎麼不會寫呢？我耐著性子，再次告訴他：「功課要寫數學習作，今天教過的，國語圈詞寫一次…」聽到這裡，程爸爸很無理地打斷我的話說：「昨天寫過的，怎麼今天還要寫，你是在當什麼老師……」我嘗試著解釋，可是無法插話。我發覺他酒意甚濃，簡直是在發酒瘋嘛！我實在無法聽下去了，把電話掛了，這個舉動惹火了他。

　　他們夫妻倆發了瘋似地打電話到辦公室、校長室鬧，揚言要告到教育部去，當時，我認為自己闖了大禍，對學校、校長和主任覺得很歉疚，一直很懊惱當時為什麼不忍耐，要掛電話呢？內心悔恨不已。這段期間，我打電話給程媽媽，試圖與她溝通，沒想到她姿態也擺得高高的，電話中猶聽到程爸爸不高興地說：「有夠沒禮貌的，竟敢掛我的電話！」最後是教務張主任出面對他說：「你有什麼問題來找我，不要再騷擾老師了，我們的老師都是認真負責的好老師。」就這樣，這件事畫下了休止符。事後，我由教學組長那兒得知，原來，程母子三人是因家暴而逃離

原本家庭，他們姐弟轉學到我們學校，因為沒有戶籍，是特別拜託校長、主任通融辦理，所以張主任才敢那麼大聲說話。

2. 他並不是「程」的爸爸

原來，「他」並不是程的爸爸，這讓我感到很訝異，因為程特殊身分，他的學籍資料一直沒有送過來，對學生的基本資料，我無從得知。一天，我利用下課時間，私底下請程過來問清楚家中狀況。程防衛心非常重，一直堅稱那是他的爸爸。隔天中午快放學時，我們班上科任課，我正在教師休息室批改作業簿，遠遠地看見一個中年男子步伐不穩地往這邊邁進，因為「他」在學校已聲名大噪，同事看到，趕快警告我：「那不是程的爸爸？他正往這邊來，是不是要找你？」果真，他一進來，馬上聞到一陣濃濃的酒味，原本有事要離開的謝老師（男老師）見狀，馬上留在坐位上。他看到我，停了一下，我馬上親切的向他打招呼說：「程先生，您好。」他頗有醉意，語氣不穩的說：「你做老師的，教你的書就好了，幹嘛管人家家裡的閒事，他們是很可憐的，為什麼要提起他們的傷心事……」愈講愈大聲，這時，林老師（女老師）幫我說話了，她說：「先生，你誤會了，我們當老師的本來就要瞭解學生的家庭狀況。」他很生氣粗魯的回答：「我才不管咧！」謝老師語氣嚴肅的對他說：「有什麼問題，我們到辦公室談，我會找主任向你解釋。」這時，他才心不甘、情不願的離開教師休息室到辦公室去，我馬上打電話到辦公室給訓導主任，告知他此狀況。後續狀況就是他在辦公室用國罵，罵了20-30分鐘，無人理他，自覺無趣，才帶著兩個孩子回家。

3. 酒後吐真言

程的「爸爸」常會在酒醉後打電話給我，都是藉口要與我討論孩子的功課。有一次，他打來問：「聯絡簿上寫要帶一樣小物品，有沒有彈性都可以，上自然課要用，你到底要我們帶什麼？」我說：「其實很簡單呀！鉛筆、鉛筆盒、橡皮筋都可以。」他又說：「我要把家裡的大桌子搬去，可不可以？」一聽

就知道他又在藉酒裝瘋，我對他說：「這是自然老師交待的，我也不清楚，請你問自然老師。」哇！他馬上聲量放大，髒話成串飆出，我馬上把話筒拿開，很想狠狠的掛上電話，但是有先前的經驗，我不敢。等到他情緒稍微平靜些，我才把話筒拿近，重新與他對話。只聽見他匆忙說聲：「老師，歹勢啦！（閩南語，不好意思）」就把電話掛了，留下一頭霧水的我。

又有一次，他打電話來問：「聯絡簿上寫阿程與人吵架，是怎麼回事？你給我說清楚。」我心想：這幾天沒發生什麼事呀！我說：「程先生，是不是你誤會了，並沒有發生什麼事，阿程最近很乖。」搞了半天，他竟然拿兩個月前的事來煩我，那件事早與阿程的媽媽聯絡溝通過，也順利解決了。從此以後，我再也不敢在他的聯絡簿留言。那一天，可以感受到他心情煩悶，我只好扮演起「張老師」的角色，好好的輔導他，意外發現他們家中情形，原來程的「爸爸」也是已婚狀況，但嗜酒成性，老婆受不了，帶著兒子離家出走，所以，他一直強調他是有兒子的，不用靠他們。有幾次，程的「爸爸」在清醒的狀況下到學校來，都是笑容滿面，很有禮貌，與他溝通也都非常的OK，可是他一喝酒就變了樣，「酒」真的很可怕，最後，也造成了悲劇。

4. 導師的預感

在程升上四年級時，姐姐也升上五年級，換了新老師，也就是前文提到的謝老師。他對這個家庭特殊狀況略有所聞，也想要積極的與家長溝通，所以在學期初，便邀我一起去程家裡做家庭訪問。事先，我們皆分別知會家長，並得到他們同意。當天，我們來到程的家中，程的「爸爸」正蹲在家門口剪腳指甲（蹲姿滿不雅的，令我印象深刻）。知道我們來了，連頭也不抬，更遑論打招呼，程媽媽很親切的招呼我們進去，進到室內，只有簡單的桌椅，媽媽連忙找椅子給我們坐。這時，兩個小孩看見老師來了，很乖巧的坐著寫功課，我們與媽媽聊一聊孩子的生活起居與媽媽當時從事的加工工作。這時，程的「爸爸」一進到室內，開

始看孩子寫功課，一邊看，一邊罵，似乎在宣示，他才是這個家的主人，媽媽臉上顯出尷尬的神情，我們也很識趣的引開話題，聊了幾句，藉口離開了。

　　有一天，謝老師問我：「程同學今天有沒有什麼異狀？」我想了想說：「沒有哇！發生什麼事？」謝老師說：「程同學的姐姐在聯絡簿上心情日記寫著：『我今天很不高興，因為昨天晚上兩點多，我和弟弟睡得正熟，就被爸爸叫起來罵，一直罵，罵了快半個小時，我很不高興。』」我一聽，太離譜了吧！我馬上回教室問程：「昨天晚上，家裡發生什麼事？」程一頭霧水地說：「沒有哇！」我說：「姐姐說爸爸在你們睡著時，把你們叫起來，有什麼事嗎？」程同學恍然大悟地說：「爸爸只是跟我們說話。」我說：「說什麼？」他有點不好意思的說：「我不知道。」我和謝老師旁敲側擊得知，原來程的「爸爸」喝醉酒常常這樣子鬧，程的姐姐正在發育中，我們也很害怕會發生不幸，與輔導主任商量後，決定對這個家庭多方注意，並對程的姐姐教導性知識及如何保護自己（張民杰，顏秀鳳，2011）。

　　上述的案例，兩位老師發現學生的家庭不健全、近期更出現異狀時，主動聯手進行家庭訪問，是一項很不錯的做法。然而處理類似的案例，老師還需要注意到以下兩點：

(一)24小時通報主管機關的義務

　　萬一學生已明顯未受適當之養育或照顧，或有身心遭受虐待的具體事實，老師更應依照「兒童及少年福利與權益保障法」第34條之規定，至遲不得超過24小時通報（縣市）主管機關。

　　根據「兒童及少年福利與權益保障法」第34條之規定：教育人員等，知悉兒童及少年有下列情形之一者，應立即向直轄市、縣（市）主管機關通報，至遲不得超過24小時：

1. 施用毒品、非法施用管制藥品或其他有害身心健康之物質。

2. 充當第28條第1項，經主管機關認定足以危害其身心健康場所之侍應。

3. 遭受第30條各款之行為，包括：遺棄、身心虐待、從事有害健康等危害性活動或欺騙之行為、行乞、剝奪或妨礙受教育機會、強迫婚嫁、拐騙、綁架、買賣、質押、或為擔保行為、猥褻行為或性交、供應兒童及少年刀械、槍、彈藥或其他危險物品、自殺行為、不正當之行為等。

4. 兒童及少年未受適當之養育或照顧、有立即接受診治之必要而未就醫、被強迫或引誘從事不正當之行為或工作、遭受其他迫害非立即安置難以有效保護者、遭受其他傷害之情形。

另外，「家庭暴力防治法」第50條及「性侵害犯罪防治法」第8條，也都分別規定教育人員等，於執行職務知有疑似家庭暴力情事者、或有疑似性侵害犯罪情事者，也都應在24小時內通報主管機關。

(二)透過校方或組織尋求法律協助

教師並非個個都是法律專家，準備教學和輔導等工作，忙碌之餘，已無暇顧及複雜的法律規定和司法程序，而且如讓教師處於孤立無援、單打獨鬥的狀態，更易讓教師形成得過且過、姑息逃避的心態，因此需要有校方或專業組織的法律協助。像在日本，地方教育委員已開始委請律師協助處理親師衝突事件（如日劇怪獸家長的情節）；然國內學校尚無固定的法律諮詢單位，教師如因公涉及訴訟事件，僅能準用「公務員因公涉訟補助辦法」等相關規定，聘請律師協助。主管教育行政機關實有必要提供更多的法律諮詢或協助給予教師和學校。再者，也可以透過教師組織，於教師會或教師工會設置法律諮詢單位，提供教師和校方相關法律協助。

誠如「教育基本法」第2條揭櫫：「人民為教育權之主體。……為實現前項教育目的，國家、教育機構、教師、父母應負協助之責任。」學生才是教育權的主體，國家、教育機構、教師、父母的教育權，都是

因為學生受教權而來。那麼當任何一方未盡到責任時，其他方有義務要求其盡到必要的法律責任。面對興師問罪的家長，有道是：

> 同理傾聽解心防
> 專業客觀護兩旁
> 法律程序重舉證
> 親師衝突可預防

四、親師會談的注意事項

以下分成開始進行時、進行中、結束時，歸納親師會談的一些注意事項：

(一)會談開始進行時：同理、接納、傾聽

1. **同理**：不要輕視或嫌家長關心的事情瑣碎，對他而言，這是重要且真心感受的問題。

2. **不生氣**：家長怒氣沖天，教師不要以生氣回應，因為如此不但無助於學生，反而給家長更多藉口。

3. **先讓他說**：在教師說話之前，先讓家長發洩整個關懷點，不要中途干擾。另要注意會談場地和座位的安排。

4. **第三者**：假如教師覺得情況嚴重，要有其他老師或行政人員列席作為證人。

5. **和緩**：當教師開始說話時，放低說話的聲調，讓大家都能平靜下來。

(二)會談進行中：展現專業、講求證據

1. **釐清問題**：詢問家長和學生（有在場的話）問題，以釐清事情的情況，很多時候會因此獲得許多矛盾的地方，協助瞭解事情的原委。

2. **不要挑釁**：避免讓問題或狀況進入「權力」爭議（如我是老師有權這樣做），教師應關心和專注在學生的教育和行為。

123

3. **證據**：做好準備，教師最好的防衛就是有孩子在這情況的完整資料，如果教師認為某位學生有潛在困難，就要留下檔案。有全班學生的作業和學習紀錄，並隨時更新紀錄。

4. **紀錄**：在家長或他人講話時做記錄，這樣可以給教師時間思考，也給自己放鬆心情，還可以作為後續會談的資料。

5. **認錯**：假如教師自己有錯，勇於承認，有時狀況就可立即解決。

6. **外圓內方**：假如教師自己沒錯，而是學生的缺點，不要為了快速解決狀況，而輕易自我犧牲、承受責難（註：實情可能是學生有缺點，教師處理也有些瑕疵，那麼就針對做錯的那點認錯。例如：處罰學生課後留校寫作業，卻未通知家長，應針對未通知道歉，但留下學生寫作業是合法的管教方法之一）。

(三)會談告一段落：回歸教育本質並以法律做保護

1. **立即行動**：如果學生在場、或家長已準備好接受解決方案時，就可以實施該解決方案。

2. **遇暴力則離開**：觀察當時脅迫的狀況，有些家長會暴力相向，如果已過於接近或接觸身體時，應該趕快停止會談離開，做任何可以避免身體傷害的措施。這狀況顯然會引起更大的問題，這時如果有其他人在場，可以當證人，並且要告知校方。

3. **會談紀錄**：完整地寫下親師會談的記錄，寫的內容包括學生和家長的行為，寫下任何可能解決問題的構想，填上日期，送給校方或相關單位。

另外，親師溝通主要有書面、電話和面對面溝通三大管道，本書將學生成績及表現通知單、和家長電話溝通與來校面談要領、親師溝通與師生溝通情境模擬演練題，納入附錄三、四、五，可供在職教師直接運用。

第三節　親師的觀點和立場——
　　　　　臺灣諺語反映的教養觀

　　學生進到教室來上課，除了本身個體具有個別差異外，也帶進了文化的規範，甚至老師或家長自己也在這些文化脈絡下，思想或行為深深受到文化的影響。因此教師在班級經營時，一定要對自己和學生族群的文化有所瞭解。

一、有效班級經營策略應考慮文化脈絡

　　美國學者Borich（2007）就歸納了研究結果指出，不同的文化會回應不同語文和非語文的管理技巧，包括接近程度、眼神接觸、警告方式等。他還引用了很多例子，證明教師用某一個文化來解釋其他不同文化的兒童干擾行為是不正確的，所以很多行為管理技巧需要有文化敏銳度（cultural sensitivity）。有效的班級經營策略，不只要符合當時班級情境，還要考慮師生所處的文化。Dillon（1989）的微觀俗民誌研究也發現，一位有效能的班級教師需要負起跨文化中介和傳遞者（translator and intercultural broker）的角色（引自Borich, 2007）。舉例而言，教育人員應該要理解，不是所有學生都能瞭解民主式班級經營的理念，事實上有些文化（例如：亞洲文化），老師受到高度的重視與尊敬（West, 1983），這些文化的學生可能很難理解把教師視為平等的民主式觀點，反而認為教師應該要有比較權威和專制的行為。Sanders（1987）也說，美國印地安人有分享的文化信仰，在這樣的分享文化下，人們可以自由地使用別人的東西，這讓老師面臨困擾，因為這和其他文化強調所有權的觀念不同（引自單文經、林素卿、張民杰、蘇順發、黃繼仁、高博銓、張嘉育、張如慧、王前龍、葉興華、高建民譯，2004：136）。

二、藉由臺灣諺語來瞭解傳統文化下的教養觀

　　文化既然對班級經營的策略與教室的行為有所影響，那麼我們要從何處來瞭解文化呢？從日常生活口耳相傳的諺語著手，是可行的途徑之一。由於臺灣的中小學生、甚至老師，有很多出生於以閩南語（臺語）作為母語或日常用語的家庭，有一些諺語，像是「細漢偷挽瓠、大漢偷牽牛」、「藤條舉上手，無分親戚恰朋友」、「捷罵毋聽、捷扑毋痛」、「囡仔人，有耳無喙」、「一枝草、一點露」等，許多人都耳熟能詳。所謂的諺語，又稱俗諺、俚語，許慎《說文解字》云：「諺，傳言也。從言，彥聲。」指的是語言中代代相傳流下來的話。由於諺語的產生，乃起源於人們對一些人、事、物共同的看法和經驗，於是就用通俗易解而型式固定的語詞加以表達，以達到傳授經驗和教育勸誡的作用。諺語是語言的「活化石」，徐福全（2004）教授更說諺語是語言的「舍利子」，具備了溝通、教育、社會和文學上的價值，是祖先智慧的結晶，也傳遞了先民文化的觀念。諺語對於想要瞭解使用這種語言族群的文化，是有幫助。黃曬莉（2006）就以有關「和」與「衝突」的諺語，來分析中國人的和諧觀與衝突觀。有一句法律諺語說：「不要用大砲打小鳥。」就能夠很貼切地點出近代行政法發展「比例原則」的涵義（謝世憲，1994）。這些都可以說明利用諺語來瞭解文化的效果。

　　本節資料的來源係透過專門介紹臺灣諺語的專書來蒐集諺語，分別利用李赫（1995）的《臺灣諺語的智慧》第一到第八冊，和陳宗顯（2000a，2000b）的《勵志諺語》、《人生諺語》兩本書，作為分析的素材。李赫八冊書共有796則諺語，陳宗顯兩冊書有82則諺語。其次，從這878則諺語裡，由研究者依其涵義，經三遍瀏覽推敲，於整理後共有87則諺語與教養有關。根據此87則諺語的內涵，將先民的教養觀歸類成三個層面，分別是對孩子行為的要求、教師本身的行為、成人與孩子的互動等，臚列如表5-1，

⊛ 表5-1　具教養觀的臺灣諺語及其意涵一覽表

項目	諺語的意涵	代表的諺語
對孩子行為的要求	1.明確的是非觀念。 2.從小就要養成好習慣。 3.重視小細節。 4.提倡聽從、不多言。 5.重視努力和積累的工夫。 6.鼓勵改過自新、不怕挫折。 7.重視最後的成果。	1.一返一、二返二。 2.囡仔，三歲看大，七歲看老。 3.洗面洗耳邊、掃土腳掃壁邊。 4.囡仔人，有耳無喙。 5.軟土曝久嘛會碇。 6.神仙扑鼓有時錯，腳步踏差啥人無。 7.好頭，不如好尾。
成人本身的行為	1.待人應和善、做好情緒管理。 2.重視身教及觀察學習。 3.做人、做事要留餘地。 4.凡事都有利弊得失。	1.兇拳無扑笑面人；荏人，厚性地。 2.序大毋成樣，序細討和尚；頂厝人教囝子，下厝人囝乖。 3.萬事著留後步。 4.有一好無兩好。
成人與小孩的互動	1.公平。 2.不溺愛但也不嚴懲。 3.主張相互尊重、分享和合作。 4.重視個別差異、因材施教，行行出狀元。	1.怨無，無怨少。 2.倖豬夯灶、倖囝不孝；捷罵毋聽、捷扑毋痛。 3.有量，著有福；合攻，破曹。 4.一樣米，飼百樣人；荏荏馬，嘛有一步蹋。

資料來源：筆者依諺語內涵歸納後繪製。

三、對孩子行為的要求

　　先民對孩子的要求主要有七大項，分別是：1.有明確是非觀念；2.從小就要養成好習慣；3.重視小細節；4.提倡聽從、不鼓勵多言；5.重視努力和積累工夫；6.鼓勵改過自新、不怕挫折；7.重視最後的成果。共蒐集34則諺語，其中以4、5兩項意涵的諺語數量較多，也可體會先民重視的程度。

(一)明確的是非觀念

有句諺語說：「一返一、二返二」，意思是說，這件事就是這件事，那件事就是那件事，可以就可以，不行就是不行，清清楚楚、明明白白，不可以硬拗。是非曲直要弄得清清楚楚，不要做錯了事、或違反了規則，偏偏要把「白布染到黑」不可。

(二)從小就要養成好習慣

小孩子犯錯受到處罰，當有人求情時，處罰的大人常會說：「細漢偷挽瓠、大漢偷牽牛」，意指小時候偷挽瓠瓜，長大後可能會偷牛，小時候做錯事不加糾正，長大後還會出更大的亂子，所以一定要處罰，記取教訓。同樣涵義的諺語還有：「囡仔，三歲看大，七歲看老」：觀察小孩子3歲時的表現，就可知道他長大後的為人，觀察7歲的樣子，就可以知道他老了以後會如何。這兩句諺語，都在強調早期發展經驗的重要，從小就要養成好習慣。

(三)重視小細節

不但重視從小養成好習慣，也重視小細節。有兩句諺語表達了先民的經驗：「洗面洗耳邊、掃土腳掃壁邊」，意指洗臉要記住洗不容易洗到的耳朵後邊，而掃地要掃到牆壁邊不容易掃到的地方；同樣地，「甕仔嘴毋縛、涵缸嘴縛無路」，意指容器洞口小的時候就要綁起來，不要等到容器洞口大時，想綁住也沒辦法了。比擬有小缺點或破洞就要趕快補救，等缺點或破洞變大，也就沒辦法彌補了。所以，生活小細節是修身的起步，不可輕忽，日常生活常規訓練很重要。

(四)提倡聽從、不多言

先民並不鼓勵多言，所以要小孩子聽就好，不要亂亂講，所謂：「囡仔人，有耳無喉。」而且覺得會講話、講多話的人，反而沒有真才實學，如：「大鼎袂曾滾，細鼎強強滾」、「歹瓜厚籽，歹人厚言語」、「講會出，收袂得入」、「歸身死了了，只賰一支嘴」、「膨風水蛙刣無肉」、「水，潑落地，歹收回」、「貧惰人，講有話」，意指

工作怠惰或生性怠惰的人往往理由特別多：「大舌，興啼」；反而是沉默寡言者才有真工夫、更厲害，所以說：「恬恬，吃三碗公半」。

(五)重視努力和積累的工夫

　　先民認為努力是個人基本的工作或學習態度，這些諺語也不少，包括：「撐力做，才賺得到好運」，努力才能帶來好運氣；「三日無餾，爬上樹」，指三天不做（唸書），就會生疏了；「魚趁生，人趁芛」，指努力趁年少；「勤快、勤快，有飯也有菜」，指努力就能自食其力；「做雞著筅，做人著翻」、「若要做牛，毋驚無犁通拖」，指要做牛就有田可犁，比喻想要努力，就有工作可以做。因為是重視努力，所以也不覺得開始就要做到多好或多大，反而重視逐漸地、累積的工夫和最後的結果，諺語包括：「細細雨，落久，土也會澹」、「軟土曝久也會碇」，這兩句前者是細雨下久土會濕，而後句是濕土曝久太陽也會變硬，泥土的兩種自然現象，用來形容同樣的經驗，令人稱奇。能夠努力，那麼「天公疼憨人」、「人著做，天著看，也著神，也著人」、「戲棚下企久，就是你的」，就會有好結果。成功是來自長期的努力與累積的實力。

(六)鼓勵改過自新、不怕挫折

　　至於如果行為有了過錯或是遭遇有了挫折，也是鼓勵改過自新和不怕挫折的。諺語說：「神仙扑鼓有時錯，腳步踏差誰人無？」表面涵義是即使是神仙，打鼓也會打錯；更別說凡人了，無人能免於踏錯腳步，隱含著人都會犯錯，只要能改過自新就好。再來是面對挫折的態度，要愈挫愈勇：「打斷腳骨顛倒勇。」有挫折才會有成長：「會跋、才會大。」

(七)重視最後的成果

　　努力的過程雖然辛苦，但沒關係，因為「好頭，不如好尾」、「開花滿天香，結子才驚人」、「艱苦頭，快活尾」，有好結果才重要。切忌「吃無三日清齋，就想卜上西天。」

四、成人本身的行為

成人本身的行為又該如何呢？這類的諺語至少有16則，可以瞭解先民的經驗和看法，包括：待人應和善、做好情緒管理、重視身教及觀察學習、做人做事要留餘地、凡事都有利弊得失等。

(一)待人應和善、做好情緒管理

有句諺語說：「兇拳無扑笑面人。」人要保持和善、面帶微笑，往往可以初步化解人際間的衝突和摩擦。又有一諺語說：「好也一句，穰也一句。」不要儘說壞話或批評，如果好言相勸，建議他自我省思、自我改善，也是不錯的方法。俗諺說：「荏人，厚性地」，沒做好情緒管理，動不動發脾氣，好像什麼人、什麼事都看不順眼，這種人是軟弱無能的。

(二)重視身教及觀察學習

在教養方面，先民特別重視模仿的學習效果，強調以身作則、身教的重要。像是諺語：「頂厝人教囝子，下厝人囝乖」，意指隔壁人家教訓孩子，這家孩子會變乖。「刣雞教猴」：殺雞給猴子看，讓猴子心生警惕等，都在說明觀察學習的效果。又有諺語提到：「一犬吠聲，百犬吠影」、「大狗盤牆，小狗看樣」、「貧惰頭家，無骨力辛勞」，意指老闆如果偷懶，員工是不會努力工作的。「序大毋成樣，序細討和尚」，比喻長輩做不好，晚輩不可能做好。這些都在強調仿效的作用，帶頭者要以身作則。

(三)做人做事要留餘地

先民提醒我們，為人處事要留餘地。諺語提到：「萬事著留後步」，意指不要把事情做絕、或把話說死，留個彈性和緩衝，凡事有個退路。再者：「水著一路透」，因為不給人一條出路，他會跟你拼死拼活。又如：「人前留一線，日後好相看」、「迫虎、傷人」，也都是同樣意涵。

(四)凡事都有利弊得失

做事時不要太理想化，凡事都有優點和缺點，很難兩全其美。諺語就說：「有一好，無兩好」、「一好配一穤，無兩好通相排。」意指凡事有一個好處，不可能有兩個好處、或是有一個好處和一個壞處，沒有兩個好處並排一起的，就好像「甘蔗，無雙頭甜」，一定是有一邊甜、一邊較不甜的情況多。

五、成人與孩子的互動

在成人與孩子互動方面，諺語中透露的是要公平，不溺愛孩子，但也不主張嚴厲的懲罰，主張相互尊重、分享和合作，而且要重視個別差異，只要能因材施教，就能行行出狀元。具有這些意涵的臺灣諺語不少，至少有以下36則，說明如下。

(一)公平

講求公平，是先民認為行事的準則之一。相關涵義的諺語，還有「怨無，不怨少」、「藤條夯上手，無分親戚佮朋友」、「吃甘蔗、隨目齧」、「牛鼻毋牽，卜牽牛耳」；做到公平，才不會有怨言，「做乎正、得人疼」，也才能夠讓別人信服或得到疼惜，否則如果「大細目、高低耳」，待人大小眼、不公平，就很難服人了。

(二)不溺愛但也不嚴懲

「寵豬舉灶、寵子不孝」，說明過分愛護豬，豬會破壞爐灶；太過溺愛孩子，長大後會不孝，提醒成年人不要放棄管教而溺愛孩子。但是先民的經驗也提醒家長或老師，懲罰不要太嚴厲或不分青紅皂白，太嚴厲的懲罰不但收不到改過向善的效果，反而使犯錯的當事人或學生變本加厲，這些諺語包括：「捷拍若拍被、捷罵若唱歌」、「捷罵毋聽、捷扑毋痛」、「雜念大家出蠻皮媳婦」、「嚴官府，出厚賊；嚴父母，出阿里不達」、「愈扑，皮愈厚」，常打就不怕打、常罵就不怕被罵，合理且適度的懲罰才有效果。

(三)主張相互尊重、分享和合作

人要互相尊重，如果你看不起我，我也會看不起你，諺語是：「汝看我浮浮，我看汝霧霧」、「無名無姓，問鋤頭柄」、「人有人情理，賊有賊情理」。再者，如果要對別的組織成員或事物表達看法和意見，要先尊重領導者或所有權者，諺語是：「打狗看主人」，切忌撈過界、不尊重對方的權益：「鴨母毋管，欲管鵝」、「坐人戶碇頭，打人的囡仔」。如果是雙方起了衝突，那麼肯定彼此都有錯的地方，所謂：「錢無兩個，袂鏘」、「押雞，不成孵」、「鼓，無扑袂響」。所以要有肚量，能夠分享：「會扛轎，才通開轎間」、「有量，著有福」。而「相分食有賰、相搶食無份」，則說明分享的好處。如果能彼此合作，那更能達到個人無法獨自達成的效果，所以「一人主張，毋值兩人思量」、「合攻，破曹」。

(四)重視個別差異、因材施教、行行出狀元

每個人都有個別差異，就像在戲裡有哪種角色或人物，在生活中也有那種角色或人物：「棚頂有彼款人，棚腳也有彼款人」，人與人之間有個別差異：「一樣米，飼百樣人」、「一樣人，百樣話」、「一人各一樣，無人相親像」：每一個人一個樣子，遺傳、環境與成長經驗都不一樣。因為每個人都不一樣，所以「惡馬惡人騎，胭脂馬拄著關老爺。」學生再壞，還是有可以輔導他的教師。也因為個別差異，所以每個人都有一些可取之處：「茬茬馬，也有一步踢」、「一枝草，一點露：一個人，一款命」、「憨的，也有一項會」、「天，袂生無祿之人」，因此有出色的學生，不一定是由傑出的教師所教導出來的，正所謂：「有狀元學生、無狀元先生。」因為個別差異，所以也有後來，當年歲漸漸成長後，才開始出現有所成就的，稱為：「大隻雞，慢啼」。

六、諺語反映的教養觀對教師班級經營的啟示

上述諺語所反映出來的先民教養觀會形成傳統文化，影響著學生的行為表現、教師的行為表現，以及家長對親子教育和學校教育的看法。

教師在班級經營時可有以下的省思（張民杰，2010）：

(一)傳統文化對教師行為表現的影響

　　從諺語中可以發現，先民的教養觀強調明確的是非觀念、從小就要養成好習慣、重視小細節、重視努力和積累的工夫、鼓勵改過自新、不怕挫折、重視最後的成果和身教，這些諺語呼應了西方心理分析論認為個體早期發展經驗影響到長大成人的看法，主張學習是刺激與反應的連結，連結穩固就成了「習慣」，將來遇到相同刺激，就會有一樣的反應之行為主義及觀察學習的理論。教師在班級經營時，對於班級規則和程序的建立，要清清楚楚地讓學生知所依循，對就是對、錯就是錯，雖然處理方法有彈性，但是行為標準要很明確，而老師更要以身作則，自己也遵守這些行為準則，才能起仿效和帶頭的作用。

　　另先民主張成人自己的行為應該要待人和善、做好情緒管理、做人做事要留餘地、凡事都有利弊得失，而成人與小孩之間互動要公平、不溺愛但也不嚴懲，要相互尊重、分享和合作，也與西方學者研究發現對於教師權威（authority）的運用，以中高度（而非極度）的支配和合作最好，亦即教師有明確的目標和強力的輔導，同時又能注意及關懷學生的興趣和需求，能夠建立最好的師生關係（Marzano, Marzano, & Pickering, 2003）──若合符節。而先民重視個別差異、因材施教，行行出狀元的想法，也與美國學者Howard Gardner提倡的多元智能（survival intelligence）類似，教師在班級經營運用獎勵和懲罰，以及表達對學生的期望與學生互動時，可做參考。

　　然而先民的觀念也有一些值得再探究、或採用上須特別謹慎之處，例如：科任老師對於學生的管教，如果受到「打狗看主人」的觀念影響，認為對學生行為要求時也要尊重導師的做法倒是不錯，然而如果以此認為科任教師沒有管教學生的責任，恐怕就不適宜了。又如教師處理學生衝突時，如果腦海裡想著「錢無兩個，袂鏘」的念頭，然而事情發生不一定雙方都有錯，若老師存著「兩個都有錯」的刻板印象，就阻礙了讓衝突獲得更為公平和合宜的解決方式。

(二)傳統文化對學生行為表現的影響

　　先民的教養觀是不鼓勵孩子多言，中國的諺語也提到：「言多必失」、「禍從口出」（龍偉，2006），這個慎言的想法不但用來約束小孩子，而且也用來判斷一個人有無真才實學。這個想法形成的傳統文化，可能導致學生在課堂上不願意發表意見和看法。筆者長期觀察臺灣中小學的班級，在小學和幼稚園階段，學生的認同楷模是老師，所以老師要學生發表意見，學生都會搶著舉手、踴躍發言，然而隨著年級愈高，認同對象包括同儕之後，漸漸地發言熱烈的狀況依次遞減。學生產生疑問到發言提出問題的過程，包括了問題產生、頭腦思索這個問題是否成熟，會幼稚嗎？還是會讓別人覺得我很愛現嗎？老師和同儕會有何反應呢？這是大家都想知道的問題嗎？還是我個人的問題呢？如果是後者，那再私底下問老師好了，於是課堂上學生提問或回答問題的情形變少了。

　　再者，雖說老師會鼓勵學生上課發言或回答，然而其實學生長期的課堂學習經驗可能慢慢地會發現，其實老師希望課堂上是很多學生都講得到話、表示看法，而不是只聽到個別學生的發言。而老師發問時要聽到的雖說不一定是單一的標準答案，至少也要是正確答案，學生回答時不被期望隨便講講。因此假設有學生上課非常踴躍發言，動不動就表示意見，動不動就回答老師的提問，回答內容還多不正確，必定不是老師樂見的上課情形，而老師說不定心裡也給予該生「膨風水蛙臺無肉」的評價。而老師的上述感受，可能藉由語言或肢體而讓學生潛在的學習到「不合宜的問題不要問」、「沒有確定答案不要回答」，所以上課就少言了。

(三)傳統文化對家長行為表現的影響

　　諺語裡反映的傳統文化：尊重個別差異與多元智能、強調努力與最後成果、鼓勵改過自新和不怕挫折的看法與經驗，與現代的教育理念一致，同樣會影響家長的親職教育，教師可以作為親師溝通之用。

　　然而傳統文化裡的教養觀，認為不溺愛、也不嚴懲的中庸之道，也

會反映在家長的親子互動裡。家長甚至誤解「倖豬夯灶、倖囝不孝」的涵義，認爲應該對犯錯的孩子大打出手，以免長大後積重難返。此外，研究者分析諺語過程，並未發現有應該讚美別人良好行爲意涵的諺語，這可能跟以下討論的重努力和最後成果有關，因爲先民可能較不重視開始和過程的暫時效果，因此也少提到要讚美別人。反映在家長的管教態度，會比較採取「缺陷模式」，又由於重視小細節、從小養成習慣，往往顯得只注意孩子的缺點而予以糾正，忽略了對小孩的良好行爲予以讚美，短少了對孩子正向行爲的正向增強，也難怪有些家長接到教師打來電話，會認爲是自己小孩做錯了什麼事了嗎？

　　還有因爲傳統文化裡提倡聽從、不鼓勵多言，家長可能也會以「囝仔人，有耳無喙」來要求孩子，要孩子聽話就好，不要有意見，減少了孩子提出自己意見和看法的機會，甚至影響其獨立思考和反省批判的態度。楊巧玲（2001）運用問卷調查的方式瞭解學生的沉默文化，結果發現學生在教學情境中保持沉默的原因有一項，就是受到傳統文化裡家庭教育的影響。楊巧玲（2001）提到：

> 文化傳統的因素也與學生的心理因素有密切的關係，應答者指出自幼父母便諄諄告誡「小孩子有耳無嘴」。……另一位同學表示：「就自己而言，在學習的過程中，常是一個默默的接受者。或許是家庭生活環境的因素，父母權威式的管教方法似乎反映著：作爲一個學生應該像一塊海綿，不斷地吸收源源不盡的資訊與知識；長輩的教誨永遠是正確無誤的，畢竟他們吃過的鹽比我們吃過的米多。」（頁50）

(四)教師應多瞭解和尊重不同族群學生的文化

　　分析出來的87則臺灣諺語的意涵，有很多可以在中國傳統文化或古人的文學作品裡找到相似的句子。趙玉林（2006）編著的俗語也提到：「棍棒出孝子、恩養無義兒」、「孩子三天不打、就會上房

揭瓦」、「人非聖賢、孰能無過」、「浪子回頭金不換」、「放下屠
刀、立地成佛」、「失敗為成功之母」、「只要工夫深、鐵杵磨成繡花
針」。唐代書畫家顏真卿說：「三更燈火五更雞，正是男兒讀書時。黑
髮不知勤學早，白首方悔讀書遲。」意味著人要努力，因為「勤能補
拙」。大陸現代數學家華羅庚也說過：「聰明在於勤奮，天才在於積
累。」《三字經》最後兩句：「勤有功、戲無益，戒之哉、宜勉力。」
（林湘澄，2006），韓愈《進學解》：「業精於勤，荒於嬉。」荀子
《勸學篇》：「不積跬步，無以至千里；不積小流，無以成江海。」也
都說明重視努力勤奮和積累的工夫。而《論語・學而篇》說：「巧言令
色，鮮矣仁。」亦主張不多言。也有要留餘地的「狗急跳牆」等，大部
分都能找到與臺灣諺語意涵相呼應的諺語。

　　而在黃永達編著（2005）的《臺灣客家俚諺語語典》中，也可以
找到「子要幼時教、竹要嫩時拗」、「小時偷人針、大了偷人金」等，
從小就要養成好習慣的客家諺語；「縱豬擎灶、縱子不孝、縱細妹仔、
毋落人家教」、「寵兒出逆子、嚴父出孝郎」等，不要溺愛孩子的諺
語；「一狗吠形、百狗吠聲」、「序大不好樣、序細交和尚」、「殺狗
教猴」、「大鬼無有樣、小鬼做和尚」、「戲棚唇的豬嬤，會噴嚏也會
打拍」等，重視身教與觀察學習的諺語；「一身死了了、總剩一張嘴未
死」、「嘴甜舌滑」等，不要花言巧語的諺語；「一勤天下無難事」、
「戲棚下，企久人的」等，重視努力和積累工夫的諺語；「人有失神、
馬有亂蹄」、「跌斷腳骨顛倒勇」等，鼓勵改過自新、不怕挫折的諺
語；客家諺語：「好頭也要有好尾」是重視最後結果；「一個銅錢擲不
響」、「一隻巴掌嘛打毋響」、「一人主張、毋當兩人來思量」等，主
張互相尊重、分享和合作的諺語；「戲棚頂有該種人，戲棚下也有該種
人」、「人心不同、各如其面」、「一支草、一點露」等諺語，說明重
視個別差異、行行出狀元的意涵。上述的客家諺語意涵也很貼近於臺灣
閩南語諺語，甚至有些諺語彼此是相同的。

　　然而臺灣的族群相當多元，原住民族和許多父親或母親來自於不同
國家、不同族群的新移民子女，必定有許多不同的族群文化，教師應對

受教學生所屬的族群文化多予瞭解和尊重，才能夠理解學生行為表現在文化深層裡的意義，把班級經營得更好。

七、親師觀點的異同處

筆者在2010年調查了12所國小，從新北市到金門縣，各180位教師和家長對31則傳統諺語的認同度。其中有效問卷家長有158份、教師有149份，結果發現31則諺語中，僅有「囡仔人，有耳無喙」這則諺語認同度較低，約僅有半數調查對象認同，其他30則諺語認同度很高。

(一)家長對傳統諺語的認同度高於教師

不過從家長和教師兩個組別來看，家長認同度高於教師的多達26則，分別是「一返一、二返二」、「細漢偷挽瓠、大漢偷牽牛」、「三歲看大，七歲看老」、「洗面洗耳邊、掃土腳掃壁邊」、「囡仔人，有耳無喙」、「膨風水蛙刣無肉」、「甘願做牛，毋驚無犁通拖」、「戲棚下企久，就是你的」、「有狀元學生、無狀元先生」、「打斷腳骨顛倒勇」、「好頭，不如好尾」、「艱苦頭，快活尾」、「吃無三日清齋，就想卜上西天」、「兇拳無扑笑面人」、「好也一句，穤也一句」、「刣雞教猴」、「一犬吠聲，百犬吠影」、「序大毋成樣，序細討和尚」、「萬事著留後步」、「人前留一線，日後好相看」、「有一好，無兩好」、「做乎正、得人疼」、「倖豬夯灶、倖囝不孝」、「嚴官府，出厚賊；嚴父母，出阿里不達」、「汝看我浮浮，我看汝霧霧」、「錢無兩個，袂鑣」。

而教師對諺語的認同度高於家長的僅有5則，包括「甕仔嘴毋縛、涵缸嘴縛無路」、「神仙扑鼓有時錯，腳步踏差誰人無」、「怨無，無怨少」、「一樣米，飼百樣人」、「一枝草，一點露」。

(二)家長和教師對諺語認同有差異

從表5-2中可見，國小教師和家長對於臺灣諺語中的「細漢偷挽瓠、大漢偷牽牛」、「囡仔人，有耳無喙」、「戲棚下企久，就是你的」、「艱苦頭，快活尾」認同是有差異的。家長認同度比教師高，並

達統計上的顯著差異。其中「囡仔人，有耳無喙」最值得玩味，是31則諺語中，認同度最低的。筆者後來晤談了多位中小學教師，他們並不認為小孩子不該發言，只要靜靜地聽就好，但是有些老師也提到，只有在老師講話過程，如果學生插嘴，老師會覺得不受尊重，而有制止的想法。

⊕表5-2　家長與教師對於臺灣諺語認同度差異統計表

諺語名稱，並對諺語認同否？	身分	個數	平均數	標準差	t檢定
「細漢偷挽匏、大漢偷牽牛」	家長	158	3.7848	.95997	P=.007**
	教師	149	3.5436	.55121	
「囡仔人，有耳無喙」	家長	158	3.1456	1.12768	P=.00***
	教師	149	2.7114	1.00199	
「戲棚下站久，就是你的」	家長	158	3.7342	.98665	P=.049*
	教師	149	3.5302	.81835	
「艱苦頭，快活尾」	家長	158	3.7848	1.28857	P=.028*
	教師	149	3.5168	.79359	

註：*表P<.05　**表P<.01　***表P<.001

 第四節　家長會在親師溝通上扮演的角色與功能

教育基本法第2條揭示：「人民為教育權之主體」，該條後項並明確說明：「為實現前項教育目的，國家、教育機構、教師、父母應負協助之責任。」由上述可知為了保障學生的受教權，達成教育目的，要政府、學校、教師和家長通力合作和協助。於是該法第8條第3項規定：「國民教育階段內，家長負有輔導子女之責任；並得為其子女之最佳福祉，依法律選擇受教育之方式、內容及參與學校教育事務之權利」，這是家長參與學校教育事務的法律基礎。而國民教育階段家長參與學校教育事務辦法第3條規定：「家長、家長會及家長團體，得依法參與教育事務，並與主管教育行政機關、學校及教師共同合作，促進學生適性發

展」，是以家長參與學校教育事務可以分成家長個人、家長會和家長團體三部分。

家長在教育上的權利有：教育選擇權、組織團結權、資訊請求權、異議權、申訴權、參與決定權、協商權、監督權（李伯佳，2009），依現行法規，教育選擇權規定在教育基本法第8條第3項；組織團結權規定在地方制度法及國民教育階段家長參與學校教育事務辦法第5條；資訊請求權規定在政府資訊公開法；異議權規定在特殊教育法及國民教育階段家長參與學校教育事務辦法第7條；申訴權則因學校訂定教師輔導與管教學生辦法注意事項第43、44及45點訂有學生申訴權之行使，而家長身為學生之法定代理人，可代為提起申訴；參與決定權則散見在各教育法令，如國民教育法規定校務會議應有家長會代表等，大致以「團體親權」為限。至於協商權和監督權目前則無相關規定，各國家長亦少有此兩項權利（李伯佳，2009）。

其中因為每所學校均設置有家長會，因此本節擬先從法規分析家長會具有的法定職權，再從18位大臺北地區家長會長、副會長的訪談結果，從處理的相關事件程序和經驗中，分析家長會在親師溝通上可以扮演的角色與功能。

一、家長會參與各項會議的法定職權

由於每所中小學依國民教育法第20條之2及高級中等教育法第27條，均設置有家長會，且其具有參與學校各項會議的法定職權，以臺北市為例包括：校務會議、教師評審委員會、課程發展委員會、學生獎懲委員會、學生申訴評議委員會、校長遴選委員會、教科圖書選用委員會、午餐供應委員會等，家長會可以參與學校諸多會議，表達對學校教育事務的意見和想法，並影響決策。

❀表5-3　臺北市的家長會代表參與學校各項會議一覽表

會議名稱	置家長會代表所依據之法令規定（以臺北市為例）
校務會議	國民教育法第10條、高級中等教育法第25條、臺北市國民中小學校務會議實施要點
教師評審委員會	教師法第11條、臺北市高級中等以下學校教師評審委員會設置辦法
課程發展委員會	教育部九年一貫課程實施綱要
學生獎懲委員會	依教育部學校訂定教師輔導與管教學生辦法注意事項
學生申訴評議委員會	臺北市國民中小學學生申訴處理要點
校長遴選委員會	臺北市國民中小學校長遴選自治條例
教科圖書選用委員會	臺北市國民小學選用教科圖書參考事項
午餐供應委員會	臺北市立國民小學午餐供應執行要點

資料來源：研究者自行整理。另臺北市中小學校學生家長會設置自治條例第8
　　　　　條第5款列有「選派代表參與學校各種依法令必須參與之委員會會
　　　　　議」的概括規定。

二、家長會提出學校或班級改進建議及協助親師互動的法定職權

　　國民教育階段家長參與學校教育事務辦法（民國101年4月24日修正）第6條規定家長會，設班級學生家長會、家長委員會、會員代表大會。第7條第1款規定班級家長會，具有參與學校班級教育事務，並提供改進建議事項的任務。第8條規定家長會員代表大會，具有研討參與學校推展教育及提供改進建議事項的任務。第11條規定家長委員會，具有參與學校教育發展及提供改進建議事項、協助學校處理重大偶發事件及學校、教師、學生、家長間之爭議、協助辦理親職教育及親師活動促進家長之成長及親師合作關係的任務。高級中學學生家長會設置辦法（民國92年10月2日發布）第11條也規定，家長委員會具有提供學校推展教育政策改進建議事項、協助學校處理重大偶發事件及有關學校、教師、學生及家長間之爭議事項、協助學校辦理親職教育及親師活動，促

進家長之成長及親師合作關係之任務。

(一)家長會建立家長意見反映的處理程序

　　訪談的許多學校家長會與學校合作，訂定有處理學生家長對教師教學與導師班級經營重大意見反映處理流程，如圖5-4。茲簡要描述其流程如下：

　　1. **家長有意見**：個別家長對於某個班級的教師教學、或導師班級經營有意見。

　　2. **向班級家長代表反映**：個別家長透過電話、面對面溝通，將意見反映給該班級家長代表。

　　3. **召開班級家長會決定**：班級家長代表（家長會委員會同派代表參與），召開班級家長會，瞭解該位家長所提問題之合理性、個別性或共通性，並做成會議紀錄。會議決議有三種情形：(1)問題不合理，予以結案；(2)問題具個別性，由班級家長代表協助反映之家長個別處理或溝通，如果問題解決就結案，問題解決無效，也移請學校確認問題是否成立；(3)問題具共通性，移給學校進一步確認問題是否成立。

　　4. **學校確認問題是否成立**：班級家長會確認共通性的問題，需有班級家長會全體家長過半數通過決議。班級家長代表再將會議紀錄提送家長會、教師會、教務處或學務處。學校在一週內會同家長會、教師會，與教師當事人完成溝通瞭解，以確認問題是否成立。如果問題不成立就結案，問題成立，則進行下一程序。

　　5. **組協調小組溝通**：問題成立，學校在一週內組成協調小組，成員包括行政、家長會、教師會各2人，與教師當事人溝通至少二次。如果問題獲得解決就結案，不然再進行下一程序。

　　6. **組觀察小組觀察與後續輔導**：問題未獲解決，學校在一週內組成觀察小組，成員包括行政、家長會、教師會各2人，進行二至四週之教學或班級經營觀察，並做成紀錄。必要時，觀察小組得邀請外部專家學者參與。小組開會必要時可邀請學務、輔導等相關人員參與研議。觀察結束於一週內提出報告，內容包括：(1)教室觀察紀錄與意見、(2)問

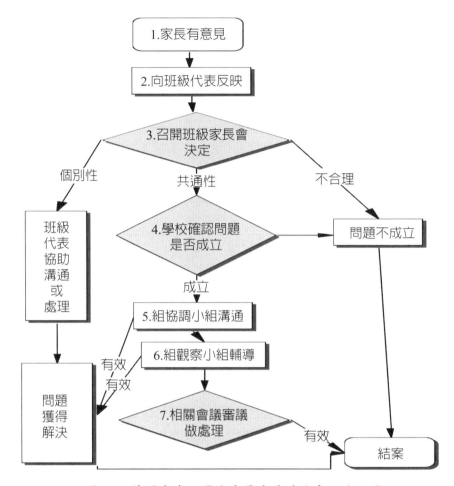

◎圖5-4　某國中處理學生家長意見反映處理流程圖

題概況、(3)後續輔導措施與建議、(4)觀察小組報告提送班級家長會、學校家長會、教師會、教務處或訓導處學務處、教師當事人，研商並進行二至四週之輔導策略（如：教學輔導或班級經營指導）等。此時班級家長代表應召開班級家長會，邀請觀察小組代表列席，說明輔導過程與結果，並聽取班級家長之其他建議，觀察小組帶回建議，於下一程序相關會議代為表達。

　　7.相關會議審議做處理：如為教師教學部分，學校召開聯席會議，

成員包括行政、家長會及教師會代表各3人，班級家長代表應列席，公平、公正、公開審議反映案；導師班級經營部分，學校召開導師會議，班級家長代表應列席。審議時，應考量全體學生學習利益、師資結構及可行性等因素，如達成更換教（導）師之決議，接替人選由學校決定，家長不得指定接替之教師。而學校行政單位應依審議結果，公正處理後續事宜，如認定該教師有損學生受教權益，以及影響學生正常身心發展者，移請成績考核委員會處理。如果問題解決或獲得改善，予以結案（整理自研究者訪談資料）。不過，很多學校對於家長向家長會反映教師教學和班級經營的意見，並未如前述某國中明訂有處理流程，因為有些小衝突或意見不合，家長在向家長會這個管道反映後，就獲得處理（1000424訪李會長）。然而學校家長會如果能夠會同學校訂定這樣的處理流程，可以讓家長更清楚他們對教師的教學或班級經營有意見時，如何尋求家長會或學校的協助。

(二)家長會扮演家長和教師間溝通中介者的角色

　　從訪談的18位家長會會長和副會長得知，家長會在親師溝通時，可以扮演緩衝器和安全瓣的角色，茲舉以下實例加以說明：

1. 作為家長和教師溝通的緩衝器

　　有些家長對教師不滿時，只是需要一個發洩的管道，而家長會提供了這樣的功能，家長抱怨完了，也就沒事了（1000420訪蔡、唐兩位會長）。家長會代表可以先傾聽家長意見，並分享經驗，因為同是家長的立場和觀點，瞭解其需求，因此有些問題就獲得了解決。

　　而有些家長則是擔心孩子在教師手上，因此即使覺得自己有很大苦楚，也不好意思跟教師講，放在心裡，這時候透過家長會，可以直接找教師溝通，因為是第三者較為客觀，教師也可以先跟家長會詳細陳述事情經過，讓家長會充分瞭解雙方的想法，協調解決（1000223訪古會長）。有些教師在家長會洽談後表示，要跟當事人家長直接溝通，家長會也會與家長聯絡做安排，如果教師和家長因此卸下心房，願意直接面對面溝通，效果也很好（1000424訪李會長）。

　　而如果家長跟教師不合，更需要客觀中立的第三者，家長會扮演一個緩衝的角色。而這個協調的角色很重要，如果扮演得好，事情就可以解決，當然扮演不好，也可能讓事情惡化，所以家長會裡擔任協調角色的家長代表，也要具備協調的熱忱和知能，才能發揮這項功能（1000401訪彭會長）。

　　更有些家長不信任學校，也不知道家長會可以扮演中介者的角色，一有意見，就直接告知主管教育行政機關、民意代表或報章媒體，讓事情複雜化，使家長、教師和學生三方都受到傷害，這是最不樂見的，如果能先尋求家長會協助，事情或問題說不定早已迎刃而解（1000424訪李會長）。

2. 作為教師向家長溝通的安全瓣

　　有時候孩子所傳達的訊息也不是那麼完整，一定要讓教師跟家長做一次完整的溝通，讓家長明白老師的用意（1000308訪樂會長），或有時單從某一事件的某一點，讓家長覺得不能接受，但這可能沒有辦法顯現事件的全貌，需要讓家長知道教師的觀點和立場，以及對事情的想法和感受（1000302訪廖會長），可以化解家長對教師的誤解。

　　甚至有兩個孩子的衝突事件，老師處理後小孩沒意見，已經玩在一起了，但是雙方家長卻還有意見，較弱的一方孩子家長覺得自己孩子受傷，對方應該道歉並賠償，這時候家長會可以比學校更中立、更適合邀請雙方家長來做協調（1000308訪樂會長）。

　　而某校部分學生常在上課時間曠課到宮廟或廟會幫忙，因為宮廟提供三餐、飲料和零用錢。家長會長就去找里長幫忙，要里長和廟宇住持溝通，除了週六、日等放假日外，不要讓學生平日接觸廟裡的事務，因為小孩需要上學唸書，不該曠課在廟裡幫忙（1000502訪黃會長）。家長會的協助化解了該校學生平常曠課參加廟會活動的情況，這種事透過家長會的力量，尤其國中小家長就來自於學區，可能彼此多少有所熟識或接觸，更容易達成目標。

(三)家長會經常協助的親師溝通事項

　　家長會經常協助的親師溝通事項，包括：編班、評分、作業簿批改、段考成績退步、教師對學生違規行為的處理、對教師諸多不滿、要求換教師或轉班、營養午餐、管教、畢業旅行、畢業紀念冊等，與經費、學生安全、學生權益有關的最多（1000424訪李會長）。根據這些會長的經驗，他們認為開學一個月後，即10月，可能是親師衝突開始出現的時期，因為教師和家長配合得不好，大概就這個時候會出現，除了突發狀況或偶發事件，不太可能在學期末才反應（1000401訪彭會長），這個經驗很有趣，值得再做進一步探究。

一分鐘重點整理

1. 教師與家長溝通的三明治技術其實有五層：正向陳述、表達老師的努力、需要家長建議和配合事項、及未來老師的計畫、正向陳述等五層。

2. 親師溝通開始時，對學生正向陳述，可降低家長防衛機轉；結束時對學生正向陳述，則可以符應正向心理學的理念，建立對未來樂觀、希望、具有信心和信任的正向情緒。

3. 緊急事件和家長聯絡應用「金字塔技術」，把事件的時間順序倒過來，先說結果、歷程，再到發生原因，或是先提出結論，再說明理由。

4. 電子郵件或Line等的溝通技巧，有開宗明義、簡潔有力、考慮對方、加上語氣、調節情緒等，並要注意家長是否擁有溝通設備、隱私性的問題。

5. 親師溝通過程應區辨「事實」與「推測」、「期望」和「無理要求」，以瞭解情緒感受後表達歉意，但確認客觀事實後再做承諾。

6. 同理、專業、法律，是面對興師問罪家長時，應考慮的三個必要途徑。

7. 傳統文化會同時對教師、家長和學生產生影響，教師要具有文化敏銳度，瞭解並尊重不同文化的學生。

8. 從臺灣諺語得到的教養觀，普遍受到教師和家長的認同，只有在「細漢偷挽瓠、大漢偷牽牛」、「囝仔人，有耳無喙」、「戲棚下企久，就是你的」、「艱苦頭，快活尾」，家長認同度比教師高，並達統計上的顯著差異。

9. 學校家長會具有選派代表參與學校各種依法令必須參與委員會會議之法定職權，以及提出學校或班級改進建議及協助親師互動的法定職權，可以善用家長會的功能，促進親師溝通與合作，解決親師衝突。

延伸思考

· 親師溝通時應該要有的核心思考：「班上的孩子們好，我的孩子也會一起好」、「對老師好，對孩子們也比較好」。

　　我們要知道：當老師和家長穩如泰山時，才可能處理孩子的不安；當老師和家長輕鬆自如時，才能安撫孩子的恐懼。好好照顧自己，就是幫助學生——Karen Katafiasz（林鶯譯，1989）。

第**6**章

班級的教學
與時間經營

以學習的觀點言之，上課過程學生是否專注是第一要務，因為根據訊息傳遞理論，在眾多的訊息出現時，唯有個體選擇注意的訊息，才會進入大腦的短期記憶，並儲存為長久的記憶。再者，當訊息進入大腦後，會加以思索，與個體已有的學習和經驗加以連結，此一過程可能會讓個體產生疑問，並提出問題來請問老師，或老師也會提出問題來讓學生思索，以求學生能徹底瞭解得到新的知識和經驗。所以本章特別以上課專注力和提問回答，作為前兩節加以介紹。

由於班級經營時最寶貴的資源就是時間，班級經營的目的之一即在增加教師的教學時間和學生的學習時間，提升教與學的效果，因此本章第三節、第四節將分別分析學生的時間運用和教師的時間管理。

 ## 第一節　學生上課的專注力

2010年初洪蘭教授參與醫學院評鑑，發現上課時間有學生啃雞腿，訴諸媒體後引發各界廣泛地討論。大眾關心的是學生上課的態度，上課吃東西不夠莊重、不夠尊師重道，還是大學生上課專不專心、有沒有認真在上課，這樣的教學過程有沒有學習效果？

研究者比較關心的是後者。但是有時上課輕鬆不見得學習效果差，只是太多分心的事物，卻也讓人擔心學習效果會受影響。學生在課堂上到底專不專心，是每位老師每堂課都很在意的問題，值得做一番討論。

一、專注力是記憶和學習的首要條件

為什麼專注力（或俗稱為專心）那麼重要？我們從訊息傳遞理論（information-processing theory）可見端倪。該理論提到感官收錄器（sensory register）從各個感官，包括視、聽、味、觸、嗅等各種感覺，接收到大量的訊息，但保留非常短的時間，不會超過幾秒，很快就流失了，除非加以注意，該訊息才會從感官收錄器轉移到工作記憶（張

文哲譯，2005）。所以，老師上課講的內容、看的影片和教材，以及課堂上來自四面八方的訊息，只有學生選擇注意的訊息，才有記憶的可能，如果個體不加注意，這個訊息稍縱即逝，無法進入我們的大腦，當然也很難具有學習效果。

(一)教學過程應關心學生的注意力變化

蓋聶（Gagné）提出的學習階段與配合的教學事件，第一個就是注意，藉由不尋常的事件、問題，或刺激變化等一些新奇或創意，來引起學生的注意力（吳幸宜譯，1991），足見注意在教學過程的重要。國內教師在撰寫教案時，每次寫到教學活動，一開始就是「引起注意」，即著眼於此。然而真的只要在教學一開始才要引起學生注意嗎？恐怕不是。臺灣大學符碧真教授曾經在其服務學校做過一個小型研究，她發現在一節上課時間（50分鐘）裡，有半數以上的教授（調查125位）把授課主要內容放在中間的時段，然而大學生（調查1,094位）卻有近半數在課堂中間時段是注意力較差的時間，如此形成了教學重點和學習效率兩者之間的差距（如圖6-1）。如此看來，說不定是教學時間的中段，最需要引起注意，或是說整個教學過程都要吸引學生，讓他們從教室裡複雜的大量訊息中，選擇去注意師生互動的學習訊息。

符教授的這項研究，與A. Clingman多年前來臺灣演講的說法類似。其認為教學時間的規劃和有效運用，首先必須瞭解教師的教學時間裡，學習者注意力的變化。學生可能在一堂課剛開始及快結束時學習效

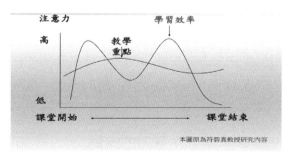

本圖原為符碧真教授研究內容

✿圖6-1　因專注力而產生的教學效果曲線圖

果最好，然而教師一般會把教學熱情放在中間時段，然而這段時間卻是學生較不專注、效率較低落的階段（Clingman, 1994；李珀，1999；許籐繼，2003）。若此，開始上課時學生注意力佳，教師可以直接切入主題或內容核心，這樣在教學活動進行時，第一項教學步驟不一定要先引起動機，說不定在教學中間時段更需要引起動機。另外，這項研究結果還提醒我們，教學結束前綜合歸納的重要，因為這時候也是學生注意力狀況較佳的時刻。

在記憶與學習方面，有所謂的序列位置效應，一是初始效應（primary effect）：比較容易記得前面的部分；二是時近效應（recency effect），比較容易記得後面的部分。因為最前面的部分只有「逆向干擾」（retroactive interference）或稱作「逆攝抑制」（retroactive inhibition），只有再來的新學習經驗會影響這個時段的學習；而最後面的部分，只有舊學習經驗會影響這個時段的學習稱為「順向干擾」（proactive interference）或稱做「順向抑制」（proactive inhibition）。至於中間的時段，則逆向和順向干擾都有，這給了有效教學和教學活動設計，很重要的啟示。

研究者後來發現學生的注意力不只在一節課內有變化，其實在一週裡或一學期也是有變化的。在一週或一學期中間，也是學生注意力程度變異比較大的時候。

(二)教學重點應放在學生注意力集中時

而此研究也讓我們發現，原來即使是大學生，還是很難持續一整節課的時間都處在注意力高度集中的狀態（調查資料是14%），那麼如何使教學重點和學生注意力集中時段吻合、或是在學生注意力降低時，使用一些策略加以提升後，再繼續教學活動的進行，就顯得格外的重要了。

二、瞭解與改善學生課堂注意力的策略

怎麼知道學生上課專不專心呢？有沒有改善學生課堂注意力的策略呢？

(一)利用座位表觀察法瞭解學生課堂注意力

我們可以利用座位表觀察法的「在工作中」（at task），大致上描述班上學生的專心情形，然後再分析各項教學活動、或比較各段教學時間、甚至個別學生的差異，作為未來提升注意力或改善教學策略之參考。

(二)有意注意與無意注意相互轉換以改善學生課堂注意力

針對上述課題，大陸學者王耘、葉忠根、林崇德（1995）主張，老師在課堂上要善於運用「有意注意」與「無意注意」相互轉換的規律。所謂有意注意，是需要主觀意志的控制與調節；而無意注意，則無需主觀意志的控制與調節。前者像老師上課告訴學生這題考試會考，而學生提醒自己要打起精神注意聽；而後者像是活動有趣，吸引學生不知不覺專注於其中。國內也有老師，上課上到一半，會講講笑話或更換教學活動，讓學生下降的注意力可以有所提升。

(三)避免無關訊息干擾以提升注意力

上述的討論主要聚焦在注意力的集中性和穩定性，注意力還有廣度（範圍）、分配和轉移能力等議題。基本上隨著身心發展，年齡愈大，注意力的集中性、廣度、分配和轉移能力，都會比較好；愈小的學生比較差，這也是為什麼小學老師總是要小朋友把桌面清乾淨，只放課本和必要的文具，有時還要求正襟危坐的原因；而大學生相對地桌面除了書本、文具外，飲料罐都有，比較雜亂，坐姿也不會被授課老師要求，基本上認為這是在其注意力廣度和分配能力之內的。

但上課吃雞腿到底影響多少注意力集中的程度，是否造成無意注意的輕鬆學習效果，恐怕只有當事人或更嚴謹的研究設計，才能知道了。有道是：

新奇創意做先鋒
學生注意可集中
分配廣度順移轉
中繼後援奏其功

第二節　師生上課的問與答

　　教學和播報新聞有個不同是：教學需要教學者和學習者的互動，即時的雙向溝通；而新聞播報只是單向的傳送資訊。師生互動有一項簡單的方法，就是老師和學生問問題、回答問題。在我們國家的課堂裡，不曉得是傳統文化「沉默是金」、「囝仔人有嘴無耳（閩南臺語）」（註：本書第五章第三節提到此諺語，家長與教師認同度是有顯著差異的，家長較認同此諺語）、「嘴甜舌滑（客家臺語）」，還是學校教室裡的經驗累積，學生從小學踴躍舉手發問問題、回答問題，到國中慢慢要老師點名，高中用籤筒抽籤決定發言同學，到大學漸漸地聽不到課堂上主動發言的現象。

　　為什麼年級愈大，學生漸漸地不主動發問問題、不回答問題了呢？研究者曾經彙整許多高中、國中老師提出來的意見。

一、不敢發問和回答的因素

　　有學生自己的因素，也有教師的因素，說明如下：

(一)學生自己的因素不敢發問和回答

　　不敢發問和回答問題，其中有些是學生的因素，包括：

　　1. **不想學、已放棄**：沒有學習動機，為了避免失敗，或是顯現無能，所以根本不想發問和回答問題。

　　2. **不會，還沒搞懂**：因為還沒有弄清楚上課的內容，不知道要問什麼，也無法回答正確答案而不回答。

　　3. **害羞**：害怕在眾人面前講話。

　　4. **害怕說錯、問的問題太幼稚或回答的太「白目」**：答案不確定而不敢回答，或答案太簡單，不符合年齡層的問法，就不會想回答或不屑回答。

　　5. **習慣不回答**：習慣聽講而不發言和回答問題。

6. **下節課要考試**：心有旁鶩，想分心準備下堂課的考試，而不想回答問題。

7. **怕打斷教學**：老師滔滔不絕的講解，沒時間插空檔發問，怕太唐突，打斷教學。

8. **低調、不想突出**：雖然知道問題答案，或是有問題也不回答和發問，維持低調，不想突出。

9. **不敢挑戰老師或固有的教科書知識**：怕將老師問倒，沒有挑戰權威的想法，即使老師或教科書出錯，頂多私下詢問。

(二)老師的因素使學生不敢發問和回答

不敢發問和回答問題，其中有些是老師的因素，包括：

1. **教師發問技巧不好**：聽不懂老師問什麼、快下課有時間壓力、問題複雜、籠統、過於抽象，和太過困難，學生聽不懂，無法回答。

2. **發問或回答的時機**：自由舉手、寫紙條匿名、小組討論後、下課後等，會回答的狀況不同。一般自由舉手會比較少同學願意發問，可以使用後述幾項比較隱私、安全的做法。

3. **對發問或回答問題的學生負面批判**：教師對發問問題或回答問題學生有負面批判，像是：「問這個白癡問題」、「這麼簡單也不會」。這些話一出口，下次學生有疑問或知道答案，也可能會三緘其口。

4. **教師先前未能針對學生問題給予滿意的答案**：學生先前發問過，老師並沒有給予滿意的答案，或如前述的負面批判，以至於學生不想再發問。

5. **老師沒有親和力、學生討厭這位老師、或老師受到學生同儕的排斥**：學生可能因種種原因，不喜歡這位老師，或是有學生透過同儕排擠這位老師，以致學生不發問或回答問題。

6. **教師不經意被學生操作制約了（問題只問某些同學）**：由於教師和學生先前互動的經驗，教師點到的A同學答得很好，而點到B同學時，她心不甘、情不願的回答，且答案又不正確。教師後來提問時，會

比較喜歡請A同學回答，而避免請B同學回答，無意中教師就受限於這項操作制約的結果。

二、擴大學生發問和回答的技巧

看了以上這些因素，為師的應該對如何在課堂上引導學生發問問題、回答問題，有一些啟發。以下分成課前準備、課程進行，來說明幾點提醒：

(一)課前應對授課內容和問題加以熟悉和編製

1. **老師課前要充分熟悉授課內容**：如此才能夠充分回答學生問的問題，以免學生發問問題後，沒有得到滿意的答案，而不想再發問。

2. **老師課前準備可編製課堂上想發問的問題**：課前編製的問題可包括聚斂性和發散性的問題，如果氣氛比較悶的班級，老師可以多問一些發散性問題，以帶動活力；反之，如果氣氛比較high的班級，可以多問一些聚斂性問題，以免收不回來。

(二)課程進行應善用發問技巧

1. **先問聚斂性的問題，再問發散性的問題**：因為聚斂性的問題有固定答案，比較容易回答，例如：先問某個議題，贊成的請舉手，再問贊成或反對的理由等。或是剛開始問簡單的問題，學生容易回答，再問複雜或困難的問題。

2. **老師以鼓勵代替指責**：老師詢問學生，學生亂答或答不出來，老師應該控制自己情緒，不要大罵學生，學生只要願意回答問題，答案對錯都值得鼓勵。老師樂於傾聽，學生才會願意說。

3. **以引導的方式，讓同學有充分的時間回答**：老師提問後，要給學生候答時間，而學生回答後，老師理答之間，也要停留幾秒，可以讓問答過程有思考的時間，使對話品質更高。其問話過程如下：老師提問→候答幾秒→學生回答→停留幾秒→老師理答。

老師也可以用探究（probing）的方式，重新措辭、化整為零，將問題化成幾個小問題、提供線索、換問相關的新問題，或是用轉引

（redirecting）的方式，詢問其他同學，再由指定者補充回答（施良方、崔允漷，1999）。

(三)指定學生發問與回答的技巧

1. **延宕回答或發問的時間和方式**：老師發問，主要是要讓全班學生都能針對問題進行思考，因此如果老師太快公布答案，可能只有程度好、反應快的學生有思考，其他學生還來不及反應，老師就公布答案了，因此部分學生反而少了思考的機會。因此老師在發問過程，可以先聽聽學生的意見，但不急著公布答案，延宕回答時間，讓全班的學生都有機會思考和回答。

2. **分組討論，再請學生發言回答問題或發問**：全班上課時，同一時間不管老師或學生，只有一位主導著教室言談；只有分組討論時，可讓多位學生同時主導該組的教室言談，增加了很多學生發問或回答問題的機會。不過分組需要時間，有時在全班講述的過程，也可以簡單納入「思考（thinking）－配對（pair）－分享（sharing）」的技術（Filene, 2005），來增加學生回答的次數。這三個步驟如下：

(1)思考：加諸問題。即使是複習也可以：「到目前為止的重點是什麼？」或是作為講述第二個觀念的轉換：「請問你聽到什麼呢？」並給學生60秒寫下答案。

(2)配對：告訴學生可以和隔壁同學討論協商，大概2到5分鐘，然後互相比較答案。

(3)分享：詢問配對學生中的一位同學說出他們的答案，並詢問另一位配對的同學是否有不同的答案，在簡單的討論後可以促使學生回答問題。

3. **蓮座法或九宮格法指定學生回答**：在職老師指定學生回答問題時，會先徵求志願者，有時則用抽籤決定，或隨機點學生回答。或者也可以用一些警覺性的小技巧，例如：點一位同學，其座位前後左右，甚至斜對角的同學都要站起來，看誰站起來的速度最慢，就由誰發言或回答，俗稱蓮座法（註：此法可增進學生彼此認識，擴大學生在老師點名

時的警覺，如蓮花座，故取蓮座法，以區隔連帶處罰的連坐法）；或九宮格法，指定學生回答時，也可嘗試此法，過程蠻能激發學生發言的，但切記捨本逐末，專注錯了重點。如何擴大學生發問或回答技巧？有打油詩為證。有道是：

> 聚斂發散兩相宜
> 小組討論增參與
> 問題回答可延宕
> 主動思考解真諦

三、儘量避免問「為什麼？」

「為什麼？」的問題應該要少用。理由是：(1)問為什麼，是對抗的（confrontational），又是高度挑戰的，對自由、開放、安全的氣氛造成威脅；(2)題目太大了（too big），只能選擇性的回答；(3)當教師不能提出更積極的問題時，似乎就會提出「為什麼？」的問題（張民杰，2001，pp.174-175；Wassermann, 1994, pp.110-117）。

(一)問「為什麼？」的意涵

假設上學某生遲到，老師會問：「你為什麼遲到？」網路上有個笑話，某生說：「我媽媽『鑰匙』掉了。」老師聽了以為：「啊！你媽媽『要死』掉了，好可憐喔！你還好吧？」老師驚訝悲傷之情，由心而生，其實某生的意思只是：「媽媽一早出門鑰匙掉了」，這時老師可能懷疑他只是找個遲到的藉口罷了。從此可以看出，我們問「為什麼？」有指責的語氣，尤其是學生出現不當行為時，回答者心裡想的是一個讓老師不會處罰他的合理藉口而已。又例如：數學課，我們找一位學生上臺在黑板上演算，算出答案後，老師告知：「你為什麼這樣算呢？」學生腦中馬上浮現的可能是：「我算錯了嗎？」

(二)改問「什麼？」和「如何？」

不問「為什麼」（Why？），而是用「什麼」（What？）和「如何」（How）來取代，例如：我們不問「為什麼你喜歡釣魚？」代之以問他：「在釣魚的時候，心情如何呢？」或「釣魚到底有什麼魅力呀？」（林美智譯，2010）。如果是行為上的問題，老師可以改問：「怎麼了？」、「想不想談談？」、「發生了什麼事？」、「你要不要說說看？」、「有沒有什麼我可以幫忙的？」（Gathercoal,1997）。

「什麼？」、「如何？」和「怎麼？」可以把問題範圍加以限定，同時也是複數形式問句，可以有多種答案，讓學生容易回答和討論。好比醫生會詢問病人：「現在感覺如何呀？」、「有什麼症狀呢？」、「哪裡不舒服？」，但不會問病人「為什麼生病了？」一樣。

(三)尊重學生保持緘默的權利

學生如果不回答問題，不管是課堂上學業的問題、或是行為的問題，教師都應該尊重學生緘默的權利。如果是課業上的問題，可以請他再想一想、或是先問一下其他同學的意見，老師待會兒再問他、或是轉問，請其他學生回答。如果是行為上的問題，尤其是不當行為時，如果學生不回答，教師可以給學生更多時間思考其不當行為，例如：老師可以說：「我瞭解你現在不想談這件事，但我們雙方都可以想一想，待會兒再談。」學生不立即回答問題、拒絕討論，表示可能需要花一些時間先處理他的情緒問題（Gathercoal,1997）。教師可進一步瞭解學生不回答的原因，而老師尊重學生緘默權利的做法，提供了學生緩衝的空間，也保住了尊嚴，可以營造一個安全、無威脅的班級氣氛，提高學生下次回答問題的可能性。

四、多給予正向回饋

老師問完問題請學習者回答，老師要有等待時間候答，而學習者問題後，老師也要有等待時間再理答（張玉成，1999）。理答就是教師對學習者的答案予以回饋（feedback）。教師的回饋很重要，許多研究

都支持：「少教一點，但多一點回饋，可以產生更多的學習」（Bransford, Brown, & Cocking, 2000; Marzano, Pickering, & Pollock, 2001; Wiggins, 2012）。以下針對正向回饋的意義、程序、層次、有效回饋的三大關鍵因素及注意事項加以說明如下：

(一)正向回饋的意義

　　理答或回饋，主要就是將學習者的回答連結到學習目標，希望學習者學習更具效果、更能促進積極主動的學習。而正向的回饋，嚴格來說，不是評鑑或給等第，而是給予如何努力達成目標的訊息（Wiggins, 2012）；而且回饋也不該只是獎品或稱讚（not prize and praise）而已，應該要能吸引學習者投入，並和學習者建立關係（engagement and relationship），師生彼此間發生對話和互動（Wilson, 2012）。如果我們的回饋，給予學習者等第，學習者經常只看到等第而已（Johnston, 2102: 64）；而如果回饋只是說：「答得好、很正確」，也會少了和學習者進一步互動，以求其持續努力的機會。

(二)回饋的程序

　　教師要對學習者回答回饋時，要先考慮到三個問題（Hattie, 2012），第一個問題是學習者要學到哪裡？（Where is the student going?）、第二個問題是學習者要如何進行？（How is the student going?）、第三個問題是下一步要學到哪裡？（Where to next?）。根據這三個問題，回饋的程序有下列四點（Lalor, 2012）：

　　1. **教師必須連結到明確的學習目標**：透過描述和對話，讓學習者能把問答內容和學習目標連結。Brookhart（2012）認為在回饋之前，學習者必須知道嘗試要學習的是什麼？如果學習者沒有嘗試要達成的學習目標、或是不關心、不知道目標為何，回饋是沒有用的，沒有目標的回饋就好像是某人要你去做什麼而已。

　　2. **回饋要先和學習者討論其回答或作品的優點**：教師要讓學習者知道回饋所參照的標準，如果參照標準不明確，學習者容易把回饋當成是評鑑、或排出等第。

3. **再提出問題及關切點**：讓學習者瞭解自己弱勢之處，並提供改進的指引。

4. **最後提出改善的方法和策略**：如果有機會讓學習者應用這些回饋，提出改善的方法和策略，更能達成回饋的目標。

(三)學習回饋的三個層次

老師的回饋應該針對學習目標，因此教室裡應該減少社交、管理與行為上的回饋，而是要增加學習上的回饋。學習回饋包括下列三個層次（Hattie, 2012）：

1. **任務回饋**（task feedback）：教師回饋學習者對於賦予的學習任務，表現得多好，正確與否，並獲取特定訊息建立表象的知識。這個層次的回饋很明確地告訴學習者必須怎麼做，才能改善其在學習任務的表現。

2. **過程回饋**（process feedback）：描述與學習任務相關的過程，這項回饋層次在幫助學習者監控學習過程、從錯誤中學習、尋求資訊的線索、或是觀念之間建立關係的方法。

3. **自我調整的回饋**（self-regulated feedback）：這個層次的回饋描述如何引導學習者調整自己的行為，讓學習任務往目標邁進。在這個層次要讓學習者有意願和能力去尋求有效地處理教師給予的回饋，自我評估、自我校正、自我貢獻於學習的成功，發展出有效的尋求協助技能。教師可以促進學習者尋求協助和偵測錯誤的技能，例如：詢問學習者：把你的答案和教科書對照一下，可以發現錯在哪裡？是什麼想法讓你弄錯了？你運用了哪些策略？可以嘗試哪些不同的方法？如何知道你的答案是正確的呢？

(四)有效回饋的三大關鍵因素

教師給學習者的回饋，如果要有效，有以下三大關鍵（Goodwin & Miller, 2012; Hattie, 2012; Lalor, 2012;Wiggins, 2012; Brookhart, 2012）

1. **回饋是目標導向的**：給予的回饋要針對目標、或達成目標的行動，或行動過程與目標相關的資訊。由於目標經常是隱藏的（implic-

it），學習者對課程或任務的特定目標不清楚，教師應該給予提示或參照標準。有個目標在心中，學習者會更積極地傾聽和尋求回饋。

2. **回饋的內容要具體可行且淺顯易懂**：教師要把注意力放在學習者是否將回饋聽進去，而不是自己是否說出所有回饋的內容。回饋的建議是可行、可以運用的，不會只是「這是好作品」、「你做錯了」、「這次成績是B+」，這些訊息無助於學習者下次要多做什麼、少做什麼。再者，回饋要淺顯易懂，善用學習者語言，確認學習者可理解；可以一次集中在一、兩個關鍵的因素來回饋，而不要是全面性的回饋。當確信學習者瞭解到談話內容的重要性，才提出回饋建議給學習者。

3. **回饋要及時且持續**：Tovani（2012）認為學習者收到的回饋如果不是及時而是太遲，會認為無關於回答。但及時（timely）並不是立即（immediate）回饋，學習者表現結束再給予回饋，而不是邊表現、邊立即回饋。回饋不一定只來自教師，也可來自同儕，甚至借用媒體科技，或回答的學習者自己給自己回饋。回饋要持續用來改善學習，如果收到回饋後，還可以加以應用，是最好的形成性評量，有機會調整、修正，以達到更好的結果。回饋並不是總結性評量，因為這樣的回饋已經太遲，表現已經結束了。回饋要和電腦的連線遊戲回饋一樣，及時且持續，實質改善學習，是有效的關鍵。

(五)有效回饋的其他注意事項

有效回饋除了上述三大關鍵因素，還有以下的注意事項（Dweck & Mueller,1998; Tovani, 2012; William, 2012; Wilson, 2012）：

1. 回饋應聚焦在學習者可以自己控制的事情：如果不是自己可以控制的，回饋雖然真實卻無用（William, 2012）。

2. 回饋是雙向的，學習者給予教師的回饋，與學習者得到的回饋一樣重要：當學習者告訴教師需要什麼，教師才有機會可以修正和思考自己的教學，透過雙向回饋，才可以把教師放在學習者的位置。上課時問學習者：「我可以幫助你們什麼呢？」、過程中問：「為了達成目標，今天可以如何做呢？」結束前可以問：「可以指出這節課學了什

麼嗎？」（Tovani, 2012），都有助於雙向回饋。雙向回饋可以讓教師課程更順暢、決定是否需要重教、或提供不同的學習任務、內容或策略（Wilson, 2012）。

3. 回饋要能引發學習者主動思考：例如：問學習者：「作為作者，當你要描寫樹木時，你會想到什麼？」比起「為什麼你要描寫樹木呢？」更能引發學習者思考（Brookhart, 2012）。

4. 回饋要根據投入學習的努力過程，而不是天賦的能力：例如：告訴學習者：「你很聰明」，強調智力概念，反而不利學習者勇於冒險或迎接挑戰（Dweck & Mueller, 1998）。

五、運用問答造成漣漪效應

傳統上，教師問問題，學習者舉手，再選一位學習者作答的方式，並無證據可以瞭解學習者能否應用高層次認知思考，積極處理學習內容？如果想要讓所有學習者，包括學習弱勢者都參與，教師就必須讓問題起漣漪，讓問題具高度認知性，也讓學習者高度參與。本節前文提到的思考（thinking）—配對（pair）—分享（sharing）（Filene, 2005），就是一個可以造成漣漪效應（ripple effect）的方法。

就像一個石頭丟進池子，從內圈同心圓往外擴展所起的漣漪，教師提問後，先由每位個別學生處理這個問題或提示，例如：快速寫下來或畫下來，讓教師知道學生理解不理解，然後再到內圈的配對或小組去分享學到的內容或想法，最後到外圈做全班分享和討論，如此由內往外擴大，提高全體參與程度，使全班的反應更具意義，更多學習者參與，這就是利用問答形成的漣漪效應（Himmele, W. & Himmele, 2012: pp.94-96）。

利用問答造成漣漪效應的方法有很多，茲舉研究者應用過的兩個在Himmele和Himmele（2011）書上的例子做說明。

(一)關鍵字舞

關鍵字舞（key-word dance）的活動，就是讓學習者從印象深刻的

教科書或筆記內容，找出可以理解內容概念的關鍵字，然後讓關鍵字跳舞組成一首詩詞。具體引導步驟有四：1.要學習者從教科書或自己筆記中，選出對瞭解內容是重要的一定數目（如15到20個）的關鍵字。2.然後要求學生運用這些字組成關鍵字舞，教師也可以示範之。3.在小團體裡分享他們組成的詩詞，並且解釋這些關鍵字可以代表上課內容主要概念的理由，而且過程中容許學習者間交流更換關鍵字。4.最後請學習者在全班面前發表或寫到黑板上去，與大家分享。以下是上海師範大學碩士生朱霞102年在研究者課堂上，以R. Dreikurs的學生四個錯誤目標追求：獲取注意、爭取權力、報復、顯現無能，以及L.與M. Canter的三種類型教師：怒氣沖天型、果斷紀律型及優柔寡斷型中的怒氣沖天型教師，仿照鄭愁予的《錯誤》，運用關鍵字舞的作品：

> 你打講臺講過
> 那想獲得注意的容顏
> 如蓮花般開落
> 怒聲不響
> 三月的淚水不飛
> 你的心如小小的寂靜的城
> 恰若皈依的沙彌向晚
> 歡呼聲不響
> 三月的大字報不揭
> 我得瑟的算盤是美麗的錯誤
> 你不是無能，是伺機報復

(二)小組討論傳送單

小組討論傳送單（debate team carousel）讓學習者瞭解到議題的不同層面，從特定的立場考慮支持和反對的理由，讓學生可以用不同角度來分析問題。四格填完之後可以回到第一個寫的學習者，由其分享全

班。具體引導步驟有四：1.把小組傳送單給每一位學習者，並詢問學習者問題。2.先要學習者同時寫下第一格：「寫下你的意見，並給出這樣想的理由」。3.統一方向傳送另一學習者寫下：「請讀完第一格同學的反應，在這一格寫下你可以支持同學的另外一個理由」。4.再統一方向傳給第三位學習者寫下：「請讀完第一格和第二格同學的反應，在這一格請你寫下可以反對這些意見的理由」。5.再統一方向傳給第四位學習者寫下：「請讀完第一格到第三格同學的反應，在這一格請你寫下自己的意見和理由。」6.然後把小組傳送單送到第一格撰寫者。7.請自願者分享傳送單上同學支持和反對以及自己的意見和主張。

⊛表6-1　小組討論傳送單

姓名：＿＿＿＿＿＿＿＿＿＿

1.寫下你的意見，並給出這樣想的理由。	2.請讀完第一格同學的反應，在這一格寫下你可以支持同學的另外一個理由。
3.請讀完第一格和第二格同學的反應，在這一格請你寫下可以反對這些意見的理由。	4.請讀完第一格到第三格同學的反應，在這一格請你寫下自己的意見和理由。

資料來源：Total participation techniques: Making every student an active learner (p.95) by W. Himmele and P. Himmele, 2011, Alexandria, VA: ASCD.

 ## 第三節　學生的時間運用

時間是人最寶貴的資源，有句話說：「時間就是金錢。」不只如此，還有老師跟研究者說：「時間就是生命。」管理大師彼得・杜拉克（P. Drucker）也說：「時間是管理者最稀少的資源，也是最寶貴的資源。」有效的時間運用，被視為是有效教學和班級經營的重要因素（Cummings, 2001; Evertson & Harris,1992）。

　　由於在學校的時間大部分是由學校排定課表實施的，學生常常無法自我管理，那麼課餘時間，國中生又是如何運用的呢？誰的時間管理會比較好？時間管理比較好對於成績有無影響？研究者透過2008年對新北市（當時臺北縣）、桃園縣和高雄市較偏遠的11所國中共1,003位學生，男女生約各半、國一到國三各約三分之一的問卷調查結果來加以說明。

一、國中生時間是如何運用的？

　　當國中生被問到：「學期中你早上通常幾點起床？」大約有90%的學生是從早上5點到7點，並有67%是早上6點到7點間起床，而當問到：「上課期間，你晚上通常幾點睡覺？」眾數落在10點到11點之間，有42%；而遲早1小時各占20%以上，有90%在12點鐘之前會上床睡覺。

(一)平均約有8小時用在睡眠

　　如此推算學生約有8小時左右的睡眠，這個推測結果與問卷調查的另一題：「你平均一天的睡眠時間有多長？」結果有33%在7到8小時左右，遲早1小時約25%，兩者的結果是一致的（註：有10%睡眠時間不到6小時，值得注意）。由此可知，調查對象的這些國中生平均8小時在睡覺，占了一天三分之一的時間。比較都會區的小朋友，睡眠時間可能更短。

(二)從上學到放學回家平均約11小時

　　當被問到：「從家裡出發至學校，你通常需要多久的時間？」約有90%都填寫在30分鐘內，因此每天從家裡到學校往返的交通時間在1小時左右。而離校的時間，眾數在下午5點到6點，約40%，5點前有35%，而6點後只有11%，如果從早上7點半到下午5點半，約有10個小時在學校；換句話說，扣除學校上課時間、交通時間及睡眠時間，還有平均約5小時是放學到睡覺前國中生可以運用的時間。這和問卷問到：「你上課期間平均一天待在學校的時間有多長？」眾數分別是8到10小時及10到12小時各占36%左右的調查結果也是一致的（註：延後回家有

30%是因為參加晚自習或課後輔導，有10%是因為運動）。如以10小時計，加上交通時間1小時，從上學到放學回家平均約11小時。

(三)放學回家到就寢時間約5小時花在看電視和打電腦最多

當問到：「放學後，你回到家裡花最多時間做的事是什麼？」結果看電視有23%；打電話有22%；寫作業、預習與複習課業、看課外書都不到10%。而當問：「放學後，你回到家裡最想做的事是什麼？」結果看電視有20%；打電話有44%；寫作業、預習與複習課業、看課外書，更是低到不及5%。由此可知，這5個小時如何善用變成很重要的課題。

二、誰的時間管理會比較好？

研究者根據臺灣教育長期追蹤資料庫（Taiwan Education Panel Survey, TEPS）的學生問卷（國中版），以及謝伯榮（2005）、蔡金蓮（2008）、劉燕饒（2000）、陳儀如（1998）的論文編製「國中生時間管理」問卷30題，經抽取國一到國三各35位學生預試後，依照遺漏檢驗、偏態極端組、t檢定、相關因素負荷作為篩選，數據超過二項者，即予刪題。問卷的KMO值為.778，Cronbach's Alpha值為.696，問卷信效度尚可。問卷共四個構面20個問題，配合前述時間運用、基本人口變項的題目進行施測。這四個構面和題目如下所述：

(一)優先順序與價值觀釐清

這個構面的題目包括：
1. 我會排定每日課業的優先順序。
2. 我會先完成所排定最優先的課業。
3. 我很清楚知道下星期要完成的工作。
4. 我會事先規劃自己幾天內或幾週內要完成的目標。
5. 我會預定一整個學期要完成的長期目標。

(二)認清自我角色

這項構面的題目包括：

1. 我認為學生的角色就是要用功讀書，認真學習。

2. 我會根據自己的情況訂定適合自己能力的目標。

3. 我覺得自己能善用時間。

4. 我會好好利用最適合自己的時間學習。

(三)設定任務目標

這個構面的題目包括：

1. 我會看自己記錄的記事本或聯絡簿，並且一樣一樣檢查是不是確實完成了。

2. 我會為每件功課或作業訂定合理的完成期限，並按時完成。

3. 我會把困難的功課或作業分成幾個小部分，然後一步一步去完成。

4. 我在日常生活中常常無所事事、漫無目標的過日子（反向題）。

(四)拖延心態與意志控制

這個構面的題目包括：

1. 我沒有辦法掌握自己的時間，必須花許多時間處理一些無關緊要的瑣事（反向題）。

2. 我太晚才開始寫功課，所以常常要寫到很晚才能睡覺（反向題）。

3. 我做事情常常到了最後快來不及了才開始進行（反向題）。

4. 遇到不喜歡的功課或作業，我會不想做而一直拖延（反向題）。

5. 我在讀書的時候很容易分心（反向題）。

6. 我可以控制自己把該做的事情做好。

7. 即使不考試，我也會複習上課所教過的內容。

三、時間管理高低組與學生未來想從事的職業取向有相關

問卷中，有一題半結構式的問題：「你未來想從事的職業是什

麼？」讓學生塡答，經一一編碼後可以分爲：知識、職業和未定三個取向。研究者將時間管理得分區分爲高分組和低分組（前後各27%），與這三類未來職業取向，做交叉列聯表的分析，結果發現如表6-2：

(一)未來職業是知識取向的學生最多，超過一半，且時間管理屬於高分組的最多。

(二)未來職業未定取向的學生，其時間管理屬於低分組的最多。

⊛表6-2　未來職業取向與時間管理高低分組交叉列聯表

未來職業取向	低分組（27%）	高分組（27%）	合計
知識取向	121(42.0%)	167(58.0%)	288
技術取向	76(46.1%)	89(53.9%)	165
未定取向	63(64.3%)	35(35.7%)	98
合計	260(47.2%)	291(52.8%)	551

這項統計結果可以告訴我們，訂下未來職業目標或方向的國中生，有較多人在時間管理上是比較好的，所以本書第一章強調教師在開學初要讓學生設下努力目標，這是原因之一。

四、時間管理比較好，成績是否也比較好？

時間管理比較好，成績是否也比較好？精熟學習（mastery learning）的理念，即在給予個別學生各自足夠的學習時間，以求能夠達成學習目標和學習成效。有關課後輔導、補救教學，甚至課後補習，都有增加學習時間的後果。然而學習時間數量增加是不是就是學習成效的增加？值得深入探究。

(一)時間管理與學科成績的關係取決在科目

研究者運用前述2008年的一項研究，將得分的高分組和低分組，求其在各科成績上的差異，結果發現在地理、英語、歷史、公民、國文、數學等六科，高低分兩組在成績上是有差異的，並達統計水準。

⊛表6-3　學生時間管理高低分組與學科成績的關係

科目	時間管理高低分組	人數	成績平均數	標準差	F值
國文	低分組	239	64.14	20.63	8.29**
	高分組	273	68.84	17.58	
數學	低分組	237	54.24	28.47	4.92*
	高分組	272	59.10	26.05	
英語	低分組	241	59.91	28.14	21.15***
	高分組	268	69.01	24.29	
生物	低分組	84	65.40	25.16	3.29
	高分組	114	71.61	20.05	
理化	低分組	168	57.19	22.82	.000
	高分組	160	62.59	22.31	
地球科學	低分組	32	51.2	24.33	.146
	高分組	40	62.10	23.52	
歷史	低分組	229	64.30	24.10	15.454***
	高分組	254	71.64	19.73	
地理	低分組	263	61.04	25.16	24.964***
	高分組	228	70.94	19.21	
公民	低分組	195	64.64	23.83	17.995***
	高分組	215	73.16	18.53	

註：(1).P*<.05　P**<.01　P***<.001

(2)國中各年級學習科別稍有不同，因此部分填答學生未能各項均加以填寫，以至於遺漏值不少。

　　上述提到：「時間管理比較好，成績是否也比較好？」黃淑娟（2008）發現，青少年的時間管理傾向和幸福感有顯著正相關。蔡金蓮（2008）發現，國小六年級學生學業成就的高低，與其時間管理優劣有關，且時間管理實行程度可有效預測學業成就。而國中生的研究（謝伯榮，2006；陳儀如，1998；盧世傑，2007）、國中資優學生的研究（劉燕饒，2001），其結果也是如此。然而以本研究的結果而言，要看科別而定，較需要記憶、背誦、練習的文史科目，時間管理和

各科學業成績呈現正相關，而較需理解的理科，成績得分高低和時間管理高低之間的相關，就未達成顯著差異了。時間管理與學科成績的關係，取決於科目的不同。

(二)國中生時間花在數學和英語兩科的多寡兩極化

此次調查結果還發現，國中生每週花最多時間和最少時間研讀的科目，竟然都是數學和英語（人數都在兩成以上），如表6-4。問到最主要原因，國中生花最多時間研讀的科目，是國中生「自己有興趣的科目」（占38.7%）最多、「希望能提升此科目的成績」（占34.2%）次之，其他像「因為上課後仍不懂此科目的內容」（占8.2%）、「老師要求」（占7.6%）、「家長要求」（占6.6%）等，所占比率都不到一成；而國中生花最少時間研讀的科目，最主要原因是「自己對此科目沒興趣」（占56.1%）最多、「上課後已懂得此科目內容」（占22.7%）次之，其他如「對此科目的成績已滿意」（占7.7%）、「老師沒有要

⊛表6-4　國中生每星期花最多和最少時間研讀的科目統計

科目	花費研讀的時間	人數	百分比（%）	備註
國文	最多	181	19.4	
	最少	120	12.8	
數學	最多	202	21.7	
	最少	272	29.0	
英語	最多	202	21.7	
	最少	241	25.7	
自然科學（含生物、理化和地科）	最多	114	12.2	
	最少	142	15.1	
社會科學（含歷史、地理和公民）	最多	143	15.4	
	最少	110	11.7	
其他學科	最多	89	9.6	
	最少	53	5.0	
遺漏值	最多	72	----	有效百分比不計遺漏值
	最少	65	----	

求」（占3.8%）、「家長沒有要求」（占3.0%）、其他原因（占6.7%）等，所占比率都不到一成。

(三)國中生自覺成績較不理想也是數學和英語兩科

國中生自覺成績最理想的科目，依序是英語（占26.4%）、社會科學（含歷史、地理和公民）（占21.8%）、國文（占21.5%）；而國中生自覺成績最不理想的科目是數學（占38.1%）、英語（占21.7%）、自然科學（含生物、理化和地科）（占14.9%），見表6-5。問到最主要原因，國中生自覺成績理想的科目，是國中生「很喜歡這個科目」（占31.3%）最多、「自己對此科目學習認真」（占28.5%）次之，其他如「考試的題目我剛好都會」（占14.0%）、「有上家教、補習班或輔導課」（占13.2%）、「這次考試題目很簡單」（占6.0%），還有其他原因等（占7.0%），所占比率都不到一成；而國中生自覺最不理想科目，最主要原因是「自己對此科目學習不認真」（占38.9%）最多、

☸表6-5　國中生自我知覺成績最理想和最不理想的科目統計

科目	對成績的知覺	人數	百分比（%）	備註
國文	最理想	205	21.5	
	最不理想	125	13.4	
數學	最理想	127	13.3	
	最不理想	356	38.1	
英語	最理想	252	26.4	
	最不理想	203	21.7	
自然科學（含生物、理化和地科）	最理想	94	9.8	
	最不理想	139	14.9	
社會科學（含歷史、地理和公民）	最理想	208	21.8	
	最不理想	89	9.5	
其他學科	最理想	69	7.2	
	最不理想	22	2.4	
遺漏值	最理想	48		有效百分比不計遺漏值
	最不理想	69		

「討厭這個科目」（占26.1%）次之，而「覺得自己很笨，所以考不好」（占10.9%）、「考試的題目我剛好不會」（占7.9%）、「這次考試題目很困難」（占7.3%）、「沒有上家教、補習班或輔導課」（占2.4%）、其他原因（占6.4%）等，所占比率最多只一成。

　　如果將兩表加以比較對照會發現，國中生所花研讀時間多寡，以及自覺成績是否理想，以數學和英語兩個科目差異最大。這個統計結果可以解釋為，研讀時間多，成績就比較理想；反之，研讀時間少，成績就不理想。如果這項推論合理的話，那麼學生可能存在兩種不同的動機，一是追求成功的動機，在這兩個科目裡，有些國中生會花更多的時間在這兩個科目上，以求得好成績，而且也喜歡這些科目；二是避免失敗的動機，有些國中生會更不花時間在這兩個科目上，成績也就不理想，而且還討厭這些科目。就像W. Glasser提出的選擇理論（choice theory）所講的：「人們只會去做那些他們相信最能滿足他們的事情」，而「無法獲得需求滿足的努力，就不會再嘗試了」（Glasser,1988,1998；楊誠譯，2008）。

　　這樣的結果也提醒教學者，有些國中生並不是把時間花在自己成績不理想的科目，而是他本身喜歡，而且可能成績也不錯的科目。這樣的做法，頗符合發展個人優勢和特色的觀念，然而在現行高中升學制度下，不見得有利。對於學生的課業輔導，是要加強他優勢的科目呢？還是要補救其劣勢的科目呢？永遠是教學者必須面對的兩難。

 ## 第四節　教師的時間管理

　　根據施怡僑、賴志峰（2013）對臺中市公立國小教師的研究，級任教師的時間管理與班級經營效能之間有顯著的相關，而且國小級任教師的時間管理對班級經營效能具有預測作用，時間管理中的「人際溝通與互動」、「教學與級務管理」、「資訊與工具應用」等構面最具有預測力。而張碧暖（2011）對高雄市國小級任教師的研究，亦得到同樣

的結果。由此可知，教師做好時間管理對班級經營的重要。

　　教師時間管理的目標在滿足我們生活上的各種角色扮演，而能夠得到愛與隸屬，從中獲得學習成長，並且能夠影響學生和他人（張美惠、陳絜吾譯，1994）。簡言之，教師的時間管理在促進學生學習效果。但時間管理其實是個錯覺，時間沒有彈性、無法儲存、不可取代，也不可逆，所以所謂時間管理，其實是在時間的流逝中進行自我管理，讓時間運用在自己想要的方向（郭清榮，2003）。

　　依照S. Covey的說法，時間管理的觀念已進入第四代，第一代是備忘錄型，第二代重視規劃與準備，第三代在規劃之外，還要訂定優先順序，並自己要能掌控。而第四代的時間管理追求自然法則。我們要將事情依照重要性和急迫性分為四大象限，即重要且急迫、重要不急迫、不重要卻急迫、不重要也不急迫。然後儘量把時間用在重要不急迫、重要且急迫的事情上（張美惠、陳絜吾譯，1994）。

　　研究者以此為架構，蒐集導師的工作職責與工作事項，並舉辦四場焦點團體座談，得出67項導師帶班可能發生的事項，編製重要性與急迫性九點量表的填答問卷，將「重要性」定義為：影響班級經營、學生學習情形之重要程度；「急迫性」定義為當事件發生時，需馬上處理的時間緊急程度。研究者運用德懷術（Delphi-technique），調查36位國小、國中、高中職教師，進行兩回合的填答，其「共識性差異指標」（Consensus deviation index, CDI）值均低於0.3（黃文吉、林茂成，2005），達成共識。另有半結構問題，瞭解受試者填答極端值的意見，以及對干擾時間管理，最花費時間的工作事項進行填答，研究結果說明如下：

一、導師在期初、期中和期末的時間管理

　　「學期初」定義為開學前及開學後兩週；「學期中」為第3週到第18週；「學期末」定義為學期結束前兩週。根據第二回合問卷調查統計結果，在學期初13項導師事務中，有9項事務之重要性平均值達到8分以上；學期中7項導師事務中，有2項事務之重要性平均值達到8分以

上：學期末5項導師事務中，並無事務重要性平均值達到8分以上，由此可知學期初相關事務的擬定與瞭解，對於班級經營及學生學習的影響較大，而期中、期末相對性則沒有那麼高，如表6-6。

在學期初有三項導師事務之重要性及急迫性平均值均達到8分以上，分別為「期初班級常規的建立」、「期初學生基本資料的瞭解」、「期初班級及外掃區整潔工作的分配」，顯示對於導師在學期開始時班級常規與教學計畫擬定、學生資本資料的瞭解，都是班級經營中十分重要的內涵。而「期初班級的教室布置」的重要性與急迫性平均值則低於7分，屬於較不重要的事項，填答者認為教室布置，如果是布告欄、標語等之布置，重要性及急迫性相對較低。

學期中重要性平均值達8分以上的事項分別為：「期中親師的溝通與聯繫」及「期中瞭解學生各科學習狀況」；而「期中班級學生基本資料的活用」重要性平均值為7.11、急迫性平均值為5.89，「期中學生座位的調整」重要性平均值為6.84、急迫性平均值為6.08，兩項事務皆為平均值較低的事項，因此學生基本資料對於導師來說，在學期初的瞭解相對於學期中的活用更為重要。

問卷於學期末的5項導師事務中，其重要性平均值與急迫性平均值多介於6分及7分，其中較低得分的事項為「期末寒暑假作業的擬定」，主要原因填答者說明寒暑假作業的擬定多為全校全學年統一規定，依行事曆共同作業，對個別導師而言重要性及急迫性較低。

⊛表6-6　導師在期初、期中和期末的時間管理

事項	重要性 第二回合		急迫性 第二回合		CDI值	
	平均值	標準差	平均值	標準差	重要性	急迫性
學期初導師的工作事項						
期初班級常規的建立	8.76	0.55	8.51	0.96	0.06	0.11
期初教學計畫的擬定	7.81	1.15	7.68	1.47	0.13	0.17
期初班級經營計畫的擬定	8.14	1.08	7.54	1.61	0.12	0.19
期初班級的教室布置	6.51	1.73	6.35	1.87	0.20	0.22

（續）

事項	重要性 第二回合		急迫性 第二回合		CDI值	
	平均值	標準差	平均值	標準差	重要性	急迫性
期初班級幹部的選舉及訓練	7.49	1.43	7.54	1.54	0.16	0.18
期初班級學生基本資料的瞭解	8.65	0.63	8.27	0.90	0.07	0.11
期初學校日（班親會）的準備	8.03	0.76	7.35	1.25	0.09	0.15
期初班級及外掃區整潔工作的分配	8.00	1.37	8.05	1.35	0.16	0.16
期初教師表達對學生的期望	8.16	0.99	7.43	1.17	0.11	0.14
期初親師關係建立（如寫信或打電話或家訪等）	8.38	0.89	7.92	1.01	0.10	0.12
期初學校要求的各項表單繳交	7.45	1.22	7.75	1.34	0.14	0.16
師生人際關係的建立	8.39	0.72	7.61	1.05	0.08	0.12
透過管道瞭解學生的個性與特質	8.42	0.60	7.36	1.22	0.07	0.14
學期中導師的工作事項						
期中班級學生基本資料的活用	7.11	1.31	5.89	1.58	0.16	0.21
期中學生座位的調整	6.84	1.26	6.08	1.42	0.15	0.19
期中親師的溝通與聯繫	8.00	0.94	7.36	1.13	0.11	0.15
期中瞭解學生各科學習狀況	8.19	0.84	7.50	1.34	0.10	0.18
期中瞭解學生各科作業繳交情形	7.62	1.36	7.14	1.40	0.17	0.19
期中班級經營計畫的修正調整	7.41	1.17	6.89	1.21	0.14	0.16
期中補救教學或個別化教學方案訂定	7.68	0.85	7.39	0.93	0.10	0.12
學期末導師的工作事項						
期末學生輔導紀錄整理	7.49	1.52	6.67	1.57	0.20	0.22
期末寒暑假作業的擬定	6.51	1.92	6.44	2.05	0.26	0.28
期末製作學生考查成績單	7.14	1.89	6.94	2.04	0.25	0.28
假期開始前對學生假期生活的叮嚀	7.49	1.52	7.06	1.76	0.20	0.24
期末各項簿冊、物品交回及班級環境整理	7.47	1.21	7.26	1.24	0.16	0.17

二、導師在班級經營內涵的時間管理

導師在班級經營的內涵，可分為五個向度，分別是「教學管理」、「常規管理」、「人際互動」、「專業成長」和「行政管理」，以下分別加以敘述。

(一)教學管理以「每節課的教學工作與準備」重要性及急迫性最高

教學管理含有9項導師事務，第二回合問卷統計結果顯示，有5項導師事務重要性平均值為8分以上，其中「每節課的教學工作與準備」、「當天教學設備與媒體教具的準備」、「學生家庭聯絡簿（高中職週記）批改」此3項導師事務之急迫性平均值亦為8分以上。在教學管理中，「上課跟學生聊些無關教學或班級經營的話題」重要性平均值為3.13、急迫性平均值為2.03，填答的教師認為此事項並不重要且不急迫。不過，質性的回饋顯示，現場有些老師卻通常會自以為是有相關的，尤其是導生班，老師常常會用來討論一下班上最近的事情，然而這也難免影響到該節課的教學進度，以及教學目標的達成。

(二)常規管理以「學生意外事件處理或通報」重要性及急迫性最高

常規管理類別有10項導師事務，其中有5項導師事務重要性平均值與急迫性平均值皆達到8分以上，分別為「瞭解學生每天的出缺席情形並加以審核」、「學生意外事件處理或通報」、「學生偏差行為（含霸凌）處理或通報」、「學生傷病事件的通報（腸病毒等）」、「處理學生干擾學習活動進行的行為」，由此可知學生相關的安全事件對教師來說，是相當重要且急迫的。

此外，研究者特將「學生晨間活動的督導」、「學生午餐時間的督導」、「學生午休時間的督導」以及「班級及外掃區整潔工作的督導」等四項事務的重要性與急迫性分數，針對任教於國小、國中、高中教師之填答結果分別進行統計，數據顯示國小老師對於上述4項事務之重要性平均值為7.64、急迫性平均值為7.46；國中老師重要性平均值為7.18、急迫性平均值為7.36；高中老師重要性平均值為5.56、急迫性平均值為5.53，可發現學生的晨間活動、午餐時間、午休時間及整潔工作

的督導，其重要性與急迫性會隨著學生的年級而下降，學生自治自律能力愈高，重要性及急迫性愈低。

(三)人際互動以「學生個別（團體）談話或輔導」重要性及急迫性最高

　　人際互動類別有9項導師事務，其中只有2項重要性平均值達8分以上，分別為「學生個別（團體）談話或輔導」、「協助學生建立人際關係與生活適應」，跟學生有關；其他像「學生個別健康情形的瞭解與關懷」、「學生家長聯繫導師（級任教師）反映學生狀況」、「協助學生生涯規劃與指導升學進路」、「對身心障礙、原住民、新住民或是運動績優學生等特殊族群學生心理與課業的輔導」四項，也是跟學生有關，是相對較為重要且急迫的事情。但老師們似乎比較忽略「舉辦活動，凝聚班級向心力」，重要性不高而急迫性更低於平均值。

　　「同事人際關係的建立」雖說重要，但也是不急迫的事情，而「與同事聊天聯誼」更是重要性與急迫性低於平均值的項目，可見老師們均不願意把時間花在這上面。

(四)專業成長以「與同事交流教學或班級經營相關問題」重要性最高

　　專業成長以「與同事交流教學或班級經營相關問題」重要性最高，其他像「參加學校教學相關會議（如課發會、領域小組會議等）」、「參加學校班級經營相關會議（如學生獎懲委員會、導師會議等）」也都是較重要的事項，但急迫性都不高。至於研習進修活動，如「參加學校辦理的教師研習活動」、「參加校外學分學位進修活動」、「參加校外研習及相關活動」三項全都在平均值上下，足見受試的教師認為研習進修的重要性與急迫性都不高。半結構的問卷填答發現，教師們反應部分研習因為不符合需求而且由於時間和地點的不適宜，甚至認為是干擾教師時間管理和花費較多時間的項目。

　　研習進修雖然不急迫，但是事關教師專業成長，應該是教師最需要投入時間的事項，這項調查結果顯示，目前研習進修的辦理方式有改變和調整的必要。如果能夠以前述和教師目前的教學或班級經營相關更密切，以教師提出的需求作為研習的議題，或許可以改變其重要性與急迫

性的程度。

(五)行政管理以「協助提報各項受補助學生名單」重要性及急迫性最高

行政管理工作事項的重要性與急迫性相對較其他面向低，重要性及急迫性較高的依序是「協助提報各項受補助學生名單」、「協助學校行事曆重大活動的推動與辦理（例如：校慶、班際競賽、各項宣導活動）」、「完成同學年（同領域或科別）教師之工作分配」，其他像「對行政單位的協調與溝通」、「瞭解各項重要教育政策」、「處理學校臨時交辦的工作事項」、「處理教育主管機關要求辦理事項」重要性與急迫性都不高，而「擔任學校各項比賽的評審工作」則是重要性與急迫性最低的一項。

從表6-7可以發現，教學管理與常規管理重要性與急迫性的事項較多，而人際互動主要與學生之間的人際互動重要性與急迫性較高，而行政管理與專業成長的重要性與急迫性均較低，可以看出受試教師還是認為教學管理與常規管理，是最重要的事情。

❀表6-7　導師在班級經營內涵各面向的時間管理

事項	重要性 第二回合		急迫性 第二回合		CDI值	
	平均值	標準差	平均值	標準差	重要性	急迫性
教學管理						
當天教學設備及媒體教具的準備	8.49	1.10	8.65	0.72	0.13	0.08
每節課的教學工作與準備	8.68	0.90	8.75	0.50	0.10	0.06
上課跟學生聊些無關教學或班級經營的話題	3.13	1.91	2.03	1.56	0.22	0.18
反省自己的教學模式及教學內容	8.55	0.60	7.72	1.26	0.07	0.15
學生前一天作業的訂正	7.74	1.37	7.50	1.42	0.16	0.16
學生作業簿的批改	7.76	1.10	7.47	1.11	0.13	0.13
學生家庭聯絡簿（高中職週記）之批改	8.32	0.90	8.36	0.96	0.10	0.11
指導學生參加學藝、體育等相關競賽活動	6.21	1.56	5.33	1.41	0.18	0.16

（續）

事項	重要性第二回合		急迫性第二回合		CDI值	
	平均值	標準差	平均值	標準差	重要性	急迫性
定期評量（段考）命題	8.14	1.06	7.83	1.04	0.12	0.12
常規管理						
瞭解學生每天的出缺席情形並加以審核	8.65	1.21	8.68	1.20	0.14	0.13
學生晨間活動的督導	7.68	1.36	7.14	1.64	0.15	0.18
學生午餐時間的督導	6.58	2.26	6.22	2.31	0.25	0.26
學生午休時間的督導	6.87	1.83	6.56	1.95	0.21	0.22
班級及外掃區整潔工作的督導	7.42	1.54	6.81	1.55	0.17	0.17
學生意外事件處理或通報	8.92	0.28	8.92	0.28	0.03	0.03
學生偏差行為（含霸凌）處理或通報	8.86	0.35	8.83	0.38	0.04	0.04
學生傷病事件的通報（腸病毒等）	8.81	0.46	8.70	0.70	0.05	0.08
處理學生干擾學習活動進行的行為	8.18	1.09	8.56	0.81	0.12	0.09
教室資源回收的執行與落實	7.05	1.58	6.61	1.52	0.18	0.17
人際互動						
對身心障礙、原住民、新住民或是運動績優學生等特殊族群學生心理與課業的輔導	7.59	0.98	6.73	1.22	0.12	0.16
協助學生生涯規劃與指導升學進路	7.58	1.18	6.59	1.46	0.14	0.19
協助學生建立人際關係與生活適應	8.08	0.97	7.25	1.11	0.12	0.14
學生個別健康情形的瞭解與關懷	7.89	0.92	7.14	1.13	0.11	0.15
舉辦活動，凝聚班級向心力	6.59	1.36	4.75	1.61	0.17	0.21
學生家長聯繫導師（級任教師）反映學生狀況	7.61	1.00	7.69	1.19	0.12	0.15

（續）

事項	重要性 第二回合		急迫性 第二回合		CDI值	
	平均值	標準差	平均值	標準差	重要性	急迫性
學生個別（團體）談話或輔導	8.22	0.63	7.29	1.05	0.08	0.14
同事人際關係的建立	7.51	1.12	5.97	1.62	0.14	0.21
與同事聊天聯誼	4.70	1.84	2.71	1.49	0.22	0.19
專業成長						
與同事交流教學或班級經營相關問題	7.58	1.11	6.06	1.41	0.15	0.22
參加學校教學相關會議（如課發會、領域小組會議等）	7.26	1.66	6.22	1.79	0.22	0.28
參加學校班級經營相關會議（如學生獎懲委員會、導師會議等）	7.08	1.50	6.42	1.66	0.20	0.26
參加學校辦理的教師研習活動	6.24	1.87	5.06	2.03	0.25	0.32
參加校外學分學位進修活動	5.58	1.72	4.36	1.96	0.23	0.31
參加校外研習及相關活動	6.38	1.75	4.91	2.01	0.23	0.31
行政管理						
協助提報各項受補助學生名單	7.58	1.55	7.64	1.51	0.20	0.20
完成同學年（同領域或科別）教師之工作分配	7.30	1.39	6.71	1.38	0.18	0.18
處理教育主管機關要求辦理事項	6.47	1.52	5.97	1.58	0.20	0.21
瞭解各項重要教育政策	7.18	1.50	6.28	1.49	0.20	0.20
處理學校臨時交辦的工作事項	6.46	1.37	6.89	1.60	0.18	0.21
擔任學校各項比賽的評審工作	5.76	1.67	5.69	1.85	0.22	0.24
協助學校行事曆重大活動的推動與辦理（例如：校慶、班際競賽、各項宣導活動）	7.66	1.28	7.14	1.59	0.17	0.21
對行政單位的協調與溝通	7.53	0.98	6.50	1.68	0.13	0.22

三、導師時間管理重要與急迫事項象限的討論

上述67項工作事項，有62項落在第一象限，沒有工作事項落在第二象限，有3項在第三象限，2項在第四象限。

(一)重要且急迫的事情

由於調查問卷係九點量表，如以5作為中數，可以將每個工作事項的重要性得到的平均值為X座標，急迫性得到的平均值作為Y座標。結果發現67項工作事項，有62項落在重要又急迫的第一象限，有重要性和急迫性的範疇，而其中重要性與急迫性較高的五項分別是：「期初班級常規的建立」、「每節課的教學工作與準備」、「瞭解學生每天的出缺席情形」、「學生意外事件處理或通報」、「學生偏差行為（含霸凌）處理或通報」、「學生傷病事件的通報（腸病毒等）」。

(二)不急迫的事情

落在重要但不急迫的第三象限有3項：「舉辦活動，凝聚班級向心力」、「參加校外學分學位進修活動」、「參加校外研習及相關活動」，而落在第四象限的不重要又不急迫的有兩項，一是「上課跟學生聊些無關教學或班級經營的話題」、「與同事聊天聯誼」，而沒有任何工作事項落在不重要但急迫，如圖6-2。

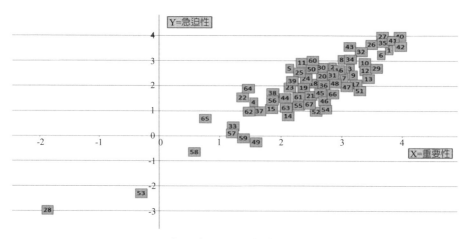

⊛圖6-2　時間管理重要與急迫象限示意圖

(三)干擾時間管理的事情

另外，歸納問卷的質性意見發現，受試的教師認為以下事項會干擾教師的時間管理：

1. **突發狀況**：學生發生意外事故、衝突事件、缺席或偏差行為、家長突然來訪、來電等。

2. **上級或學校臨時交辦事項**：上級臨時交辦的資料蒐集或表格填報（例如：議會質詢）、學校交辦非行事曆上的工作或活動等。

3. **抱怨**：抱怨學校、家長或學生的事情，甚或家裡、社會或國家發生的事情，除非有助於情緒紓解，不然受試教師回想起來普遍認為這是干擾時間管理，甚至浪費時間的行為。

四、時間管理的技巧

以下是二位學者所提出時間管理的技巧：

(一)時間管理在增加有限時間內活動的品質

Cemaloglu（2010）認為時間是有效的資源，時間管理的技巧並不是增加有限的時間，而是增加在有限時間實施活動的品質。其提出以下三項提升活動品質的技巧：

1. **對時間的計畫**（time planning）：決定目的和優先順序，目標有短中長期，制定後並且應該加以實施。

2. **對時間的消耗**（time consumers）：目的不穩定、沒有責任感、不確定，未能決定優先順序、分心、拖延、過分講究細節、瞎忙，都是時間消耗的問題，時間消耗在各行各業都是時間管理的敵人。

3. **對時間的態度**（time attitudes）：態度是經由學習而獲得的現象，引導個體的行為，決策過程的主觀因素。對時間的態度就是有效和有意識地運用時間的傾向。有效能的運用時間，可以降低焦慮並增加成功機會。

(二)時間管理的十二項訣竅

Aquila（1992）提出，老師做好時間管理的12項訣竅，研究者加以

歸納重新排列，第1-4項是對時間的規劃，第5-8項對特定事項的時間排定，而第9-12項以退為進，時間管理得更好，說明如下：

1. **保持自己時間運用的紀錄**：寫日記或札記，以瞭解自己時間花在何處，你會驚訝有些都花在不重要的事物，中斷了工作的順暢。

2. **特別挑出時間來規劃時間**：把時間規劃當成是最優先的工作，規劃一個可以靜下來的時間作為節省時間的第一步，也可以稱為一分鐘管理，利用短暫時間，做好事情分類和輕重緩急的排序。

3. 認識自己的價值、需求、信念、態度和習慣，排定最重要須優先處理的事情。

4. **養成習慣每天按照建立的優先順序去做**：而不是按事情的有趣程度去做，或合理化藉口把案牘雜事處理完，才處理更重要的事情。

5. **多樣化行程安排**：避免讓工作變得單調或無聊，可以嘗試不同的行程安排，以確定自己專心和有趣程度最高，行程可以配合自己的生理時鐘，例如早起1小時自己適合運動，就排運動時間。

6. 有效安排會議時間，有個好議程，並且盡可能每個議題建立時間限制，會議進行定期檢視議程進度，提醒開會成員已完成和未完成的議程。

7. **運用個人節省時間的技術**，例如：運用便條紙、錄音筆、索引簿、電腦、智慧型手機等。

8. **留時間創造思考**：留下10%時間做創造性思考。

9. **定期休息**：休息可以有長久的效果，喝杯水、咖啡或茶，即使在教室走走，也可以放鬆壓力，還可以讓老師以不同的觀點來觀察教學行為。視野（visible）也可以改善師生互動，休息一下可以更警覺，也可以更專注，改善自己的教學品質。

10. **避免完美主義**：擺脫「勞斯萊斯症」（Rolls Royce syndrome），非要最完美不可。

11. **授權**：免於不重要的細節，而更專注於工作的核心，可以找助手、家長、學生幹部來幫忙，避免「我做比較好」（I can do it better）的想法。

12.學會說「不」：考慮自己的優先順序和限制，不要怕拒絕別人。

五、避免課堂上浪費教學時間

教師最重要也最普遍的時間管理，就是從上課鐘響到下課鐘響的這段時間認真教學。在如此有限的教學時間內，要完成令人費心的工作，浪費時間真的不是一個好選項，所以千萬不要浪費彌足珍貴的教學時間（倪婉君譯，2012）。而如何避免課堂上浪費時間呢？

(一)建立常規可以節省時間花費

常規的建立是做好班級時間管理的第一步，像是瞭解學生出缺席、公告事項、發送教材、作業簿及聯絡簿繳交或返還，都應該建立常規，如此才不會浪費時間、或發生干擾上課的行為。例如：老師運用各種顏色的盒子，讓學生可以早上一來到教室就繳交各科作業，這就是一個節省時間的好常規。

(二)把握每天早上開始或每節課開始的時間

每天開始上課之前和每節課開始之前，最容易浪費時間。教師每天或每節上課如果能準時開始，對於學習時間的管理是有幫助的（Edwards, 2004: 361）。

(三)教師指派作業發送教材過程容易花費時間

教師指派作業要學生完成，也是花費時間或易出現紀律問題的工作項目。教師出作業，學生要教師再講一遍，隔天還是有人寫錯。作業應該避免花很多時間說明，所以儘量不要口頭交代作業，如此容易誤解和遺忘，應該要寫在聯絡簿、黑板或發個單子等書面資料給學生，再輔以口頭說明，並請一、兩位學生解釋一下他們理解的情形。而課堂上發送學習材料，也容易浪費時間並產生干擾，教師應建立發送流程，形成習慣，以節省時間。

(四)下課鐘響就結束課程

快下課結束課程時，學生常心不在焉，因此教師不該在慌張、匆促下結束，應該簡短一些課程內容，結束前應該複習一下該堂課的教學目標，並說清楚指派的作業，教師應該確認在下課鐘響前完成所有教學活動。本書第一章第二節就提到老師要準時上下課，這樣做可以更有效的運用時間資源。

一分鐘重點整理

1.學生注意力集中程度在一節課、一週和一學期都不一樣，教師教學的節奏應該能加以適配。由於開始和結束，有初始效應和時近效應，一般注意力集中程度較佳，可以把教學重點放置在這兩個時段。

2.學生不敢提問和回答問題，有可能受到教師和同儕的影響，老師應該顧及這兩個層面，運用技巧，營造學生樂於提問和回答問題的情境。

3.儘量避免詢問學生「為什麼？」（Why?），轉換以多問學生「什麼？」（What?）、「如何？」（How?）代替，以複數形式的問句為佳。

4.教師應多給予學生正向的回饋。回饋也不該只是獎品或稱讚而已，應該要能吸引學習者投入，並和學習者建立關係，師生彼此間發生對話和互動。而教師的回饋應聚焦在學習者可以自己控制的事情，回饋是雙向的，要能引發學習者主動思考，並根據投入學習的努力過程作回饋。教師可以運用問答等技巧造成連漪效應，增加全班學習者的參與程度。

5.國中生花不少時間在看電視和打電腦上，如何選擇電視節目和網頁瀏覽內容，應該列入教學重點。

6.有目標的國中生，時間管理亦佳的很多；而時間管理較佳，與英

文、社會、國文、數學等部分科目成績出現正相關，但也與一些
科目如生物、理化和地科之相關，未見顯著差異。

7. 教導學生時間管理觀念和技巧，可以幫助學生對時間資源做更好
的利用。

8. 教師的時間管理在促進學生學習效果。以重要性與急迫性來瞭解
導師處理工作事項的輕重緩急，發現教師在學期初的工作事項重
要性與急迫性較多，而在工作事項的向度上，教學管理和常規管
理重要性與急迫性較高，而人際互動、行政管理與專業成長，重
要性與急迫性較低。

9. 教師應該增加有限時間內活動的品質，從上課鐘響到下課鐘響的
這段時間認真教學，準時上下課，是時間管理的首要。運用時間
管理的訣竅，減少時間的浪費，提高學生學習的效果，也是提升
教師自我的工作品質。

延伸思考

· 時間不只是金錢，更是生命，身為教師應該思考如何做
好師生的時間管理。

瓊斯（F. Jones）認為時間是最寶貴的資源，教師要做好自己的
時間管理，同時也教導學生做好時間管理，發揮時間的效益，把握
教學和班級經營的重點和關鍵，讓學生課業和行為都能有正向的發
展。

第**7**章

學生不當行為的處理

　　學生不當行為（improper behavior）泛指兩大類學生的行為，一類是學生偏離社會或道德規範的偏差行為（deviant behavior），例如：吸毒、嗑藥、暴力、說髒話、偷竊和作弊等；另一類是未能在特定情境，針對特定的時間、地點、人物、事件，表現出合宜的行為，例如：上學遲到、上課隨便講話、上課打瞌睡或睡覺、不寫作業、不認真做整潔工作等的錯誤行為（misbehavior），也有學者概稱為問題行為（problem behavior）（林怡禮、陳嘉彌，2001）。本章中特別挑出在教室比較常見，並不好處理，但卻是導師在第一線就要處理的學生上課睡覺、說髒話、考試作弊、偷竊的案例，作探討和分享。

　　雖然說班級經營並不等同於不當行為的處理，但是無可諱言，教師對於學生不當行為的處理能力將會影響到班級經營。班級是在一定的時空下形成，具有共同的歷史，班上先前發生的事情會影響該班後續的發展。教師對先前的不當行為有完善的處理，日後發生不當行為的機率就會降低。本章擬針對發生頻率較高，而且不易處理的上課睡覺、說髒話、考試作弊和偷竊的案例，來加以討論。

　　至於所謂對學生不當行為之處理，指的有兩層意義，第一層意義是學生表現出不當行為後應該受到的處罰（亦即對學生不利的管教措施）。教師在思考對學生不當行為處罰時，可以想到行為改變技術的反應代價（response cost）其與行為之間應有所關聯，且對學生來說是有意義的（例如：站起來比較不會睡著）（張世彗，2004：137）。或是R. Dreikurs提出的邏輯後果（logical consequences），先建立簡單而明確的班規，並列出邏輯後果的順序和綱要，並要學生負起自己行為的責任（Dreikurs,1968; Morris,1996）。還有B. Coloroso所提出的處罰原則，如果不涉及道德和生命的威脅，例如：學生爬窗，不能以會掉下去受傷作為處罰，那麼就要符應RSVP的原則，意指處罰要是合理的（reasonable）、簡易的（simple）、重要的（valuable）（可作為一種學習手段）、以及實際可行的（practical）（高博銓譯，2004：298-300），這些都是我們思考對學生不當行為處理可以依據的原則。而第二層意義是如何擬定計畫、找出解決策略、改善不當行為，或未來碰到

相同情境時，能表現出正向行為。以下針對不當行為的種類，分成四節加以說明。

第一節　學生上課睡覺的處理

哪位老師上課敢說臺下沒有學生睡過覺呢？學生上課不專心的行為有很多樣態，包括比較不會干擾別人的發呆、睡覺（打瞌睡）、喝飲料（喝白開水）、讀其他書（或做其他事）、玩電腦和手機，以及比較會干擾其他學生上課情緒的上課講手機、與鄰座講話聊天、跟同學吵架、吃食物（便當、雞腿）等，其中以學生上課睡覺，經常可見於課堂上，看似不會影響其他同學上課，只是他個人上課得不到學習，然而其動作明顯，是不尊重上課教師的行為，極易引起教師情緒反應，而且如果教師不處理，除了上課睡覺的學生學習受影響外，也可能讓其他學生效尤，而徒增上課時學生不專心的行為。以下首先提出「上課愛睡覺的班上第一名」的案例，並進行分析，說明學生睡覺的原因及老師的處理策略。

一、上課愛睡覺的班上第一名

以下是研究者在臺北市都會地區的國中八年級所觀察到的實際案例，這則案例跟我們一般認為上課愛睡覺的學生通常成績不好的印象不太一樣。

案例7-1　上課愛睡覺的班上第一名

阿聰家境富裕，成績不錯，從國小就開始補習。到了國中七年級，家長繼續讓他補全科，也就是國文、英語、數學和自然都補習。由於補習班進度比學校課堂上快，以至於在課堂上老師所教的內容幾乎都是補習班前一、兩天教過了。阿聰已經懂了，覺

得聽第二遍很無聊，於是上課開始心不在焉，最後索性趴在桌上睡覺。由於阿聰放學補習後，回家時間已經很晚，但他還想上網打電動、查資料、看影片、甚至看書，因此愈來愈晚睡，常常到2、3點才睡，甚至整晚沒睡覺，早上5點起來就去學校打籃球，但第一節開始後就直接趴著睡覺，任課老師們都覺得很無奈，叫他起來站立反省或去洗把臉，回來又睡，不過叫他起來回答問題他卻都會，考試成績也是班上第一名。

導師試圖和阿聰爸媽聯絡，告知阿聰在學校的學習情形，爸媽雖然很客氣，但告訴老師他們最晚12點就寢，無力管教阿聰的時序顛倒。在班上，許多同學漸漸受阿聰影響，有同學也在上課趴著睡覺，當然也被老師叫起來站立反省或洗臉，形成班上負面的學習態度。

不過升上八年級後，阿聰成績開始退步。七年級因為課業比較簡單，所以他很容易就考第一名，可是到了七下最後一次考試，他開始退出三名外，最好成績是第四名。導師發現阿聰認識的別班朋友會問他成績，有時候也會受到刺激，只不過阿聰決定這樣的學習態度後，自己壓力也很大，因為他變成在學校只能睡覺，不敢唸書，怕同學笑說：「你在學校不是都不唸書的嗎？」而阿聰這個年紀的男生，會在意身高和體型，但阿聰從七年級到現在都沒有長高，身體健康已經受到影響。

二、學生上課睡覺的原因

學生上課睡覺的因素，大致上可以分為四大類：學生個人身體健康的因素、學生個人學習因素、教師教學因素、師生關係因素，而也有可能混合二類以上的因素，例如上述案例，就混合了學生個人學習因素和身體健康因素。

(一)學生個人身體健康因素

　　學生上課睡覺可能是因為身體健康因素，但這個因素有持續性和偶發性，持續性的像是身體有疾病或健康出狀況，前一天無法睡好覺，上課沒精神、昏昏欲睡；而偶發性的因素是突發事件，例如：熬夜讀書、打電動等，而耽誤睡眠，以至於隔天精神不濟，而在上課時睡覺。而個人身體健康因素除了睡眠不足外，也可能是健康因素、吃藥或飲酒等造成，例如：學生有嗜睡症，那麼就要以醫療手段處理，但如果涉及嗑藥或飲酒，有必要尋求學務處來協助後續處理。

(二)學生個人學習因素

　　學生對於學習內容沒有興趣、或是根本聽不懂，長期以來在學習上沒有成就感，甚至有「習得無助感」（learned helplessness），而在上課無聊的情形下，就會趴下去睡覺。這種情形也會因為學習科目內容不同而有不同，例如：學生某一學科會睡覺，而其他學科不會，但也可能大部分學科都沒有興趣，因此除了動態的學科像體育等，其他的學科都會睡覺。

　　學生個人學習因素可以用來解釋研究者在實務上的發現，國中學生睡覺的情形比國小學生多的原因，從M. V. Covington的「自我價值論」（Self-worth theory）可得知，學生對成敗歸因，低年級常歸因於自己的努力，但隨著年級會轉移為自己的能力，而歸因於自己能力比較會出現無助感（張春興，2013：321），學習動機隨著年級的增長而減少，因此高年級上課睡覺的情形會比低年級多。

(三)教師教學因素

　　教師教學過多以講述作為教學方法，以教師為中心，學生只是在臺下聽講，課堂參與度低，如果加上教師言語枯燥、語調缺乏抑揚頓挫，容易讓一些原本就精神不濟、或學習動機不高的學生昏昏欲睡，最後索性睡起覺來，甚至有時候學生睡覺是對教師教學方法的無聲抗議。

(四)師生關係的因素

師生關係曾經出現過衝突，以至於師生關係不佳，學生以R. Drei-kurs 所言：「顯現無能」作為其追求的錯誤目標，課堂上就以睡覺來表現對老師的不認同或對抗，這種上課睡覺的原因是最難處理的一種。

如果班上零星一兩位學生在睡覺，可能是個人身體健康因素或個人學習因素；但如果睡覺的情形普遍，有可能就是教學因素或師生關係的因素，教師要有更高的警覺。

三、教師針對學生上課睡覺的處理

學生上課睡覺的處理，無非是當下利用各種方法將他叫醒，再來則是藉由觀察該生行為並與其討論，研擬出長期的解決策略。以下分為當下的處理策略和長期的解決策略兩部分加以說明。

(一)當下的處理策略

教師看到學生上課睡覺，首先要做好情緒管理，接著給予合理處分，並給學生臺階下。

1. 老師的情緒管理

教師用心準備在課堂上講解，看到臺下有學生趴著睡覺，心裡一定很不好受，很容易一股生氣和失望的情緒湧上心頭，這時教師的情緒管理就很重要，當我們心頭出現的自動化思考是諸如：「現在學生真不受教」、「我這麼認真上課，他竟然在睡覺」等時，不妨立即駁斥這些非理性思考，轉變想法為：「有學生在睡覺，他生病了嗎？」、「我要轉換什麼教學活動來叫醒他呢？」，再來思考下一步的處理策略。

2. 合理的處分並給學生臺階下

接下來是給予合理的處分，例如：叫他出去洗把臉、或是站立反省，精神好了再坐下來。再則是課堂上初步瞭解學生上課睡覺的原因，如果是生病感冒吃藥，可請學生到保健室休息（註：如果沒有其他學生陪同前往，可請該生補交證明單，以免學生未去保健室），而如果是偶發性的，這樣的處理也告一段落。而處理的過程要記得給學生臺階下，

如果當面斥責學生爲何上課睡覺？可能讓學生有損尊嚴，而無法得知確切原因，因此初步可以先觀察，接著以身體接近、前後梭營等肢體語言方式瞭解，再來詢問是否爲個人身體健康因素等來叫醒學生。

(二)針對睡覺原因研擬長期的解決策略

如果學生不是因爲個人身體健康因素而睡覺，教師不宜再公開追問，可以選擇下課後私下再約談學生瞭解原因，瞭解學生是偶發性還是持續性地在課堂睡覺，是全面性的在所有學科上課時都睡覺，還是我任教的學科會睡覺而已，找出上課睡覺的原因，然後對症下藥，漸進地改善這個壞習慣。

另外，如果是教師的教學因素，就是我們身爲教師者可以改變的地方。日本佐藤學提倡實施的「學習共同體」（learning community），就是看到學生「從學習中逃走」的現象，透過教師轉變教學型態，讓學生積極投入「協同學習」（collaborative learning）（黃郁倫、鍾啓泉譯，2012），如此才能徹底解決因教學因素，而使學生上課睡覺的問題。

四、教師對阿聰上課睡覺的處理

案例7-1班上第一名阿聰上課睡覺的原因，包含了兩種因素，一是學生個人身體健康因素，阿聰太晚睡覺、睡眠不足，以致上課精神不濟，需要補眠；二是更重要的學習因素，因爲補習班提前教授課程內容，導致阿聰無心聆聽學校老師講解第二遍，因爲已經學會該單元內容而覺得無聊，以至於上課會睡覺。

教師對阿聰上課睡覺的長期解決策略，可以依個人身體健康、同儕規勸、紓解壓力和減少補習四方面著手：

(一)對個人影響

分析利害關係，如學生在意的身高、體力、成績等，以及目前行爲的影響，並舉出實際案例，讓學生瞭解。

(二)同儕規勸

老師曾經和阿聰一起打球的朋友晤談，一方面瞭解他們打球的時間，關心他們的體力能否負荷；另方面也瞭解這些學生的想法，他們認為阿聰是可以讀書的，也勸過他好好上課，而且這些朋友並不是上課會睡覺的。而阿聰在課業上表現好，對這些同學而言，當他們跟父母提及要和阿聰出去打球時，家長也會比較放心。

(三)紓解壓力

表明老師對上課睡覺的學生一視同仁，只要睡覺就是叫起來，讓阿聰有臺階下，如同學問阿聰為何上課不再睡覺，阿聰可以跟同學說：「因為老師會叫我，讓我睡不著，就不想睡了」，讓阿聰在同儕間也能顧及自己的面子。

(四)減少補習

阿聰自己覺得不需要每天去補習，老師曾向阿聰表示，如果你成績有進步，老師可以和父母談談看，不用補全科，找必要的科別補習即可，甚至不要補習，上課專心學習，才是最重要的、最根本的學習方法。

阿聰後來在老師的輔導下，上課睡覺的行為減少了，但是由於父母溺愛的關係，常因補習班或個人作息緣故，晚到學校上課，學習習慣一直不好，還是有些科目會睡覺，最後雖然基測分發到公立高中，但跟他原來的程度和志願是有落差的。從阿聰這個案例可知，小孩子的學習習慣還蠻重要的，養成正常的作息習慣，對於個人健康或學業都很重要。而補習班教學超快進度於學校，以致學生在學校時間無聊、睡覺、不想學習，這種捨本逐末的情形，反而不利於學生的學習態度與習慣，這種補習產生的反效果應該加以提防。

五、教師對學生上課睡覺的態度

學生上課睡覺的情形，並不少見。無獨有偶，研究者觀察的公立高中一年級的班級，也有幾位學生上課經常在睡覺，還是導師上的數學

課。以下是轉譯自研究者課堂觀察的軼事紀錄，如案例7-2。

案例7-2 老師對上課睡覺學生的苦口婆心

·成績好上課卻愛睡覺的小安

·9月20日（星期三）上午11：15～12：00的數學課

　　開學以來，已經是第三週了，上課時，有幾位同學在睡覺、照鏡子、發呆，但老師並未制止。本來，研究者疑惑是因為老師沒有發現、或是老師刻意不提，以免影響進度，但等到上課時間剩最後8分鐘時，玉香老師說：「大家不要灰心，算算看。小安（化名，在睡覺的同學）不要灰心了，快起來！」旁邊的同學叫他起來。老師說：「小安是不是看不到黑板，下星期一定要配新眼鏡來，如果你再不配，就要調你到前面來坐。」一旁觀察的研究者推敲這位同學睡覺的原因是近視眼鏡度數不夠、看不到黑板，因為這位上課睡覺的學生，數學成績不錯，當天發的數學考卷拿到80分的成績，在這高一班級，他的成績是前十名。不過這位學生在過去研究者前三次的課堂觀察，他上課都在睡覺。

·老師的處理策略之一：睡覺就讓他上臺解題

·10月4日（星期三）上午08：10-09：00的數學課

　　才早上8點，小安同學在玉香老師上課時間，還是趴在桌上睡覺。眼鏡已經重新配過了，顯然睡覺和他眼鏡度數不夠沒有關係。但是玉香老師並未馬上處理，後來她上課停下來，告訴全班：「數學會考不好只有兩種原因，一種是不夠認真，一種是像小安一樣，太過驕傲自信……」此時，小安有感覺，馬上將臉離開桌面，但當老師又開始正式上數學內容時，又馬上趴下睡覺。這時班上另有4位同學也直接趴在桌上睡覺，老師皆未加以制止。等到8：52，老師直接叫醒小安，並要求他上臺解題，小安做出正確解答，玉香老師說：「我就知道你是我最好的助手，那

你先坐在這裡好了。」要求小安坐在第一排第一個座位，但小安又出現趴在桌上的動作，老師便馬上要求他再度上臺解題，隨著下課鐘響，這節課就這樣結束了。

事後玉香老師表示，小安雖然成績不差，但上課就是愛睡覺。班上數學小老師小浩卻是各科成績都很好，但因上課姿勢不良，遭許多老師誤會在睡覺而被責罵，但他其實有在聽課。玉香老師猶豫要不要糾正他，因為無傷大雅，她說自己的孩子小時候不准她爬高，不准爬沙發，結果後來到公園也不敢爬溜滑梯，所以她擔心糾正小浩坐姿，是否會妨礙她的創意，或她放鬆心情投入學習的專注度呢？所以玉香老師處理學生上課睡覺，也非很積極。

・老師的處理策略之二：調整座位，讓臨座同儕提醒
・10月19日（星期三）上午08：10～09：00的數學課

段考後，班級座位有大幅變動，看起來應非以身高排列，也不像學生依個人好惡排列。小安剛開始依慣例趴在桌上，但這次有許多時間在傻笑或是與左方、後方的女同學聊天。玉香老師上課時詢問：「小安今天為什麼一直傻笑？」但小安並未回答，只是傻笑，老師自言：「對！這次座位排得好！」研究者發現，這次座位安排，小安旁邊的女同學好像會約束小安，要他上課不要睡覺。不過剩最後5分鐘時，老師開始與同學們話家常，約有7、8位同學趴下睡覺，老師馬上恢復上課，要這些同學起來，注意聽。

・老師的處理策略之三：讚美其他的具體表現
・11月6日（星期一）下午15：10～16：00的數學課

玉香老師跟同學們分享，舞蹈比賽當天班上未得名她很難過，不過玉香老師說：「雖然我當天很失望，但我回頭想想，我這兩天也釋懷了！我要讚賞班上同學當天表現相當活潑，氣氛很

熱烈，尤其是小安帶傷上陣，雖然平常是睡仙一個，可是那天表現很好！另外，兩個主將靜宜和東祺更是辛苦，東祺每天留在學校，只要有同學不會，他就熱心指導，毫無怨言，真的很值得鼓勵！」老師看到小安的優點，具體地讚美了他。

・學生睡覺習慣無法根除、老師難免情緒受影響

・11月15日（星期三）上午11：10～12：00的數學課

　　小安上課還是趴在桌上，但不到2分鐘，老師就叫他的名字，待小安抬起頭看老師，老師又說：「你不要用那種想睡覺的眼睛看我！」但是班上另外有位先前上課吃口香糖的女生，上課後，連課本都未拿出來，且一直在做自己的事，一會兒化妝、照鏡子；一會兒與小安聊天、看小紙條；一會兒直接趴在桌上睡覺，但老師都加以忽略。她的座位在第五排，由前往後數第四列，在教室偏中的位置。

　　從這兩個月的課堂觀察軼事紀錄看來，玉香老師苦口婆心地提醒上課睡覺的小安，第一次是同理他眼鏡度數不夠，要他儘快重配眼鏡，並把調整座位當成是小安不改善的解決方法；第二次是以上課解題方式，不讓他睡覺；第三次是以調動座位，並借用同儕力量提醒小安不要睡覺；第四次以班級舞蹈比賽，小安帶傷上陣的良好表現，來讚美他；第五次則是有些生氣地指責他對同學的影響，反而忽略了其他一樣睡覺的學生。由此可知，學生上課睡覺是輕微的不當行為，但是特定學生經常性地上課睡覺，也對老師上課情緒有很大的影響，不容小覷。

　　目前教師在整個教育氛圍下，對於學生上課睡覺，因為不會明顯干擾其他學生上課，因此在處理上也不是很積極，但是這個不良習慣卻影響深遠。教師看到學生上課睡覺為顧及原因複雜不一、又要給學生臺階下，因此可能會先做觀察再做處理，尤其是高中以上學生。但是如果只是放任學生可以上課睡覺，仍然會讓其他學生群起效尤，而干擾到教

學，因此本節提出以上學生上課睡覺的案例、原因和處理原則分析，作為教師之參考，希望教師把學生上課睡覺視為自己教學的警告訊號，一則可能是自己的教學該做轉換或調整了；二則是睡覺的該生需要關心和關懷了。有道是：

> 上課無趣夢周公
> 原因複雜好幾種
> 打工生病沒興趣
> 提醒教師警訊鐘

 ## 第二節　學生說髒話的處理

2010年尾，新竹關西高中邀請九把刀到學校演講，校長一席致謝詞：「幹，真是精采」，惹起了許多討論和非議：有人認為真情流露、有人以為媚俗討好，有人更要求校長要注重身教，不要譁眾取寵。身為教育人員，筆者雖同意要注重自己言行，以免學生效法的說法，不過這無疑地說明了，髒話也成了教育人員的禁忌，所以對於學生說髒話，最重要的反而是去探究他打破這項禁忌的原因。

一、髒話的定義

教育部國語推行委員會在網路上重編的國語辭典修訂本，將「髒話」釋義為：罵人的、不堪入耳的話。如：「他格調不高，滿口髒話」；再者，講（說）髒話，也就是口出「穢言」，穢言指的是卑劣粗俗的言語，如：「市井穢語」，以上是該辭典對髒話的解釋。然而何謂「不堪入耳」、「卑劣粗俗」就涉及個人主觀認定了，有人覺得罵人「笨豬」、「白癡」就算是不堪入耳，足以影響損害他人自尊，造成心靈的創傷；也有人「幹你娘」不離口，以為是親切、親暱的象徵，無須

大驚小怪（陳怡璇，2007）。

　　研究者認爲髒話是具冒犯性，且包含詛咒或粗魯字眼的語言。這些字詞有程度之別，輕微程度的是不雅的言語，就像是罵人「笨蛋」、「蠢」、「白癡」、「豬頭」、「賤」、「爛貨」、「哭夭」、「你去死」等；嚴重程度的則是指涉性行爲、性器官，以對方的親戚朋友爲受詞，或身體孔穴及其排泄物爲對象的卑劣粗俗言語，例如：「幹你娘」、「他媽的」、「哭爸」、「啥洨」（衫小）。介於這兩者間的，如：「香蕉你個芭樂」、「圈圈你個叉叉」、「趕羚羊」、「草枝擺」等，企圖閃避髒話的禁忌，或是覺得好玩、很酷、很炫，而運用的髒話變體，或稱「委婉語」（嚴韻譯，2006），打算以合法語言掩護非法語言，用稀鬆平常的生活用語來包裝不堪入耳或卑劣粗俗的髒話。由於隨著情境或使用者主觀意見、社會時事的變遷，對髒話容受度不一，而且語言的使用是動態的，教育人員對學生使用後兩類的語詞，更應多加注意和輔導。

二、說髒話的原因

　　是什麼原因導致學生要說髒話呢？或許可以先從髒話具有什麼樣的功能瞭解起。

(一)髒話具情緒發洩的功能

　　社會民間通常以爲涉及到性行爲和性器官的詞語是一種褻瀆語，一般所謂「有教養的」或者「老實本分的」人都羞於啓齒。罵人時，通常以生殖器或性行爲來羞辱對方，說明人們相信這一類詞語具有詛咒力，能夠毀傷仇人的靈魂或者肉體（任聘，2005：247），因此髒話具情緒發洩的功能，憤怒的第一時間想到用髒話，可視爲一種情緒上的宣洩，用髒話咒罵的目的在傷害、威脅或貶低對方與自我的發洩等，帶有濃厚的情感色彩。髒話是弱者的憤怒，在無力反抗時，對主宰者說出髒話，是一種難以被接受的形式，直接挑戰宰制者的權威。江文瑜（1996:70-75）則認爲髒話是一種語言暴力，特別是與性或性器官有關的髒話，

因為性在大多數社會是私領域，這類語言是公領域的禁忌。

(二)髒話具社交的功能

蔡珮（2004）認為髒話具有以下三種功能，除上述情感的功能外，第二個功能是社交的功能。亦即：某些群體用來表示彼此是同路人，使用髒話來替其建立人際關係，甚至成為口頭禪，進而演化成一種消遣。熟人見面先以髒話表示親暱之意，不是熟人、不是朋友，不會講這些髒話，尤其是有師長、心儀的人在場，更不會講，只是形成口頭禪後，可能有意無意出現這些語詞。

(三)髒話具指示的功能

髒話的第三個功能是指示性功能（蔡珮，2004），由於髒話中的女性，被語言再現為男性性侵略的對象，具有貶抑或壓迫女性的功能。

瞭解髒話的功能，容易區辨出學生說髒話的原因，然後針對這些動機，施以處理和輔導策略。以下以94到96學年度東吳大學實習學生提供筆者的個案紀實，加以摘述和修改來做說明：

三、學生說髒話的案例

從這些學生說髒話的案例，瞭解究竟他們要讓髒話發揮什麼樣的功能，以探究其說髒話的動機和原因。

案例7-3　說髒話很酷嗎？

最近小六班上男生開始喜歡講一些有關兩性生殖器官、或者是取笑女生之類的語言出現，例如：你的鳥、奶罩等，常常講得不亦樂乎。帶頭者是一位在補習班聽到國中生這樣講，就跟著講的男生，其他男生群起效尤。還有，男生會講髒話，打球不順他的意就罵三字經，或者是講帶有諧音的髒話，例如：「趕羚羊」、「草枝擺」，這些語言讓班上女生們不高興。

案例7-4　說髒話挑釁？

在小五班上某個星期五閩南語課，A同學從上課開始就和隔壁同學笑鬧，經過科任老師的屢次制止絲毫無動於衷，故意公然在課堂上講英語而不講閩南語，甚至還口出惡言，以閩南語罵老師「哭夭」，連坐在教室後方的實習老師出聲制止，還被該生回以「衫小」（臺語），惹得閩南語老師非常不高興，拉著該生要到學務處去請學務主任處理。

案例7-5　說髒話是情緒發洩？

上第八節輔導課時，小民（化名）與另一位同學坐在一起聊天講話，我制止他們不要講話，而且叫小民回去自己位子上坐好。結果，小民大聲說，不是他在講話，而且附加一句「靠爸！」（臺語）。我當場愣住，直覺上我回了一句：「你是在罵我，還是罵教室的其他人！」，班長幫忙制止小民，結果，小民又再說了一句：「靠爸！」而且，不等我說什麼，就直接跑出去教室外。而跟小民講話的同學也跟著一起出去，當下想法是直接叫班長去請學務處的人來處理，因為我覺得沒辦法不管出去外面的兩位學生，可是課程還是得繼續進行，絕對不能因為小民的行為，造成整堂課的空轉。

案例7-6　說髒話因情緒障礙？

在某科任課時，小三生阿衡（化名）嚎啕大哭地被科任老師帶回來教室。級任老師和阿衡面對面促膝而談，孩子持續不停地哭泣，嘴裡不時嚷嚷著「為什麼不相信我？這是什麼老師啊！」情緒非常激動，經過級任老師的安撫溝通之後才慢慢冷靜下來。

科任老師告知級任老師，說這個孩子在上課時吵鬧，還講三字經，孩子辯駁沒有，科任老師還找其他同學證明阿衡課堂上吵鬧，雙方在課堂上僵持不下，所以科任老師就把孩子帶回來交給級任老師處理。而孩子覺得該科任老師因為上學期的某件事情對他有成見，不喜歡他、不信任他，所以才不相信他的話，而要其他同學當證人證明他有沒有吵鬧，這個舉動讓阿衡覺得很受傷，而阿衡其實是個有情緒障礙的孩子。

案例7-7 說髒話是口頭禪？

小六班上有個特殊生，會做一些動作、或說一些話來激怒老師，更準確地說，他想要引起老師注意。因為五年級老師就常常讓他激怒，而他也樂此不疲，並未因為老師生氣、凶他，而降低偏差行為的次數，「你一言、我一句」的結果只會造成愈演愈烈的局面，雙方都不好受。後來老師調整一下心態，改用別的策略來處理他的偏差行為，有天他又口出穢言，罵老師「爛貨」，老師不但不生氣指正，反而面無表情的問全班學生：「我們社會有教，萬一買東西買到爛貨怎麼辦？」全班很有默契的說：「打『1665』消費者保護專線要求退貨！」那位學生當場啞口無言，也平息了可能的紛爭。

案例7-8 學生間起衝突，罵髒話當武器？

國中九年級班有甲、乙兩位學生互看不順眼，別班的甲同學誤以為這班的乙同學罵他，所以跑到教室找他單挑，一邊說話、一邊推擠，剛好讓被推擠的乙同學班導師目睹一切，於是拉住推人的甲同學，結果甲同學一氣之下，反扯回自己的手臂，並罵

出：「幹……什麼！」乙同學的導師見此狀，就帶著說三字經的甲同學，來訓導處找生教組組長與訓導主任。

案例7-9　語言霸凌

實習時有機會參與「攜手計畫」，針對學習成就較低的國一升國二學生，進行輔導、補救教學。我輔導的科目是「社會」。參與計畫的學生共有9位，其中一位學生—宗林（化名）是一位很調皮的學生，上課期間喜歡向另一位同學國田（化名）胡鬧，造成他有不舒服的感覺，屢次向老師投訴。例如：宗林常常要國田幫他作事，可是語氣都是很大聲地說：「喂！你是豬啊！」、「喂！娘娘腔！變態！把紙撿起來！」，有一次甚至在課堂上就這樣發言，結果，我要他罰站10分鐘，宗林的反應是心不甘、情不願的罰站，但事後效果並不好。

案例7-10　寫髒話破壞公物

音樂科老師告訴我，說我認輔的學生用奇異筆在音樂教室的桌上寫了一個「幹」字。其他老師不知道這件事。但該名學生的班導師曾經跟我說過，每張桌子他都有拍照，所以如果在桌上寫字，一定會被知道，且要賠一張新桌子。

案例7-11　罵髒話打抱不平？

高中生參加班際羽球比賽，不管成績結果是贏是輸，在比賽過程中都會取笑或侮辱對方選手，說出來的話都很粗俗，不得體。評審因為角度的關係有所誤判和不給暫停等原因，學生也會

因此對評審叫囂，大罵裁判不公，連髒話都脫口而出。這個不好的風氣不只是班上幾個學生的行為而已，已經漸漸影響班上其他的同學，造成班上不良的言語出現。

案例7-12　反抗老師？

最近學校在布置一間多元文化的教室，所以就有許多學生在擦油漆、繪畫牆壁、裝飾窗戶，美術老師希望我能去幫忙拍照，做檔案紀錄。大部分的學生很合群，也都很樂意讓我拍照或是跟我合照，但是有一個擦油漆男學生，他一直不讓我拍照，但我還是趁他不注意的時候拍了一些照片，結果他竟然當著我的面罵我「賤胚」，讓我非常的受傷。

案例7-13　報復老師？

國中生大胖（化名）上體育課時，剛好輪到當值日生，下課前必須收籃球，大胖因為好玩而將籃球投進籃球箱內，沒有一個一個放回去，體育老師看到後很生氣，便大聲斥責大胖。大胖不知道老師為什麼突然大聲罵他，便回嘴罵老師三字經，氣得體育老師把他帶到導師室，要導師給他一點處分。

案例7-14　和老師起衝突

班上有一位學生是熱音社社長，因為活動組的組長指責他社團寒假練習的排練單遲交而感到不滿，在離開辦公室前對組長罵了髒話，組長立即交辦教官處理，有記大過的打算。

組長表示學生在溝通過程口氣與態度非常不佳，不但對遲交

一事沒有悔意，甚至還認為是組長處處刁難，所以口出惡言；組
長認為該生聰明、有天賦，當初也因此才賦予社團重責，但他不
懂得負責，也不懂得尊重他人與為人處事的方法，所以這次決定
以激烈一點的手段，讓學生明白這樣的態度，不僅成不了大事，
更可能誤了自己的未來。

四、說髒話的處理策略

從上述案例可知，說髒話的原因或動機複雜，有可能覺得說髒話很
酷、挑釁權威、情緒發洩、個體本身情緒障礙、口頭禪、作為同儕衝突
時的武器、對同儕的語言霸凌、寫髒話破壞公物、打抱不平、反抗或報
復老師、或與老師發生衝突。

針對這些原因和動機，處理學生說髒話的策略有以下幾項：

(一)當下忽略或給以肢體語言回應

H. Ginott認為教師應該忽略學生講髒話，不要讓它成為公開的議
題。他說老師聽到學生講髒話，常常會要求學生再說一次，以確認講
了什麼。如果學生依老師要求，老師聽了可能氣得要學生離開教室，
這時學生可能又說了一句髒話，而惹來更多的麻煩（單文經等譯，
2004）。髒話雖然是禁忌，但未受到教師理會，反而失去其力量。再
者，為讓學生瞭解老師不同意說髒話，也可以同時處理，在不停止教學
活動的狀況下，給予眼神接觸或不悅的臉部表情，制止學生說髒話的舉
動。

(二)不預期反應

當孩子說髒話時，他在期待別人的震驚反應，所以如果我們如其所
願，並且把它看得太嚴重，反而強化這個行為。Dreikurs、Grunnald與
Pepper認為，可以假裝不懂問他：「你說的是什麼意思？我不瞭解你說
的，那是什麼意思？」孩子會放棄這個伎倆（引自曾端真、曾玲珉譯，
2002：388）。

(三)兩階段處理──先不預期反應再私下晤談

不預期反應有時並無法停止學生說髒話的行為，可以搭配在私下找學生來晤談。例如：上述案例7-5，當小民脫口而出：「靠爸！」時，不用直接問他是在罵你還是怎樣，老師當下可以反應：「你的爸爸是怎麼了嗎？怎麼你會說這樣的話！」用類似語句轉移問題，化解當下的緊張氣氛。事後再找小民來談，告知這種語氣是不被允許的，並進一步瞭解小民的現況。有些事件因為教學正在進行，或老師情緒已經上來，如果能夠分兩階段、延宕處理，對事件的處理也有幫助。

(四)教他這些話的意涵

老師可以開放正確的態度講給學生聽，讓學生知道他說出來的話是在指身體的什麼部位，學生聽到這些語詞的意涵，反而比較不敢亂講出口。報載臺北市立麗山高中一位國文徐老師就將髒話說文解字，例如：現在大家罵某個人做事很不上道，會說「機車」。但「機車」是從臺語「雞巴」（膣屄）而來，指的是女性生殖器，因為有些人要罵人又不好意思說出完整的不雅詞句，婉轉說「你很雞……車耶」，就像英文的「shit」，文雅用法會說成「shoot」，是一樣的粗話轉換。而藝人周杰倫愛說「好屌」，「屌」從字形分析，「尸」是一個人的側相，下面的「吊」則是陽具，指的就是男性生殖器，卻被用來形容很酷；還有像是流行的語助詞「哇靠」、「哇塞」，應是由臺語的「哭爸」和「塞x娘」而來，也是粗俗用法。處在開放民主、言論自由的社會，青少年有說髒話的表現並不讓人意外，怎麼用方法讓他們瞭解，甚而給予一些性教育或性別教育，才是我們教師關注之處。

(五)價值澄清的機會教育

老師對於案例7-11可以安撫學生輸球後不滿的情緒，檢討原因，讓學生知道輸的並不是勝敗，而是班上的風度。要具備運動家的精神，尊重裁判，若有爭議應立即提出，而不是口出穢言，這樣不但對比賽沒幫助，嚴重還可能被判出場，所以一切應該由正當程序提出自己的不滿。

(六)物理上的區隔

案例7-5的處理，老師有必要調整學生雙方的座位，讓他們分開，減少上課時直接接觸的機會。作物理上的區隔，也可以有預防的效果。

(七)剝奪權利或給予嫌惡刺激

教師可以使用剝奪權利的處罰，講髒話或是講一些無聊話的學生不准下課，甚至下課10分鐘要到外面刷牙或漱口，嘴巴臭就只好把它刷乾淨，刷牙不是壞事但也算是給予嫌惡刺激。

(八)虧損法

教師可以製作反思卡，有學生亂講髒話就蓋章，一旦反思卡集滿三個章，就會一筆勾銷先前表現良好的章，無法換到期末禮物。這是一種行為改變技術虧損法的使用，此方法可以和增利併用，有好行為給予獎勵，讓學生正向行為增加，抑制負向行為。

(九)還原性過度矯正法

案例7-10可以把認輔的學生找來，要他把桌子上寫的髒話擦乾淨，跟他說：「我現在沒有對你生氣，可是你要把桌子擦乾淨。」擦乾淨後，老師可以和他私下晤談，讓他看看桌子不管怎麼擦，還是會留下痕跡，請他留心自己行為。這位學生有可能只是希望吸引別人注意他、關心他，未來多關心、注意他，是老師治本之道。不過，損害公物還是要賠償的，或是償付代價，例如：以公共服務方式來償還亦可。

(十)練習性過度矯正法──罰寫好話或課文

有些老師對於講髒話的學生處罰抄課文或書寫良言佳句也是可行，分量不要太多，達到區辨好話和髒話的提醒作用即可。

(十一)訂契約取得承諾──現實治療的實施步驟之一

老師在私下約詢學生，可以請他寫下自述書，一方面藉此讓學生冷靜下來，理性地面對自己的行為，同時也可以讓學生規劃未來的行為，教師並可書面或口頭取得學生的承諾，下一次可以說些什麼話，什麼方

法可以冷靜（例如：深呼吸）而不用髒話出口。

(十二)瞭解學生身心狀況

　　情緒障礙兒童較一般兒童更為敏感，科任老師在問題發生當下進行處理並沒有錯，但未能事先瞭解該生有情緒障礙，導致對該生有吵鬧、講髒話，制止他後又說謊的誤解。其實不管學生有何種不當行為，千萬不要有刻板印象，以為學生一定是出於什麼原因或動機，而誤判了事件發生的原因，選擇不恰當的處理策略。

五、處理說髒話的七大要領

　　歸納上述處理策略，老師處理學生說髒話（foul language, bad words），依序有以下七大要領。

(一)不要生氣

　　假如說髒話出現在自己的班級，不要以生氣或懷有敵意來過度反應。第一次出現髒話經常是在測試你的容忍程度，將說髒話問題的處理轉換為學習經驗的情境。例如：「誰會受到傷害？」、「為什麼人們會因此受到傷害？」等。

(二)曉以大義

　　很多學生說髒話是因為不知道或忽略了他們說這些話的意思，假如你解釋了說這些話的意義，尤其是對比較年輕的學生，大部分人下次在出口之前，可能就會多想一下子。

(三)教導方法

　　學生在學校咒罵別人，有可能是他們不會以其他方式來表達他們的沮喪，所以教育再度成為關鍵，要教導學生用更多為社會接受的、表達自己感受的方法。

(四)求取認同

　　體認到有些學生不成熟，想要獲得同儕的認同，於是就以說髒話作

爲手段來爭取認同。

(五)獲得注意

有些學生說髒話僅僅爲了想要獲得注意。對一些學生來說，負面的注意好過未受到注意。有些學生對你有強烈的負面反應，有時是爲了得到同儕的注目，千萬不要掉入這項權力的爭鬥遊戲。

(六)尊重差異

很多在校生有強烈的宗教信仰和標準，假如其他學生侮辱他們的神祇，他們會視爲是個人的宗教自由和權利受到侵害，要注意並尊重這些人士的宗教權益。而且也可能有文化差異（如：族群差異）在其中，可能連髒話的定義都不一致。

(七)主觀認定

說髒話可以不僅僅指咒罵、侮辱或種族歧視，只要是會傷害別人的語言都可以包括進來。

 ## 第三節　學生考試作弊的處理

有位國中校長分享當年因爲考試作弊，本來學校要開除他，幸虧老師的寬恕，才讓他痛改前非、奮發圖強，一路從教師、組長、主任做到校長。如今一把年紀了，還是很感念當時的恩師。這個故事告訴我們，對於學生而言，考試作弊是經常會出現的不當行爲，就跟說髒話一樣，但不能因爲多數人考試作過弊，就認爲作弊沒什麼大不了，沒關係。而對教師而言，如何讓學生改過遷善，不再作弊，才是重點。

一、何謂作弊？

教育部的線上重編國語辭典修訂本，將「作弊」（cheating）釋義爲：用不正當的方法取得不法的利益，一般多指考試的不法行爲。以

學術名詞言之就是「學業不誠實行為」（academic dishonesty behavior），表現在學生學業上，無論是上課表現、作業、報告、作品、考試時，以各種不同的行為樣態，諸如：請人代為上課、抄襲別人著作或報告、作品請人代勞、找槍手考試、偷看其他人考卷、帶小抄、用電信設備接收答案，到竄改成績或偽造證明文件等，均屬之。而考試作弊，則專指與考試情境有關者（謝尚旻、葉邵國，2006）。

二、考試作弊的原因

考試作弊的原因很多，以下分為父母因素、學生因素，以及教材或老師因素加以描述：

(一)父母因素

劉家樺（2006）藉由「臺灣教育長期追蹤資料庫」（TEPS），對「國中生作弊的決定因素及其對成績之影響」進行研究，發現國中生回答：「在沒有考試成績必須及格的壓力下，為什麼仍需要作弊？」原因是實際上高達 77% 的父母親還是會要求成績表現，也有70%的父母親會拿他人的表現來和自己小孩作比較。父母或家人的高度期望，使學生有求得好成績的壓力，是學生會作弊的原因之一。

(二)學生因素

學生的因素，包括：
1. 不易被抓到時，以為抓不到就沒關係。
2. 考試前沒唸書，擔心考不好。
3. 注重表現目標的學生，想得更高分而作弊。
4. 學不會考試內容，只好作弊。
5. 同儕的壓力，如大家都在作弊、同學尋求幫助等。

(三)教材或老師因素

教材或師長因素，包括：考試範圍太大、考試太多或題目太難，而老師未予監督或考試規則不清，也都可能引起作弊。

三、考試作弊的案例

以下來看看三則考試作弊的實際例子：

案例7-15　學生偷改考卷 ·······························

　　我是小六的代課教師。今天上午我要上三堂課：第一節考數學、第三節檢討國卷、第四節上英文閱讀。昨天月考剛結束，今天社會考卷已改好待發。因為今天的課很滿，我想節省時間，就趁著第二節外堂課時，將考卷放在學生的桌墊下，邊發我還邊看考題及學生答錯的題目。學生回教室時，我要他們檢查考卷有沒有問題，沒問題就交回來。全班都交回考卷，只有貞怡（化名）和欣瑜（化名）跑來說考卷改錯了。欣瑜一直唸：「老師你看，張老師眼睛有問題，改錯了兩題！這兩題我明明寫對的啊！」貞怡說：「對嘛，老師改錯了。」接著，貞怡拿考卷過來，說她也有一題被改錯。我拿起考卷看，發現這張在我發下去前正巧有拿起來看過，答案已被改過，之前的錯誤答案還隱約可見。全班就這兩張考卷有「錯」。巧的是，兩張都有塗改（非一次寫對），如果改錯的分數加回去，這兩張考卷都是一百分。

案例7-16　交換改，生問題 ·······························

　　在代國二國文課進行測驗時，給學生交換改，發現學生普遍成績低落，但有一名學生成績頗高。先前國文老師規定交換考卷批改時，必須寫下自己的名字，因此發現改他考卷的學生成績也不錯。我先前也曾經在該班代過課，已略知他們兩人成績一向偏低，且考卷充斥修正液塗改痕跡，於是對他們兩人分數產生合理懷疑。

　　隨後馬上與該班國文教師請益，她的處理方式是會直接給學

生零分並處罰，因為考試作弊這種事是不能輕忽的，必須讓學生記取作弊是可恥的行為。只要有足夠的證據，使學生承認，應給予懲罰。

但我心想，兩人平時素無作弊行為，給予零分的處罰可斟酌。我並沒有直接道破，私下叫他們兩人午休時來找我，但也不說明原因，等他們來之後，我表示由於塗改的痕跡，我對成績有些存疑，於是便將原卷寫正確的題目遮住問他們。他們都沒答對，臉上也透露出些微不安。我對「作弊」一詞隻字不提，表示願意相信他們，希望他們以後不要塗改。因此，我希望他們重考一次，再用重考後的分數。後來在課堂上，我呼籲交換改時不可作弊。我因證據不足放他們一馬，希望他們能感受到我的用心。

案例7-17　我一定會再作弊

實習時我在一個學習動機、意願、興趣都非常低落的班級，學生不壞，卻對學業、生活毫無目標。班上的學生小宇，是個學習態度懶散的孩子，幾乎每天上學都遲到。班上的早自習時間常會有各科小考，他從來就不在乎，儘管已姍姍來遲，也不擔心考試寫不完，真不知道各科老師如何面對這樣一個學習意願低落的學生。

那天早自習考國文，他總算趕上七點半到校參加考試（因前兩天我才出一項功課給他——每天準時到校），所以一看到他進教室，我就稱讚他很乖。而那天檢討完考卷，我特地問他考了幾分？他回答：「80分，不用留校了（因導師規定不到80分放學後要留校）。」我真的好驚喜，所以直誇他好棒。然後他有點不好意思的告訴我：「老師，其實我是作弊的啦！妳不要告訴楊老師喔！」我愣住了。

與其說驚訝他作弊，到不如說驚訝他告訴我實話。頓時我

內心好複雜，不知所措該如何處理接下來的事？小宇見狀，有些緊張地再說一次：「老師，妳不要告訴楊老師喔！」我見他心急了，趕緊跟他說：「放心，我不會告訴楊老師，但你要答應老師，以後不要再作弊了。」小宇竟然回答我說：「不可能啦！我一定會再作弊，我都不會寫啊！」我那時的心情已逐漸冷靜下來，我聲音很委婉、態度很認真地告訴他：「考試考好或考不好，成績如何都在其次，主要的是作弊的行為造成人格汙點，使你無法心中坦然，你不覺得嗎？」小宇微微點頭，可是他不敢答應我會做到。我跟他說要用點心讀書，並且盡最大的努力，不讓自己再犯作弊的違規行為，他終於答應了。那天下午我上課後輔導課時，也給全班考了一張考卷，考前我跟全班同學說了一些有關考試作弊有何不利的分析。那張考卷，小宇沒有作弊，因此要留下來補考。我給他補考時，看到他認真讀書的模樣，不禁會心的笑了。

其實我們都知道，學生考試偶而作弊很平常，只是若成為一個班級的風氣和慣性，就非常不好。因為這會讓學生誤把這種偏差行為當成正常，這樣的偏差觀念就是很嚴重的問題了。

註：上述三則案例修改自94到96學年度東吳大學實習學生提供筆者的個案紀實。

四、考試作弊的處理策略

升學主義取向、或是教學績效的要求，就容易出現考試作弊的情形。我國國中、高中升學壓力還是存在，也是學生考試作弊頻仍的教育階段；而美國發布《沒有任一學生落後法》（No Child Left Behind Act），在標準本位（standard-based）下，聯邦政府以各校學生學科測驗成績作為獎勵或懲罰的依據，也出現學校篡改成績、測驗內容事先給學生練習、代考等考試作弊的情事發生（Spring, 2006）。因此考試作弊的處理，有嚴密監督的治標技巧，更重要的是事件發生隱藏的因素，

唯有解決了潛藏的問題或危機，才有可能治本。

(一)治標之道

1. **考試規則明確並徹底執行**：何種行為構成作弊？何者不是？有時要明確地讓學生知道，甚至印出考試規則。如果班上風氣良好，可以不必說明；如果風氣不佳，就要適時地強調。

2. **適當監控使學生抗拒作弊誘惑**：重要的考試要老師自己監考、自己改考卷，學生看到老師的身教，就不敢有此想法或舉動。交換改通常是小考，老師若無時間親自改，可以技術性地要批改者在考卷上簽名以示負責、只拿紅筆，以杜塗改等，達到防治的效果。老師如果疏於監控，學生作弊得逞，同儕間或由於好玩刺激、或由於感覺不公平，很容易出現集體作弊的現象。

(二)治本之道

1. **避免過高的學習壓力**：過高的期望或學習壓力是考試作弊的原因之一，因此有時改變評量方式，不一定用紙筆方式評量。但衡酌高中職、國中的教學現場，小考無法避免，也可以改變計分方式，例如：考10次選5次最好的計入成績、或是完成訂正可以加回一半成績等，來減輕學生想得高分的壓力。

2. **焦點放在學習精熟而非成績表現**：讓學生把學習的重點放在自己是不是真的學到了，精熟目標取向；而不是成績得分高低，表現取向。讓學生瞭解有沒有學到東西，自己最清楚，作弊只是欺騙別人，也騙自己。「沒被抓到也算作弊嗎？」（趙慧芬譯，2010），答案是肯定的。

3. **讓學生知道考試作弊對長久有不利的影響**：「作弊習慣對成績有無影響？」前揭研究結果發現：若一位學生從國一開始一直都有作弊的習慣，到了國三，他的成績預測會下降 7.73 分，這顯示作弊習慣對學生的學習表現確實有負面的影響（劉家樺，2006）。

第四節　學生偷竊行為的處理

不告而取，謂之偷。但有些小朋友並不知道這個所有權的觀念，學生的偷竊行為，有時候並沒有「偷竊」的認知和意涵，因此老師在處理上，不用一開始就以竊盜罪的方式來處理。

一、偷竊的原因及類型

(一)偷竊的原因

偷竊的原因很多，主要可能因為個人因素（含生理因素和心理因素）：二是環境影響，包括：同儕、家庭、學校、社會（含大眾傳播媒體）都可能是發生偷竊行為的因素來源；也可能是二種以上原因而形成。以下依照各項原因分成的類型歸納說明（參考網路資料整理）：

(二)個人因素而分的類型

個人因素而分的類型，包括：缺乏法律常識及物權觀念的無知型；物質欲望過高的占有型；因情緒衝動受物質引誘而不能克制的衝動型；為減輕內心緊張的強迫型；在意識模糊狀態下不能克制衝動產生的癲癇型；自我墮落的墮落型。

(三)環境影響而分的類型

包括：受英雄主義支配而為團體做事的集體型；因家貧且父母疏於管教，急需物品而偷竊的經濟型；為反抗社會不公平而報復的反抗型。

二、校園偷竊的案例

以下以94到96學年度東吳大學實習學生提供筆者的個案紀實，加以摘述和修改的七則案例來做說明：

案例7-18　眼鏡神祕失蹤事件 ·······················

　　時間就發生在導師最忙碌的日子：星期四。因為當天課程整整八節滿檔（有班群「成語」交換教學及本班課程），我只得利用下課時間回到所屬班級批改作業。眼鏡失主美環（化名）在這時告訴我說：「老師，我的眼鏡不見了！」當下立即做了處理，請全班同學幫忙尋找，尤其是坐在美環周遭的同學，但一無所獲。

　　據美環的描述，遺失的眼鏡是因為連著上社會課需要使用，所以沒有在用完之後，就馬上收進抽屜或書包裡，而是隨手放在桌上的眼鏡盒，也沒有將盒子關上。中午午休時間，我又請全班找了一遍，然而卻還是不見眼鏡的蹤影。

1. 推測原因

　　一開始以為會不會是美環將眼鏡忘在家裡，後來得知美環的確有使用過眼鏡，但忘了放回盒子關上。再來，我朝「同學好奇」、或「眼鏡被別人碰撞後，掉落到前面同學的書包裡」這些方向處理。 但再三尋找徒勞無獲後，第三次我推測是「同學刻意惡作劇」的成分可能居多。

2. 請學生寫聯絡簿

　　請學生在聯絡簿裡寫下「美環的眼鏡不見了，請同學幫忙尋找。」同時告訴學生：「這是偷竊行為。偷竊是公訴罪，不需要物主同意或告發，如果有人『發現』眼鏡的下落，要立刻來告訴老師，老師絕對不會以為東西就是你拿的。」

3. 聯絡家長

　　用電話跟家長聯絡自己已做的努力：「已在班上幫忙尋找多次未果。」也提醒家長如必要可先帶美環去配眼鏡，以免影響學習。

4. 重新檢視線索與情報

　　隔日又找來美環詢問：「最近有沒有跟同學有不愉快？」美

環想了很久，後來說原來跟她是好友的小玉，上學期不知道為什麼不理她，但是這學期又和好了。後來美環媽媽跟我說：「我聽小玉說，她在女廁看到垃圾桶裡『好像有鏡片碎片反光』之類的東西。」那麼當時，小玉為何沒有告訴我呢？這很值得懷疑。

5. 藉此事件作機會教育

我利用晨光時間將這件事作個結束。我在黑板上寫下眼鏡遺失的可能原因與改進方式。最後引導出的結論如下：(1)失主自己應該負保管好物品的責任。(2)全班同學平常就應該守望相助，幫助或提醒彼此應該小心看管物品，以防止別人有犯罪動機。(3)班上的監視錄影機也會記錄大家一舉一動，希望下次不要有此類事件發生。

案例7-19　教室內物品失竊

1. 事發經過

老師週一到校隨即發現，教師辦公桌被翻得一團亂，仔細清查，發現抽屜中的教科書、姓名印章、獎品及許多物品不翼而飛；同時，也請全班同學清點自己的物品，看看是否有同樣的情形。

升旗結束回到教室，導師將靠馬路邊的窗戶關上，避免干擾，然後用憤怒的口氣請全班起立，並且閉上眼睛。在多次的口頭警告與憤怒的情緒表達下，全班終於安靜的閉上眼睛。於是老師依舊用憤怒的口氣，說了以下的話：「是誰在假日進來教室！你們知道嗎？我們的學校有監視器，走廊、樓梯間、廁所死角都有，所以有誰來過，監視器都照得清清楚楚，只要去調閱錄影帶，我就可以知道是誰。現在給你們機會承認，誠實的話，整件事就由老師處理，要不然就交給警察去查！」

在老師嚴厲的口氣下，小玉的手怯生生地舉了起來；接著老

師又說：「現在我已經知道是誰了！眼睛張開之後，大家就不要互相猜測，停止這個話題；而偷竊的那個人，明天請把所有偷的東西，放到我的桌上！」

2.事後處理

教師到五年級找小玉姊姊，將事件全盤問清楚後，上報校長與教導主任，因小玉家就在學校側門邊，校長與教導主任隨即進行家庭訪問。

小玉家中有四姐妹，她承認先前國幼班學費失竊案同為其所犯，而小玉姊姊小珍已為累犯，並且國幼班失竊案已至警局備案，故導師考慮帶四姐妹至警局備案，讓她們知道事件的嚴重性。

小玉家中人口數眾多，父母親長期失業在家，為低收入戶，為了滿足自己的欲望，小玉姐妹們採取偷竊的方式。老師已為小玉申請原住民獎學金，除了對小玉事後輔導，也特別關注小玉，告訴她有任何需要幫忙的，可以告訴老師，並一起想辦法解決，而不是用不正確的方式，來達到自己欲望滿足。

案例7-20　亮片不見了

聖誕節前夕班上布置雪人，家長提供每位學生一人一小包亮片，剩餘的部分便先壓於桌墊下。但隔天一來，卻有3位小朋友發現自己的亮片不見了，且他們的座位都是相鄰的。由於前天下午是輔導老師上數學班的課，輔導老師懷疑是數學班坐在那個位置附近的孩子拿走的。

1.詢問家長

輔導老師在A、B2位學生還未承認錯誤前，曾致電2位學生家長，先讚賞該位學生平常的表現，再慢慢導入昨日孩子回家後，是否聽及孩子談論亮片的事，或看見孩子的書包或口袋中有

亮片。2位家長回答似乎沒有後，輔導老師才說因為今日班上有學生找不到放在桌墊下的亮片，而昨日下午又剛好是數學班，因此想瞭解一下。同時輔導老師也對家長說，相信孩子不會故意拿走，只是普遍性地詢問一下，也向家長知會一聲，因為老師也不希望冤枉孩子。

2. 質問學生

輔導老師找來前天數學班坐在該座位附近，認為較有可能拿走亮片的2位學生對談。輔導老師先問學生A是否有看見桌墊下的亮片，A生回答有，輔導老師再問A生其鉛筆盒或書包中，是否有一片亮片？A生初始說沒有，後輔導老師再三確認追問，A生改口亮片是B生拿走的，又說B生拿走後分給她，但她歸還B生了，輔導老師於是又找來B生詢問，B生說A生也有拿亮片，拿了她分享的亮片。

3. 讓孩子知錯並歸還

A生言詞反覆，而B生也並未直接承認自己的錯誤，只是一直說A生也有拿，因此輔導老師責問A生既然知道B生所給予的亮片不是自己的，為何要接受？又A生既然接受了，當老師詢問時就不該否認、說詞反覆矛盾；而B生也不當拿走不屬於自己的東西。最後輔導老師詢問那些亮片的下落，並要2位學生盡力找出自己書包、鉛筆盒中的亮片，並將剩下的亮片全數歸還。

4. 通知家長

孩子承認錯誤後，輔導老師再次致電給2位學生家長，向家長說明自己處理的過程，由於是在數學班發生的事，輔導老師並未讓孩子班上的同學或班導師知曉此事，因此只有孩子與輔導老師知道。輔導老師並安慰家長不要對孩子生氣失望，因為孩子只是一時禁不起誘惑，知錯能改才是最可貴的，因此老師請家長在孩子回家後，先鼓勵孩子勇於認錯這一點，再對孩子的行為進行開導或處罰。

案例7-21　500元不見了？

　　由於學校運動服採自由訂購方式，班上有位小朋友帶了500元到校，但老師覺得已有班服，不需加訂運動服，又小孩正值成長期，過一、二年衣服可能就會穿不下，所以老師請他們升上五年級再買，便把該生的500元訂在聯絡簿上，並請家長簽收。不料隔天，家長在聯絡簿上寫著：500元不見了！老師質問該生500元到哪裡去了？該生謊稱不見了！老師繼續逼問他才一五一十說出來！該生在當天放學時，與別班的同學一起到便利商店，拿了這500元加值線上遊戲點數！便告訴媽媽500元不見了！

案例7-22　特殊生沒有「偷竊」的觀念

　　甲生是我導師實習班上的學生，之前在家裡就會習慣性偷父親的錢，他在班上也是一個令老師頭痛的人物，因為他會對同學或老師說出一些不敬的話，甚至是頂撞同學或老師。導師知道他是特殊生，現正接受治療中，但是醫生並未對其行為作出確切診斷，只是「疑似某種疾病」而已。

　　某天班上有一位同學錢包掉了，裡頭有1,000元，導師懷疑是甲生偷的，因為他曾經帶著這位掉錢包的同學至操場撿錢包，而導師也在甲生鞋子的墊子底下找到錢，但是甲生卻矢口否認，甲生的母親也在事後向導師表示，從甲生鞋底搜到的錢是甲生偷爸爸的錢，並且指責導師為何要在全班面前說甲生是小偷。

案例7-23　失竊者與涉嫌者應公平處理

　　本校七年級的某一班，最近發生了全班遭竊的事件，而且班上有部分的學生懷疑偷竊者是班上某位女同學，由於她之前腳傷

長時間不能參加朝會或戶外課，除了常有單獨一人待在教室中的機會外，由於她國小時又有不良的偏差行為紀錄，所以有部分同學更公然直接指責她是偷竊者。

雖然在發生全班遭竊事件時，老師曾私底下將陳姓女同學叫去談話，表明：「老師相信她，不是她偷竊班上同學的金錢。」但由於班導師並未立即在班上公開處理這件偷竊事件，所以班上同學反而認為老師處事不公，袒護這名學生。班上認定這位女生是偷竊者的同學愈來愈多，甚至出現排擠她的現象，更演變成2位學生一起動手打她的班級暴力事件。

案例7-24　偷竊累犯

班上最近物品、金錢失竊頻繁，在某天體育課時，有位女同學向老師報告要回教室拿東西，老師允許後，女同學隨即回班，發現教室裡有個人在翻班上同學的書包，往前查看，竟是班上的男同學。當時女同學問他說怎麼在教室翻別人的書包，那男同學回答沒有呀，是向他借東西，而後就先離開教室了。當天又有人的錢被偷，因此班上同學都懷疑是他，並向導師和生教組長報告。

生教組長先把被懷疑的同學找來問話，因為最近發生失竊的案子，手法都一樣，加上有目擊證人，以及此位同學常常請同學吃東西或送東西給別人，但他的零用錢並不多，所以錢從哪裡來令人疑惑，因此「合理懷疑」他是行竊者；生教組長以技巧性的方式問他，終於讓他講出實話，承認自己犯錯，隨後請導師和家長到校談話，並溝通該如何解決此事。原本導師是希望他轉學，但家長希望能給予機會，因此學校後來決定讓他繼續留班，並當同學們的借鏡，希望以後不會有人再犯此過錯，但對於被害者需要償還其偷竊的物品及金額，另外要接受記過處分。

三、偷竊的預防

本書第五章第三節提到「細漢偷挽匏、大漢偷牽牛」這句臺灣閩南話的俗諺，可以推測先民把「偷竊」看成是一個變壞的行為象徵，特別看重這件事情，而且也提出了一個防微杜漸的想法，所以如何預防學生出現偷竊的行為是最主要的重點。老師可採取預防之道，順著同理－專業－法律這樣的順序，進行以下的做法：

1. 關心與接納學生。

2. 從觀察、晤談、測驗及書面寫作等方面蒐集資料，以瞭解學生是否有偷竊等偏差行為。

3. 對於被竊學生，也應教導其學習如何保護自己的財物。另外，到校目的是學習，避免攜帶不必要的貴重物品或大筆金錢，如有繳費必要時，應約定時間儘早收取處理，以減少保管風險。

4. 利用價值澄清法，討論偷竊等偏差行為，導正學生的道德觀與價值觀。

5. 強化青少年自我觀念、自我控制力，教導青少年當願望不能滿足、或遭遇挫折時，可以轉化尋求其他合法的替代方式。

6. 增加學生法律常識，使學生瞭解普通竊盜、加重竊盜或常業竊盜之法律刑責。

(一)學生財物遺失處理注意事項

目前如果學生遺失財物，要學校和老師協助搜尋時，就要依循教育部訂定之「學校訂定教師輔導與管教學生辦法注意事項」第28點〈搜查學生身體及私人物品之限制〉規定：「為維護學生之身體自主權與人格發展權，除法律有明文規定，或有相當理由及證據顯示特定學生涉嫌犯罪或攜帶第30點第1項及第2項各款所列之違禁物品，或為了避免緊急危害者外，教師及學校不得搜查學生身體及其私人物品（如書包、手提包等）」。

同法第29點還規定：「高級中等以下學校之學務處（訓導處），對特定學生涉嫌犯罪或攜帶第30點第1項及第2項各款所列違禁物品，

有合理懷疑，而有進行安全檢查之必要時，得在第三人陪同下，在校園內檢查學生私人物品（如書包、手提包等）或專屬學生私人管領之空間（如抽屜或上鎖之置物櫃等）」。

可知其對搜查要件和程序規範之嚴謹，加上教師沒有司法調查權，想要幫學生找回遺失財物，不是一件容易的事。

(二)財產權vs.隱私權

財物遺失尋找的過程，其實是財產權和隱私權的權衡，既要顧及學生的財產權，又要考量其隱私權，這時比例原則可以做一個很好的權衡基礎，並有以下注意事項：

1. **無罪推定原則，同時也考慮學生個人隱私權**：沒有證據，不公開懷疑是特定學生所為。而尋找過程如有必要搜查學生個人身體或財物，應嚴守教育部上述規範，並且顧及學生顏面，找到涉案者宜私下處理。

2. **告知家長事實而非推測**：已有合理懷疑時，通知家長要陳述具體事實，避免先下判斷，除非已有人證、物證，學生也承認，不然老師不要妄自告知家長，他的小孩是小偷。

3. **積極處理、顧及財產權、同理失主感受**：積極處理，讓受害者平撫情緒，也讓涉案者不敢再有動作。有時候可以從學生匿名問卷裡找線索（鄭麗玉，2002）（研究者按：匿名問卷應該問學生有無看到，或有無同學有怪異行為，但不宜問學生「你認為是誰？」或「你懷疑是誰？」是問觀察到的事實而非猜測或想法），但宜避免公開為之，可能學生都會把矛頭指向同一對象，未顧及該生隱私，而使隱私權和財產權競合，而增加解決的難度。

4. **原因複雜、彈性處理**：偷竊者可能因報復、需求不滿足、財產觀念、生病，甚至是栽贓、惡作劇、開玩笑等而偷竊，原因複雜，而遺失財物者也可能未被偷，是自己忘了放置處、遺失、或謊報，要多方瞭解、彈性處理。

一分鐘重點整理

1. 學生上課睡覺的原因複雜，主要分為學生個人身體健康、學生個人學習、教師教學因素和師生關係的因素等，也可能上課睡覺的原因是混合了上述兩種以上的原因。

2. 教師處理學生上課睡覺，當下要先做好情緒管理，給予合理的處分，並給學生臺階下，最重要的還是針對不同的原因，擬定長期的解決策略，提升學生上課的專心程度，得到更佳的學習效果。

3. 髒話是不堪入耳、粗俗卑劣的話，較嚴重者會涉及性行為或性器官，具有情緒發洩、社交和指示的功能。

4. 老師聽到學生講髒話，要先冷靜，不要對號入座，依情節做出當下忽略或肢體語言回應、不預期反應，再私下晤談、教導話語意涵、澄清價值觀、作物理上區隔、剝奪權利或給予嫌惡刺激、虧損法、還原性和練習性過度矯正法、訂契約取得新行為承諾等處理策略。

5. 考試作弊是學業不誠實行為的一種，表現在學生學業上，無論是上課表現、作業、報告、作品、考試時，以各種不同的行為樣態，取得不法利益者，均屬之。

6. 防止考試作弊的治標之道，包括：考試規則明確並徹底執行、適當監控使學生抗拒誘惑。而治本之道，包括：避免過高的學習壓力、焦點放在學習精熟而非成績表現、讓學生知道作弊有長久不利的影響。

7. 學生財物遺失的尋找過程，是財產權和隱私權兩者間的權衡，過程應該無罪推定、積極處理失主感受、告知家長事實而非推測，然而偷竊原因，可能是報復、需求不滿足、財產觀念不當、生病、栽贓、惡作劇、開玩笑等複雜因素，因此需彈性處理。

8. 學生財物遺失的搜尋工作，應依照「教師輔導與管教學生辦

法」，有相當理由及證據顯示特定學生涉嫌犯罪或攜帶違禁物品，或避免緊急危害者，才能搜查學生身體及其私人物品（如書包、手提包等）。

延伸思考

・是問題學生，還是學生問題？

　　「沒有教不會的學生，只有不會教的老師」，教學如果能發揮效果，那麼學生應該都能夠得到學習。好老師就是不放棄任何一位學生，願意不斷地去嘗試，找出學生的個別差異及其適用的教學方法和輔導方式。老師的工作雖然年復一年，但是每學年、每月、每週、甚至每日，都是一項艱鉅的挑戰。與其說有問題學生，不如說有學生問題，學生有問題最好能自行解決，老師只是協助的角色，最能幫助學生的人。然而由於學生是尚未成熟的個體，無法完全自行解決問題，需要老師的協助，我們應該以此觀點來思考學生不當行為的處理。

第**8**章

教師防制校園
霸凌能力指標

班級裡，學生之間的同儕互動很重要，學生同儕關係對班級氣氛的影響不亞於師生關係。同儕互動有友誼的展現、幫助他人、互助合作等利他行為，然而也會出現暴力、傷害、人際衝突等反社會行為，更嚴重的是出現校園霸凌等負向的同儕關係。

根據國內學者（陳利銘、鄭英耀、黃正鵠，2010）的分析，國內反霸凌政策著重於鉅觀的系統性做法，但較微觀的教室層級及個人層級的關注較少，如果缺乏基層教師參與及教室層級的實施策略，將影響成效。有鑑於此，研究者邀請學者專家、國中小校長、學務主任、教師、律師和民間基金會成員共21人，舉辦四場焦點團體座談，依照研究者文獻探討初步建構的能力指標體系進行討論，建構出教師防制校園霸凌的能力指標，共有4個向度，23個能力指標。以下依照向度：校園霸凌的認知、校園霸凌的防範、校園霸凌的處理程序、校園霸凌的輔導措施，分成四節加以說明，並輔以第五節教師防制校園霸凌能力指標權重體系，以瞭解這些指標的重要程度。

 ## 第一節　校園霸凌的認知

本節先來瞭解教師防制校園霸凌能力指標的第一個向度——校園霸凌的認知，分成校園霸凌的定義、特徵、類型與成因，霸凌發生時不同的角色及互動的複雜性，霸凌行為涉及的法令與責任，霸凌行為造成的傷害及其嚴重性，教師在霸凌事件扮演的關鍵角色，防制霸凌的相關專業成長等，加以說明。

一、校園霸凌的定義、特徵、類型和成因

能力指標1-1是：能瞭解霸凌的定義、特徵、類型和成因：

(一)校園霸凌的定義與特徵

「校園霸凌」（bullying）一詞大多採取挪威學者Olweus（1993）

的定義：「係指一位學生長時間、重複地暴露在一個或多個學生主導的欺負、騷擾的情形，具有故意的傷害行為（negative actions）、重複性（repeatedly and over time）、力量失衡（unbalance in strength）等三大特徵（p.9）」。而教育部訂定的「防制校園霸凌準則」第2條，對校園霸凌有以下定義：「係指相同或不同學校學生與學生間，於校園內、外所發生之個人或集體持續以言語、文字、圖畫、符號、肢體動作或其他方式，直接或間接對他人為貶抑、排擠、欺負、騷擾或戲弄等行為，使他人處於具有敵意或不友善之校園學習環境，或難以抗拒，產生精神上、生理上或財產上之損害，或影響正常學習活動之進行」（校園霸凌防治準則，2012年7月26日）。

　　然而國內對於校園霸凌定義所謂重複或持續發生有些調整，從Olweus（1993）提到的「重複性」，到準則提到的「持續發生」，許多人士認為有類似情形出現就應該及早通報處理，因此教育部於2012年將校園霸凌的定義，修改為五個要件：1.具有欺侮行為、2.具有故意傷害的意圖、3.造成生理或心理的傷害、4.雙方勢力（地位）不對等、5.其他經學校防制校園霸凌因應小組確認（吳幸眞，2011；吳明隆、陳明珠，2012），已經排除了重複性或持續發生作為構成要件。由此可知，國內對校園霸凌的定義更為擴大，可以說明對防制校園霸凌的重視。但勢力對等的打架或爭吵，是暴力或偏差行為，仍不是霸凌，則是相當確定的。

(二)校園霸凌的類型和複雜性

　　校園霸凌分為肢體霸凌、言語霸凌、性霸凌、網路霸凌、反擊霸凌和關係霸凌（劉國兆、鍾明倫，2013）。有明顯可見的顯性霸凌（直接霸凌），也有不易發現的隱性霸凌（間接霸凌）。通常關係霸凌比較是隱性的間接霸凌，因係隱藏式的作為或不作為，因此不容易被察覺。Yoon與Kerber（2003）也因此指出教師介入言語、肢體霸凌的處理，是關係霸凌的五倍。國小教師對於肢體和語言霸凌，認為的嚴重性、可同理性、和介入的可能性，都比社會排擠的關係霸凌高很多，在統計上

具顯著差異。

　　而霸凌行為的發生，也不單只有一種類型，可能肢體霸凌和言語霸凌一起發生，有踢、打的肢體暴力，又有口語嘲笑、辱罵的語言暴力，同時霸凌的類型也會有所轉變，例如：肢體霸凌因師長的介入後，可能化明為暗，轉為關係霸凌等。

(三)校園霸凌的成因

　　校園霸凌的成因要以社會生態系統來分析，個人、家庭、學校、社會等因素都可能造成霸凌。個人因素包括：身體外貌、神經生理過程等生理因素，同理心、內疚感的缺乏、偏差態度價值觀等認知與情感過程因素及人格特徵等（張文新、紀林芹等，2006：45-51）；家庭因素包括親子關係不佳、教養不一致、家庭暴力、父母本身的問題等；學校因素包括同儕關係、班級氣氛、師生互動等；社會因素則包括結構制度、文化習俗、傳播媒體的影響等。校園霸凌的產生、持續和終止，可說是上述原因複雜的交互作用結果。

二、霸凌發生時不同的角色及互動的複雜性

　　能力指標1-2是：能瞭解霸凌發生時產生的不同角色及其互動的複雜性。以下加以說明：

(一)霸凌發生時參與其中的各種角色

　　霸凌發生時，除了霸凌者、被霸凌者外，可能會有跟隨者、支持霸凌者、被動支持者、未參與的旁觀者、可能保護者、保護者等八個角色參與其中，而且構成一個霸凌循環（劉國兆、鍾明倫，2013；Olweus, 2001）。

(二)霸凌發生時各種角色相互有所轉換

　　上述這些角色並不是固定不變的（Rigby & Johnson, 2005），例如：被霸凌者在霸凌事件發生後，也可能會轉變成為霸凌他人的霸凌者（反擊霸凌）；或未參與的旁觀者變成保護者。教師應該瞭解霸凌事件

關係人角色是會有所轉換的，霸凌事件發生時要瞭解來龍去脈，才不至於誤導處理方向。

(三)霸凌發生時所有角色都會受到影響

霸凌事件發生過程，是同儕互動的歷程，在場的所有人都無法置身事外，即使旁觀者也會受到某種程度的影響，防制霸凌、人人有責。我們應讓學生知道，霸凌創造出恐懼的氣氛，讓大家感到不安，每位旁觀者也有責任協助創造出安全、關懷、尊重與零霸凌的環境，如此霸凌循環才得以瓦解，就算是只有一人的道德力量與仗義執言，也可能使關懷力量愈來愈強，而使整個社群對霸凌說不，打破循環（魯宓、廖婉如譯，2011：97）。

三、霸凌行為涉及的法令與責任

能力指標1-3是：能瞭解霸凌行為所涉及的法令與責任。校園霸凌行為發生時，霸凌者及其法定代理人，都可能觸犯相關法律，而學校師長也有通報與後續處理的義務和責任。以下分為三點加以說明：

(一)學生霸凌行為所涉及的法令與責任

學生的霸凌行為可能觸及之刑罰，包括傷害他人之身體或健康、剝奪他人行動自由、強制、恐嚇、侮辱、毀謗等罪，並會被科以相關刑責。在民事上構成一般侵權行為，負損害賠償責任，須接受學校的處置及相關校規的懲處。另依「少年事件處理法」規定，7歲以上未滿12歲之人，觸犯刑罰法律者，得處以保護處分；12歲以上未滿18歲之人，得視案件性質依規定課予刑責或保護處分（教育部，2014）。

(二)師長的通報義務與責任

校園霸凌行為如已達身心虐待程度者，校長及老師等所有教育人員，應依法通報，未依規定通報而無正當理由，情節重大者，依兒童及少年福利與權益保障法第100條規定，處以罰鍰，並依公立高級中等以下學校校長成績考核辦法與公立高級中等以下學校教師成績考核辦法規

定懲處。學校權責人員依規定通報，至遲不得超過24小時。目前學校統一的通報窗口是學務處生活教育組。

(三)學生霸凌行為其法定代理人應負之責任

兒童及少年屬「民法」第13條未滿20歲之未成年人，如其成立民事侵權行為，法定代理人依同法第187條應負連帶責任。另依據「少年事件處理法」第84條規定，家長（法定代理人或監護人）因忽視教養，致少年有觸犯刑罰法律之行為，或有少年虞犯行為，而受保護處分或刑之宣告，少年法院得裁定命其接受8小時以上50小時以下之親職教育輔導；拒不接受前項親職教育輔導或時數不足者，少年法院得裁定處新臺幣3千元以上1萬元以下罰鍰，並得連續處罰（教育部，2014）。

四、霸凌行為造成的傷害及其嚴重性

Olweus（1991）1983年在挪威的調查發現，568,000位中小學生中，有7%有霸凌經驗、9%有受霸凌經驗，而有1.6%是兩皆有的。到了2001年，美國健康慈善組織等進行的研究發現，近四分之三受訪青少年認為霸凌是校園常見的事。美國心理醫學會調查16,000位六到十年級青少年，發現有七分之一的學童是霸凌者或被霸凌者（魯宓、廖婉如譯，2011：34；Roberts, 2006: 5）。中國大陸2002年調查9,205名城鄉中小學生，結果有霸凌經驗占2.5%、有被霸凌經驗占14.9%，而有1.6%兩者皆有（張文新，2002）。即使是國內教育部最保守的統計，2010年曾遭受霸凌的國中生也有2%（羅秋怡，2013）。此外，在挪威、德國、英國、比利時、荷蘭、加拿大、日本，也都有相關防制策略和研究（張文新、紀林芹，2006），足見校園霸凌是個全世界普遍的現象，教育人員應瞭解這種負向同儕關係的嚴重性。因此能力指標1-4是：能瞭解霸凌行為所造成的傷害及其嚴重性。

(一)霸凌行為對霸凌者也有影響

霸凌行為若未能獲得妥善處理，霸凌者在校園中再犯的可能性較高，而過早接觸刑事司法處遇者，未來成為核心犯罪人的可能性也比

一般人高，故必須事先防範與輔導。美國學者L. R. Huesmann和其研究團隊在1960到1980年代的縱貫研究發現，8歲有攻擊行為的兒童，青少年時也有較高的攻擊行為，30歲時有較高的犯罪、交通違規和家暴行為，更令人擔心的是，其子女攻擊行為也較高（Roberts, 2006:58-59）。而國內的統計也發現校園霸凌者，通常到24歲，就有大約40%的人有三次或以上的犯罪紀錄。這可能是行為類型和習慣已經養成之故，如能及早在學校予以輔導，將可減少這些攻擊和犯罪行為。

(二)霸凌行為對被霸凌者的影響

　　霸凌行為若未能獲得妥善處理，被霸凌者會開始出現普遍的焦慮感、沮喪，感到無助感和無望感（helpless and hopeless），會有自我傷害的行為，出現自殺的意念，對被霸凌者的身心健康、人際關係與學業成就等方面，造成嚴重傷害，甚至危及生命安全，或反擊而成為潛在霸凌者，形成惡性循環。

(三)霸凌行為對旁觀者的影響

　　霸凌行為若未能獲得妥善處理，透過替代學習（vacarious learning），對旁觀者也會像漣漪效應（ripple effect）一樣，習得無助感（sense of helplessness），造成身心健康、人際關係等方面的問題，產生難以抹滅的陰影與傷害。

五、教師在校園霸凌事件扮演的關鍵角色

　　教師和學生的關係最為密切，如果教師平常教學和班級經營時能有效防範，霸凌事件必然可以減少或預防。再者，因為同儕壓力的原因，學生在霸凌發生後的通報，教師是否建立管道和方法，以發現霸凌事件，而事件後當事人如何再相處或修復關係等，教師都扮演著重要的角色。因此能力指標1-5是：能瞭解教師自己在霸凌事件中所扮演的關鍵角色。有以下三點說明：

(一)教師防範霸凌的日常作為

　　教師如能落實班級經營、正向管教、正常教學與公平對待，看來雖是一般普遍的日常作為，卻對校園霸凌具有防範的功用。

(二)教師是發現霸凌事件的重要人物

　　教師平日與學生的相處互動，是發現學生霸凌事件的重要人物。信任的師生關係是發現學生霸凌事件的主要關鍵，教師與學生在平日的相處互動中，可以發現霸凌事件即將發生、正在發生、已經發生的線索或蛛絲馬跡，是防制霸凌的重要他人。根據日本的調查，校園霸凌事件，有七成是教職員發現的，其中又以導師比率最高，被霸凌者的輔導與處理因應，也是導師比率最高，足見教師是發現霸凌事件的重要人物（劉語霏，2014）。

(三)教師在霸凌事件發生後的重要角色

　　教師在霸凌事件發生後，仍扮演著持續追蹤輔導與協助解決問題的重要角色。霸凌事件發生後，教師必須協助修復所有當事人與同儕之間的良善關係，協助解決霸凌事件所衍生的問題，持續追蹤輔導。教師認為介入的霸凌事件有85%有停止，但學生知覺只有35%有因此停止，表示我們教師的介入及持續的追蹤輔導，還有努力的空間（Yoon & Kerber, 2003）。

六、防制霸凌的相關專業成長

　　能力指標1-6是：願意主動參與防制霸凌相關專業成長活動。教師防制霸凌的知能，也可以分為對霸凌的認知、防範、處理程序和輔導措施，以下加以說明：

(一)教師要主動參與防制校園霸凌相關研習活動

　　教師應具備預防、辨識和處理霸凌的相關知能，平時應多充實法治教育、品德教育、人權教育、生命教育、性別平等教育、資訊倫理教育等相關知識內涵，並能依情節輕重辨別偏差行為、霸凌行為及重大校園

安全事件的差異性，進而學習正確的辨識及防制霸凌知能，以奠定防制校園霸凌之基礎。

(二)針對霸凌事件處理與後續輔導的相關知能

教師應主動參與處理學生霸凌行為與事後追蹤輔導的相關知能研習，如此才能在班上發生霸凌事件時，針對霸凌的類型、牽涉的法令和責任，進行處理和後續輔導。

 # 第二節　校園霸凌的防範

防制校園霸凌首要且最佳的策略就是預防（pervention）。預防校園霸凌，在防範未然時有治本和治標之道。在治本方面，教師應該建立友善的學習環境，並將防制霸凌知識和實作融入課程，讓學生瞭解霸凌相關知識，具備反制霸凌的能力，並透過親師合作，掌握學生家庭狀況；在治標方面，應瞭解校園內外霸凌事件容易發生的時間或地點、容易成為霸凌當事人的特質或行為，教導學生在霸凌發生之初的因應策略與求助管道、培養學生願意為被霸凌者提供合法有效的協助等，分述如下：

一、建立友善學習環境防制霸凌

能力指標2-1是：能經常關懷學生、實施正向管教，掌握同儕互動，營造友善的學習環境。

(一)建立合宜的班規、民主法治和尊重包容的環境

教師要建立合宜的班規，營造民主法治與尊重包容的學習環境，是預防和防制霸凌發生最基本的條件。

(二)教師以身作則、正向管教

教師要能實施正向管教，禁止體罰等違法處罰，避免威權專制的

管教方式，以身作則，建立班級人際互動的典範。學生會以暴力解決問題、或不懂得人際互動的技巧，有可能是大人的不良示範。教師以身作則，是潛在課程，具有潛移默化之效。

(三)關懷學生、公平對待

教師平常應多與學生相處、陪伴學生、關懷學生，掌握班上同儕互動，瞭解學生人際關係網絡，公平對待所有學生，瞭解學生次文化並同理學生，鼓勵學生讓所有同學都能加入活動或遊戲，傳達霸凌與旁觀冷漠行為不被容許，及其可能產生的後果。

為什麼友善的學校環境特別重要呢？因為學校間人際關係愈是互相信任、禮貌、歡迎、包容、體諒，愈能夠支持學生在情緒、社交和認知上的發展，那麼學校就愈安全，霸凌或暴力事件當然可以減少或預防（Phillips, Linney & Pack, 2008）。

二、將防制霸凌相關知能融入適當課程

能力指標2-2是：能融入適當課程，教導學生面對霸凌的相關知能。防制校園霸凌的預防性課程，包括落實品格、人權、法治、生命、情緒、性別、資訊倫理、多元文化、媒體素養等教育知能。教師應該配合學校，整合正式課程、非正式課程和潛在課程，結合志工、行政處室辦理相關活動，建構完整的課程地圖，學校教師通力分工合作，據以實施。

(一)落實品格、人權、法治、生命教育，培養學生具備公民素養

教師要能落實學生品格、人權、法治、生命教育，培養學生具備現代公民的基本素養。

(二)落實情緒教育，培養學生情緒管理知能

教師要能落實情緒教育，培養學生情緒管理知能，察覺自我情緒，提高自我控制能力，培養學生面對及處理自己情緒的技巧，並知道運用可以抒發負面情緒帶來壓力的管道。

(三)落實性別教育，培養學生性別平等知能

教師要能教導學生尊重性別差異與多元，培養學生瞭解不同性別在身心特質等各方面的差異，並學習以尊重、包容、同理的態度，面對性別、性傾向與性別認同的多元歧異。

(四)落實資訊倫理教育，培養學生正確使用資訊工具的知能

教師要能培養學生正確使用網路工具的知能，並知道在網路上散播謠言、傳送色情圖片、惡意中傷他人等，所造成的嚴重後果及法律責任。

(五)落實多元文化教育，培養學生尊重包容不同族群的態度

教師要能培養學生瞭解世界上存在著多元族群的認知能力，並能轉化成尊重、包容、同理、欣賞的態度，進而以批判與實踐的行動來協助弱勢族群。

(六)進行媒體素養教育，培養學生判斷媒體資訊的能力

教師要能培養學生蒐集、分析、辨別媒體資訊的能力，對於媒體負面、煽情、暴力的報導，能進行識讀與批判，並加以正確運用。

三、親師合作掌握學生家庭狀況

能力指標2-3是：能掌握學生家庭狀況，主動給予關懷及必要之協助。

(一)親師溝通與合作，掌握學生狀況

親師溝通與合作有兩層意義：首先，教師應定期和家長聯絡，提升家長對於自己孩子學習、行為和交友狀況的瞭解。由於平時親師就有溝通聯繫，如果學生出現霸凌或被霸凌的言行或特徵，就能夠透過親師溝通與合作，阻止或降低校園霸凌事件的發生。再者，學生會霸凌或遭受霸凌，跟早年兒童期依戀關係，父母的專制、權威、放縱和冷漠的教養方式、對父母行為的觀察模仿、兄弟姊妹間的關係等，都有相關（張文新、紀林芹等，2006：159-168）。

(二)教師應給予高風險家庭學生必要關懷和協助

　　教師對於高風險家庭的學生，應給予必要的關懷與協助，鼓勵家長參與學校活動與親職講座，協助家長提升親子關係並改善教養方式，營造良好的家庭氣氛，導正學生行為。如果家長教養不一致、或教養方式不當、或有家暴情形時，應運用資源給予學生正當的引導和協助。

四、霸凌事件容易發生的時間或地點

　　能力指標2-4是：能瞭解容易發生霸凌事件的時間或地點。

(一)霸凌事件容易發生的時間

　　依據校內外過去發生的統計數據，瞭解容易發生霸凌事件的時間，並配合學校協助擬具因應策略，例如：在放學時間容易發生霸凌事件，應有具體的加強防範措施；又如組織學校人力巡視或稍微錯開放學時間。教師也應該配合學校在新生訓練與開學初一個月，學生尚在認識校園環境及人際關係時，設計與實施課程和活動，營造友善校園環境，防微杜漸，預防霸凌事件發生。

(二)霸凌事件容易發生的地點

　　依據校內外過去發生的統計數據，瞭解容易發生霸凌事件的地點，並配合學校協助加強錄影或巡視等措施，熟悉學校的安全地圖，人少、偏僻、儲藏室、配電箱、鐵捲門、放置機具等易生傷害的地方，瞭解學校所建立之安全走廊及愛心商店，並教導學生善加運用。

五、容易成為霸凌當事人的特質或行為

　　能力指標2-5是：能瞭解容易成為霸凌或被霸凌學生的人格特質或行為表現。

(一)容易成為霸凌者的人格特質或行為表現

　　霸凌者多脾氣暴躁，易被激怒、感情冷漠、情緒不穩定，對外界的刺激反應強烈（張文新、紀林芹等，2006：49-51）。有較低度的自

尊，愈常霸凌的人，自尊程度愈低，霸凌他人可視為一種為了得到自尊（也許是同儕認同的形式）而採取的錯誤嘗試。有些涉及霸凌行為的孩子，既是攻擊者又是受害者（欺負弱小的受害者），這些孩子的自尊程度最低。

Coloroso（2003）認為霸凌的出現，主要因為鄙視（contempt）。鄙視讓霸凌者產生三種心理優越感，分別是：特權心理、無法包容異己、隨意排斥他人。由於鄙視而產生刻板印象的認知，進而產生偏見的態度和歧視的行為。

(二)容易成為被霸凌者的身心特質或受到霸凌的特徵

容易成為被霸凌者本身的自尊也較低，且常有較高的自卑感，通常比較內向、情緒不穩定，影響其同儕交往的方式（張文新、紀林芹等，2006：51）。會成為被霸凌者，通常因為「不一樣」（different），根據羅秋怡（2013）的經驗，被霸凌者可能是過動兒、亞斯伯格症、罕見疾病者、先天軟骨發育不全、雙性戀等、或是轉學生、個性內向、資賦優異，或身處弱勢家庭、新住民家庭的學生等。Roberts（2006）將這些容易受到霸凌的特質分為三大類，分別是社會地位（social status）不同、有特殊需求（special needs）、或性別認同問題（sexual identity），讓他們顯得是和其他同學「不一樣」的學生。

學生若受到霸凌，會出現以下一項以上的特徵，包括：看起來沮喪或焦慮，卻拒絕說出發生的事情、不明的傷口和瘀青、衣服、書本和學校用具莫名的損壞、學業退步、要求額外的金錢、不願意去上學、情緒與行為改變、低落的自信與自尊、抱怨頭痛和胃痛、問題睡眠等（李淑貞譯，2007）。

(三)教師應瞭解學生過去霸凌或被霸凌的經驗

教師應瞭解學生過去是否有被霸凌或霸凌經驗，觀察其行為表現，以作為加強觀察與輔導的對象，因為他們會再次出現霸凌或被霸凌的機率較大。

六、學生遭受霸凌的因應策略與求助管道

能力指標2-6是：能讓學生瞭解霸凌事件發生的求助管道。校園霸凌發生之初，如果被霸凌者能有正確的回應，可使霸凌的嚴重性或持續性降低或減少，以下分成四點加以說明。

(一)教導學生遭受霸凌的因應策略

A. Clements在他的小說《傑克‧德瑞克：霸凌終結者》（*Jake Drake: Bully Buster*）中，被霸凌者傑克‧德瑞克，並沒有以暴力或辱罵來反擊霸凌者林克‧貝柯斯特（Link Baxter），他反而嘗試以不在乎、忽略或幽默的方式來回應貝柯斯特，雖然開始沒有很成功，但是在他發脾氣的同時他發現反擊不是好下場，而是拿出自己的勇氣，對自己有信心，不受霸凌者指使，多去瞭解霸凌者，從其不同面向找出平等相處的方法（黃筱茵譯，2013）。

學生被霸凌的因應策略，依據霸凌類型的不同，普遍而言，在語言策略上，要果斷、幽默或故意贊同霸凌者等不預期的反應，讓霸凌者期待落空；而在認知策略上，要找到方法自我放鬆，試著站在霸凌者角度思考其霸凌原因，找出恰當的應對策略；在行為策略上，可以不予理睬、快速離開、和其他人在一起，並擴大同儕支持網絡；而在肢體語言策略上，要表現鎮靜和有自信，但切勿以暴制暴，以肢體或言語反擊（張文新、紀林芹等，2006：174-177）。

(二)鼓勵學生遭受霸凌時應告訴父母或師長

遭受霸凌的學生因為怕被報復、同儕文化不鼓勵告訴成人、預估成人的處理無效，以至於不敢或不願意把遭受霸凌的情形告訴成人（陳利銘、鄭英耀、黃正鵠，2010）。教師應能瞭解學生不願意把霸凌經驗告訴成人的原因，同理學生遭受霸凌時可能出現恐懼、焦慮或害怕的情緒和感受，鼓勵被霸凌學生告訴成人，而教師平常應該要營造學生願意把霸凌經驗告訴大人的氛圍，包括信任、保護安全、尊重隱私等，營造學生勇於告訴大人的氣氛。教師平常就應該讓學生知道，沒有人可以獨

自處理霸凌的問題，霸凌者不會自動停止，要告訴師長才會有人幫你，而且受害的可能不只是你一個。教師要讓學生明白，遭受霸凌告訴師長不是告密（snitch），因為不是你要讓霸凌者有麻煩，而是他的霸凌行為讓他自己有麻煩，需要接受輔導（李淑貞譯，2007）。本書第四章第四節同儕關係的經營，針對學生對於同儕事件該不該告訴大人，也有詳細和深刻的探討。

(三)讓學生瞭解並運用霸凌事件發生時的各種求助管道

通報的管道包括：1.可利用口頭、聯絡電話或電子信箱向導師、家長反映。2.向學校投訴信箱投訴。3.向縣市反霸凌投訴專線投訴。4.向教育部24小時專線投訴（0800-200-885）。5.於校園生活問卷中提出。6.其他管道（警察、好同學、好朋友）等（教育部，2014）。教師可以製作備忘卡，讓學生方便攜帶或查詢、或張貼於教室，並利用班會或團體活動等時間，透過角色扮演、模擬演練、遊戲活動的設計，讓學生有練習通報求助的經驗。

(四)讓學生和家長瞭解被霸凌時申請調查的權利

教師要讓學生和家長瞭解疑似校園霸凌事件之被霸凌者或其法定代理人，得向學校申請調查，學校因應小組應於三日內召開小組會議，開始處理程序，並於受理二個月內處理完畢。旁觀者亦可以檢舉人身分，具名向學校提出調查申請。研究者寫作本章期間，曾發生家長認為自己小孩疑似遭受霸凌事件，逕行刊登報紙廣告，造成處理的複雜程度和雙方家長與小孩的傷害，深屬遺憾，學校如能明確告知家長有申請調查的權利，或可避免雙輸的局面。

七、培養學生願意為被霸凌者提供合法有效的協助

能力指標2-7是：能培養學生願意為被霸凌者提供合法有效的協助。霸凌具有同儕群體的特徵，同儕構成了霸凌現象重要的社會生態背景，也可能促使霸凌發生，包括：社會感染、攻擊抑制弱化、責任擴散，及霸凌學生與其追隨者會將被霸凌者汙名化，合理化霸凌行為

（Olweus,1993）；如果反過來，因為霸凌發生常常有同儕在場，如果旁觀者的同儕能夠轉變成和平大使，那麼霸凌行為就容易減少或受到制止（張文新、紀林芹等，2006：141）。

(一)讓學生瞭解霸凌的嚴重性願意為被霸凌者提供合法有效協助

透過課程設計與教學實施，讓學生瞭解霸凌的嚴重性，並且能讓學生瞭解霸凌發生時，旁觀者同時也是當事人，是最有機會遏止霸凌發生的人；霸凌時常是同儕之間的行為，成人比較不易得知，需要學生通報師長，才能減緩霸凌事件的發生。

(二)教導學生霸凌發生時協助被霸凌者的技巧

教師要教導學生不做霸凌者外，也能在辨識霸凌發生時不參與行為、不作圍觀，因為圍觀會激發霸凌者的表現慾，且讓被霸凌者誤以為霸凌行為受到其他同儕認可。學生還能夠視情況或尋求同儕協助一起予以制止、或即時通報大人處理，拒絕霸凌、通報霸凌。

(三)運用班級幹部或班上同儕公正第三者保護班上弱勢學生

導師可以組織並運用班級幹部（註；由學生選出來的）或班上較具同儕影響力的公正第三者，保護班上的弱勢學生，如有霸凌發生，可以預先制止，或即時通報導師或成人。

學校可以運用同儕支持來幫助霸凌事件的當事人，因為同儕關係是中小學生社會支持的重要來源，尤其是中學生，朋友或同學是他們傾訴的對象，可以運用同儕指導、同儕協調和同儕傾聽三種方式來協助。同儕指導可以是組成朋友小組（circle of friends），和友好待人（be-friending），來建立被霸凌者的積極友伴關係，而同儕協調就是衝突解決幫助同儕用建設性策略解決衝突；至於同儕傾聽是以諮詢技巧傾聽被霸凌者心聲，來提供支持和幫助。（張文新、紀林芹等，2006：145-158）。

在霸凌發生時，各種角色之中，以保護者的同儕地位最高，也只有地位較高的學生才不怕同儕的報復，而能伸出援手，幫助受霸凌者。

Phillips、Linney與Pack（2008）選訓有領導特質、忠於朋友、受同學信賴、有勇氣和正義感的學生，作為「學校安全大使」（safe school ambassadors），協助處理校園霸凌、或校園學生間暴力或偏差等不公平對待的行為。

 ## 第三節　校園霸凌的處理程序

校園霸凌發生後的處理，應該分為兩部分，一是「規定－處罰」的處理、二是「輔導－問題解決」的處理（陳利銘、鄭英耀、黃正鵠，2010）。在規定－處罰部分主要依照「校園霸凌防制準則」（2012年7月26日），建立一個標準化作業流程（standard of operation），而在輔導－問題解決部分則留待第四節加以說明。本節的六個能力指標，主要乃據此擬定，希望每位教師都能有所瞭解，發生校園霸凌時能運用熟稔。能力指標3-1是：能善用多元管道，蒐集相關事證，並初步辨識是否為學生偏差行為、疑似霸凌事件或重大校園安全事件。

一、善用管道發現學生不當行為

教師要能善用多元管道，蒐集相關事證，並初步辨識是否為學生偏差行為、疑似霸凌事件或重大校園安全事件。

(一)善用多元管道，瞭解學生行為

教師平時應善用多元管道，例如：觀察、聯絡簿和週記、校園生活問卷、自陳量表、同儕提名、訪談、學生和家長反映等管道，發掘學生的偏差行為。教師蒐集事證時，要注意到資料真實性及隱私的維護，例如：填寫問卷要不要記名，要配合人、事、時、地、物、時空背景和情境作調整，也因此要多方管道蒐集，做交叉檢證，以瞭解資料的真實程度。

(二)針對不當行為做程度上的辨識

教師要能針對學生行為，初步辨識是否為偏差行為、疑似霸凌事件或重大校園安全事件。

二、疑似霸凌事件應即時通報

能力指標3-2是：如辨識為疑似霸凌事件應即時通報校長或學務單位。

(一)瞭解霸凌事件的通報程序與時機

學生發生偏差行為後，經導師初評疑似霸凌事件，應向學校學務處（訓導處）生活教育組通報，甚至準則第11條規定也可以直接通報校長，足見對反制霸凌的重視。

(二)瞭解霸凌事件通報後的處理流程

學校學務處（訓導處）接獲通報後，會於三日內召開防制校園霸凌因應小組會議，成員包括校長、導師代表、學務人員、輔導人員、家長代表、學者專家等，高級中等以上學校之小組成員，並有學生代表。因應小組並應於受理申請之次日起二個月內處理完畢，以書面通知申請人調查及處理結果。

(三)遵守專業倫理保守祕密

教師通報疑似霸凌事件後，除有調查必要、基於公共利益或法規另有規定者外，對當事人、檢舉人、證人及協助調查人之姓名、或其他足以辨識其身分之資料，應予保密。

三、校方啟動防制霸凌機制後參與輔導小組

能力指標3-3是：能瞭解霸凌事件經評估確認後校方將啟動霸凌輔導機制，並參與輔導小組。

(一)霸凌事件經評估確認後校方啟動防制霸凌輔導機制

霸凌事件經評估確認後，由學校組成輔導小組，由導師、輔導老

師、學務人員、社工、少年隊、雙方家長等人員共同參加，並適時運用專業輔導資源及警政資源介入協助。

(二)導師應參與防制霸凌輔導機制的輔導小組

導師是輔導學生、幫助學生的重要人物，在防制霸凌輔導機制中必須與輔導室及校外輔導資源合作，共同架構三級輔導的完整體制。

四、向霸凌事件當事人家長溝通尋求合作

能力指標3-4是：能協助向霸凌事件當事人的監護人（法定代理人）說明事件原委，並告知參與相關會議。

學生行為如屬霸凌，應邀請雙方當事人家長分別到校，將事情原委相關證據與家長（監護人或法定代理人）說明清楚。邀請當事人家長參與相關會議、共同處理，並協助後續的輔導與追蹤。

五、學校調查處理過程的作為

能力指標3-5是：能瞭解霸凌事件輔導結案後解除列管的相關規範。學校在處理過程最重要的就是保護當事人，盡量避免雙方對質，並做到身分保密。依照「防制校園霸凌準則」應瞭解以下兩項處理（置）：

(一)瞭解學校調查處理過程的辦理方式

學校辦理方式如下：1.調查時，應給予雙方當事人陳述意見之機會；當事人為未成年者，得由法定代理人陪同。2.避免行為人與被霸凌人對質。但基於教育及輔導上之必要，經防制校園霸凌因應小組徵得雙方當事人及法定代理人同意，且無不對等之情形者，不在此限。3.學校基於調查之必要，得於不違反保密義務之範圍內，另作成書面資料，交由行為人、被霸凌人或受邀協助調查之人閱覽或告以要旨。4.學校就當事人、檢舉人、證人或協助調查人之姓名及其他足以辨識身分之資料，應予保密。但基於調查之必要或公共利益之考量者，不在此限。5.申請人撤回申請調查時，為釐清相關法律責任，調查學校得經防制校園霸凌

因應小組決議，或經行為人請求，繼續調查處理；主管機關認為情節重大者，應請學校繼續調查處理。

(二)學校於調查處理過程對當事人得為之處置

學校對當事人的處置，包括：1.彈性處理當事人之出缺勤紀錄或成績評量，並積極協助其課業，得不受請假、學生成績評量相關規定之限制。2.尊重被霸凌人之意願，減低當事人雙方互動之機會；情節嚴重者，得施予抽離或個別教學、輔導。3.避免行為人及其他關係人之報復情事。4.預防、減低或杜絕行為人再犯。5.其他必要之處置。如此才可以保護當事人，避免在處理過程受到第二次傷害。

六、霸凌事件的救濟程序及解除列管相關規範

能力指標3-6是：能瞭解霸凌事件的救濟程序及輔導結案後解除列管的相關規範。教師應瞭解處理的法定期限，也應瞭解處理結果須附上理由，且應有救濟指示。

(一)霸凌事件輔導結案後的救濟程序

學校應書面通知申請人或當事人時，告知對學校調查及處理結果不服，於20日內得提起申復，而因應小組應於30日內做成附理由決定之程序，以及提起申訴；或依訴願法、行政訴訟法提起其他行政救濟的管道。

(二)霸凌事件輔導結案的處理方式

霸凌事件的結案分為三級，包括：學校自處、教育局錄案督導、教育部查處。學校應持續輔導當事人改善其行為、接受完整的校內外輔導、矯正及治療措施，並經定期評估改善後結案。學校也應該在尊重隱私、個人資料保護的前提下，讓教師瞭解學校對霸凌事件的處理結果。

第四節　校園霸凌的輔導措施

霸凌事件發生的後續輔導措施，是重要、也是時間較爲持續的歷程，需要結合校內外資源，合力來達成。以下分四部分加以說明：

一、針對霸凌事件設計課程方案並實施教學

能力指標4-1是：能針對霸凌事件者設計課程方案並實施教學。

(一)針對被霸凌者設計課程方案並實施教學

針對被霸凌者設計的課程和實施結果，是希望能達成以下目標：1.能從對被霸凌者的傾聽與交談中找出問題，並告知有問題的是霸凌者。2.能教導被霸凌者因應技巧，但不要做肢體回擊。教導被霸凌者因應技巧，霸凌者想看到的是困擾不安的反應，所以要以幽默、沉默、或斷然方式反應，以防止進一步的攻擊，並可以角色扮演等方式練習因應技巧。而肢體回擊，是以暴制暴的方法，會使霸凌陷入循環狀態，讓事情變得更糟，因此切勿採用。3.能提升被霸凌者的信心和自尊，協助提供被霸凌者諮商或情緒輔導。4.能提供被霸凌者相關訓練，提升其社交能力、問題解決及自我肯定技巧（李淑貞譯，2007）。

(二)針對霸凌者設計課程方案並實施教學

針對霸凌者設計的課程和實施結果，是希望能達成以下目標：1.能讓霸凌者瞭解其行爲應承擔之法令責任。2.能針對問題，提升霸凌者的自尊程度。3.能教導霸凌者同理心及尊重個別差異。4.能教導霸凌者情緒（特別是憤怒）管理，提升自我控制的技巧。5.能教導霸凌者社交技能，以正面方式發洩精力。

(三)針對旁觀者設計課程方案並實施教學

針對霸凌者設計的課程和實施結果，是希望能達成以下目標：1.能讓旁觀者體會沒有中立的旁觀者，自己的行爲會影響霸凌者。2.能讓旁觀者瞭解看到霸凌發生告訴教職員是最好的協助方法，讓旁觀者瞭解每

個人都有責任守護其他人的安全與幸福，避免受到同儕壓力，有俗稱「抓耙子」、「叛徒」的詛咒，汙名化此項利社會行為。3.能教導旁觀者介入技巧、或視情況保護被霸凌者。

二、結合校內資源對霸凌關係人予以輔導

能力指標4-2是：能結合學校校內資源針對霸凌關係人予以輔導。校園霸凌發生後，老師的輔導措施，應該把握四不和四要的原則加以輔導。對霸凌者而言，不要以暴制暴，要培養其同理心；對於被霸凌者而言，不一樣要尊重，建立其自信心；對於旁觀者而言，不要袖手旁觀，要教導其伸出援手；對於導師而言，不要姑息漠視，要調解修復彼此關係。

(一)修復式正義的意義

修復式正義（restorative justice），係一種透過會議、調解、道歉、寬恕、賠償、服務、社區處遇等方式，回復犯罪所造成的傷害，和平解決犯罪與衝突案件的仲裁制度（莊忠進，2003）。如果用在學校，那麼就是學生間校園霸凌或衝突事件的所有利害當事人共同聚在一起，共同處理行為後果及其未來的過程。這是一種重視被害人感受、加害者道歉和責任承擔，強調補償和關係修復的方法。

(二)班級導師可以實施修復式正義的類型

班級內，導師比較容易實施的修復式正義類型，有以下兩類：一是加害人與被害人調解（victim-offender mediation, VOM），一是和平圈（Peace Circle），說明如下（陳祖輝，2013）：

1. **加害人與被害人調解**：兩造雙方在安全環境下會面，並且進行與傷害或衝突事件有關之結構性討論的過程，此種討論過程要由訓練有素的仲裁者來召集，透過讓被害者訴說自己遇害傷痛，讓加害人激起內在道德羞恥感，並願意提出修復賠償方案。

2. **和平圈**：由一、兩位對話促進者，加上當事人及有關人士一起圍成圈，共同討論問題的解決。當班級中發生衝突事件或霸凌行為時，和平圈可作為導師在班會上徵求對事件解決的做法。實施過程可以準備「說話信物」（talking piece），依序發言，拿到信物時需發言，若暫

時無意見，可傳遞給下一個人說話（惟不發言以3次為限），當拿到信物發言時，其他人必須緘默傾聽。導師帶領同學討論事件真相、經過與療癒情感傷害，但導師自己要淡化第三人角色，只負責澄清事件問題、主持會議，引導加害人向被害人認錯、道歉。療癒被害人的情感傷害與爭取道歉的第一時機，不做積極或指導性的介入。

(三)修復式正義植基的理論基礎

修復式正義的提出，乃基於「重整羞恥理論」（Reintegrative Shaming Theory），此理論乃澳大利亞學者John Braithwaite於1988年所提出，該理論將「羞恥」（shame）列為理論的核心位置，並將「羞恥」進一步區分成：「重整的羞恥」（reintegrative shaming）與「烙印的羞辱」（stigmatic shaming）兩種。「重整的羞恥」社會，會增加個體間之「互賴」（interdependence）程度，形成高度信任的社會，據以發生高社會控制而減低犯罪的發生；相反地，在「烙印的羞辱」社會，個體間的「互賴」程度低，彼此信任感不足，因此僅以排除的手段，處理犯罪者及其行為（陳祖輝，2013）。而修復式正義的做法，過程重視加害者和受害者社群的存在和參與，及彼此間的互相尊重和關懷，有利於建立一個「重整的羞恥」社會（Morrison, 2002）。Hay（2001）的實證研究結果發現，互賴（interdependence）和重整（reintegration）有強烈的關係，而Chen（2002）也發現「重整羞恥理論」比起「標籤理論」（labeling theory），更適合用來解釋東方社會重視集體主義文化差異的社會行為。

三、與當事人家長溝通與合作輔導改善學生行為

能力指標4-3是：能配合學校協助與當事人學生家長溝通與合作，輔導與改善學生的行為。

教師要配合學校對霸凌關係人的處置和輔導，尋求家長的協助和合作，如為霸凌者學生，應協助輔導與改善其行為；如為被霸凌者學生，應協助輔導與強化學生面對霸凌問題的處理技巧；如為旁觀者學生，應協助輔導與強化學生面對霸凌問題的介入技巧。

四、尋求校外資源協助處理霸凌事件

能力指標4-4是：能配合學校尋求校外醫療、社福、輔導及司法機關（構）等資源，協助處理霸凌事件與後續事宜。

霸凌事件發生後，被霸凌者、霸凌者和旁觀者如屬不同學校學生，學校應跨校尋求校際間共同合作處理。再者，應依據霸凌關係人的實際需要及後續表現，尋求校外醫療、社福、輔導及司法機關（機構）等資源，給予必要之協助和追蹤輔導。例如：修復正義的實施，開始的時候學校有必要藉由校外資源的協助，教導老師具備這樣的協調能力，並建構得以實施的校園環境和制度。

 ## 第五節　能力指標權重體系之建構

研究者將上述建構的能力指標，利用層級分析法（analytic hierarchy process, AHP）建構出權重體系。AHP係美國匹茲堡大學教授Thomas L. Saaty在1971年發展出來的，主要應用在不確定情況下及具有數個評估準則的決策問題上。本研究之建構過程及各能力指標之權重體系說明如下：

一、能力指標建立權重體系的建構過程

權重體系建構過程，包括以下步驟：

(一)舉辦焦點團體座談建構體系初稿

研究者先以文獻探討校園霸凌的相關資料，擬出草案，再透過上述21位相關人員四場的焦點團體座談、腦力激盪，建構出教師防制校園霸凌能力指標的層級關係，包括4個向度、23個指標。

(二)設計相對權重調查問卷

設計教師防制校園霸凌能力指標相對權重調查問卷，建立九點量表的成對比較矩陣，然後發送給專家學者、高中職教育人員（校長及教

師）、國中小教育人員、心理師、社工師、律師和家長，共36位（基本資料如表8-1）填寫。

☺表8-1　本研究層級分析法填答對象基本資料表

類別	組別	人數	百分比
背景	學者專家	7人	19.4%
	高中職教育人員	6人	16.7%
	國中教育人員	13人	36.1%
	國小教育人員	4人	11.1%
	心理師、社工師、律師、家長	6人	16.7%
性別	男	15人	41.7%
	女	21人	58.3%
合計		36人	100%

(三)計算一致性指標

　　每份問卷回收後，利用excel軟體，計算特徵值與特徵向量，每個成對比較矩陣一致性指標（consistency index, C.I.）值小於0.1，才列入有效問卷，並以全體36位受試者的算術平均數，計算全體的算術平均數。在計算全體問卷各個矩陣的權重、最大特徵值（λmax）、一致性指標和一致性比率（consistency ratio, C.R.）。

(四)列出能力指標的權重值

　　教師防制校園霸凌能力指標的4個向度，以「霸凌的防範」權重值最高（42.6%）、其次是「霸凌的認知」（25.9%）、第三是「霸凌的輔導措施」（17.2%），最後是「霸凌的處理程序」（14.3%）。其矩陣的最大特徵值λmax=4.010，一致性指標C.I.=0.003<0.1，表示評估過程達到一致性，也就是矩陣的一致性程度在可以接受的範圍；而其一致性比率C.R.= 0.004<0.1，也可說明其矩陣的一致性程度很高。而23項能力指標的權重值、其矩陣的最大特徵值、一致性指標和一致性比率，可以從表8-2得知。

☸表8-2　教師防制校園霸凌能力指標權重體系之建構

	向度權重	能力指標	地區權重值	整體權重值	統計值
1.霸凌的認知	0.259	1-1	0.195	0.051	λmax=6.027
		1-2	0.129	0.033	CI=0.005<0.1
		1-3	0.168	0.044	CR=0.004<0.1
		1-4	0.217	0.056	
		1-5	0.207	0.054	
		1-6	0.083	0.021	
2.霸凌的防範	0.426	2-1	0.275	0.117	λmax=7.018
		2-2	0.131	0.056	CI=0.003<0.1
		2-3	0.168	0.072	CR=0.002<0.1
		2-4	0.089	0.038	
		2-5	0.130	0.055	
		2-6	0.111	0.047	
		2-7	0.094	0.040	
3.霸凌的處理程序	0.143	3-1	0.322	0.046	λmax=6.024
		3-2	0.200	0.029	CI=0.005<0.1
		3-3	0.161	0.023	CR=0.004<0.1
		3-4	0.132	0.019	
		3-5	0.123	0.018	
		3-6	0.062	0.009	
4.霸凌的輔導措施	0.172	4-1	0.324	0.056	λmax=4.008
		4-2	0.302	0.052	CI=0.003<0.1
		4-3	0.229	0.039	CR=0.003<0.1
		4-4	0.145	0.025	

二、權重較高的向度和能力指標

　　由表8-2可知,四個向度的權重依序為:霸凌的防範、霸凌的認知、霸凌的輔導措施和霸凌的處理程序。而23項能力指標中,權重超過5%的有表8-3的9項能力指標,9項指標加起來的權重達56.9%,超過一半,如圖8-1,依序為:2-1能經常關懷學生、實施正向管教,掌握同儕互動,營造友善學習環境;2-3能掌握學生家庭狀況,主動給予

關懷及必要之協助；2-2能融入適當課程，教導學生面對霸凌的相關知能；1-4能瞭解霸凌行為所造成的傷害及其嚴重性；2-5能瞭解容易成為霸凌者或被霸凌者學生的人格特質或行為表現；4-1能針對霸凌事件者

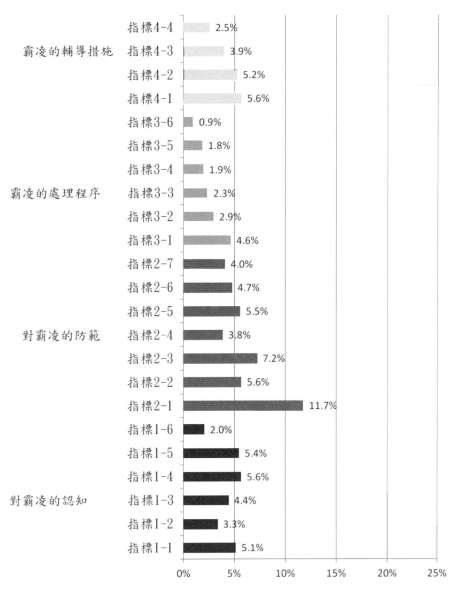

◎圖8-1 教師防制校園霸凌能力指標權重值分布圖

設計課程方案並實施教學；1-5能瞭解教師自己在霸凌事件中所扮演的關鍵角色；4-2能結合學校校內資源，針對霸凌關係人予以輔導；1-1能瞭解霸凌的定義、特徵、類型和成因，由此可知教師防制校園霸凌能力的重要內涵，如圖8-2。

⊛表8-3　教師防制校園霸凌能力指標最重要的九大項指標

指標內容	整體權重值
2-1能經常關懷學生、實施正向管教，掌握同儕互動，營造友善學習環境	0.117
2-3能掌握學生家庭狀況，主動給予關懷及必要之協助。	0.072
2-2能融入適當課程，教導學生面對霸凌的相關知能。	0.056
1-4能瞭解霸凌行為所造成的傷害及其嚴重性。	0.056
2-5能瞭解容易成為霸凌者或被霸凌者學生的人格特質或行為表現。	0.055
4-1能針對霸凌事件者設計課程方案並實施教學。	0.056
1-5能瞭解教師自己在霸凌事件中所扮演的關鍵角色。	0.054
4-2能結合學校校內資源針對霸凌關係人予以輔導。	0.052
1-1能瞭解霸凌的定義、特徵、類型和成因	0.051

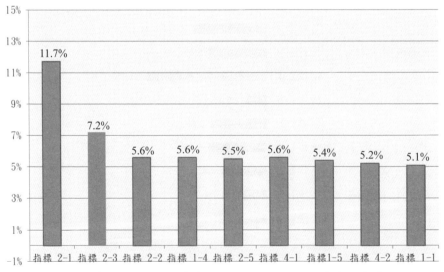

⊛圖8-2　教師防制校園霸凌能力九大重要指標權重值分布圖

一分鐘重點整理

1. 教師防制校園霸凌能力指標的建構，分為霸凌的認知、防範、處理程序、輔導措施等4個向度，23項能力指標，可作為教師專業成長之參考。

2. 教師防制校園霸凌能力指標最重要的9項分別為：

   (1) 能經常關懷學生、實施正向管教，掌握同儕互動，營造友善學習環境。

   (2) 能掌握學生家庭狀況，主動給予關懷及必要之協助。

   (3) 能融入適當課程，教導學生面對霸凌的相關知能。

   (4) 能瞭解霸凌行為所造成的傷害及其嚴重性。

   (5) 能瞭解容易成為霸凌者或被霸凌者學生的人格特質或行為表現。

   (6) 能針對霸凌事件者設計課程方案並實施教學。

   (7) 能瞭解教師自己在霸凌事件中所扮演的關鍵角色。

   (8) 能結合學校校內資源針對霸凌關係人予以輔導。

   (9) 能瞭解霸凌的定義、特徵、類型和成因。

延伸思考

‧防制校園霸凌的最後目的是什麼？

　　校園霸凌其實就是一種不正常的同儕關係，防制校園霸凌的目的，不在於要懲罰霸凌的學生，責怪當事人，而在於共同面對問

255

題，以修復式正義的方式，修復學生同儕間的關係。要如何做呢？
這是教師防制校園霸凌最重要，也是最困難的任務，而本章所建構
的能力指標可以參考。

第9章

班有身障學生
的經營

特殊教育包括身心障礙教育和資賦優異教育，兩類學生均可用特殊需求學生（special needs student）稱之，然而目前國內法規仍以身障學生稱呼接受身心障礙教育之學生，因此本章行文時將身障學生或特殊需求學生交互使用。由於身障學生較爲弱勢，在導師帶班經營班級時更應重視，因此本章將研究者訪談國中導師和特教教師的結果，佐以文獻分析，闡述班有身障學生的經營。

依據「高級中等以下學校身心障礙學生就讀普通班減少班級人數或提供人力資源與協助辦法」第五條前段規定：「身障學生就讀之普通班，其班級安排應由學校召開特殊教育推行委員會決議，依學生個別學習適應需要及校內資源狀況，選擇適當教師擔任班級導師，並以適性原則均衡編入各班，不受常態編班相關規定之限制」。不過各校配合普通班導師抽籤，在符合上開規定下編班做法仍有稍微差異。

以國中而言，七月初新生報到後，學校會將學生分成有抽離需求與無抽離需求的群組編班，方便同質性高的身障學生抽離排課，不會打散到每一班，而是集中編在幾班，然後於學校特殊教育推行委員會討論分組適當性再作調整，確定後提教務處註冊組編班會議，由特教組說明特殊學生狀況後，詢問導師意願。如導師皆無意願或有意願超過需求數，才由學務處主持抽籤決定帶班導師。全組劃分依據主要有轉銜時學生的基本能力測驗、障礙類別、障礙程度、個別需求、原班排課問題等。一個群組不會超過3名學生，障礙類別也不會超過二種，會把過動、自閉、情緒障礙這三種類別的學生分開，才不至於給帶班導師太大負擔（1001113訪韓老師）。

然而有些學校因身障學生多，擔心普通老師帶班負擔，尤其是障礙程度較嚴重時，也有打散到各班級，再用抽籤決定帶班導師的做法。雖然各校做法不一，但依前開辦法第四條規定：「身障學生就讀之普通班，經鑑輔會就前條各款人力資源與協助之提供綜合評估後，認爲仍應減少班級人數者，每安置身障學生一人，減少該班級人數一至三人。」所以每位帶班的導師都可以因爲班有身障學生，而減少班上學生人數，減緩負擔。

不過最重要的是，導師在開學前（初）、帶班過程、離班的轉銜輔導等，都應該做好帶領身障學生的準備，而普通班融入身障學生也常聽到一些迷思和困境。以下將研究者訪談14位在班級經營正向管教得獎，有融合教育經驗的國中普通班導師及特教教師的結果，分為三節加以討論。

 # 第一節　導師開學前（初）的準備

開學前，導師知道班上有身障學生時，應該做好哪些準備工作呢？又有哪些資源和支援可以運用呢？

一、教師心態的準備

導師要先自我心理建設，敞開胸懷包容接納身障生，關切他們的需求，並讓他們和班上同學和平相處，不但要將衝突、困擾減至最低，而且身障生在班上也能給予其他一般學生多元的學習機會，有正向的學習作用。因此導師要有正向和接納的心態，這是融合教育成效的關鍵（Jordan, & Stanovich, 2003; Silva, & Morgado, 2004）。

二、身障學生的初步瞭解

對於身障學生的瞭解，最好就是平常的觀察，但在學生還未入班前，也可以透過基本資料、特教組和國小教師、家長、網路文獻等相關資源，做初步的瞭解。

導師瞭解班上有身障生時，可以在開學前就找時間邀請特教教師、家長及國小老師進行多邊座談，瞭解學生從國小到國中的教育需求。在正式擬定學生個別化教育計畫（individulized education program, IEP）之前，也可以有一些非正式的座談。

跟家長座談時，訪談的余老師說到一些訣竅，而開學前導師如能親自家庭訪問，對身障學生的能力、需求和特質，可以有更深入的瞭解，

如此也比較容易建立起師生間和親師間的信賴關係：

> 身障學生的家長，可能因為多年來已經受到別人太多太多言
> 語上有形、無形的傷害，因此導師和家長互動時，要特別注
> 意說話的技巧或禁忌，例如：導師千萬不要對家長說：「我
> 真是拿你這個孩子沒辦法」，最好能換句話說：「我正在想
> 辦法改變這個孩子，爸爸或媽媽您有什麼好建議？」
> 當家長抱怨自己孩子時，千萬別附和。因為沒有家長會樂意
> 聽到導師證實她的孩子的確不好。家長會想：「原來老師也
> 認為我家小孩真的這麼爛」，更加覺得孩子沒指望，如果因
> 此而放棄希望，家長變得沒效能時，導師單方面的努力很難
> 成功。所以，當家長抱怨時，導師要提醒他孩子的優點在哪
> 裡，為家長注入正向管教的能量，也讓家長高興：「原來老
> 師這麼重視我家小孩啊！」以後家長會更樂意配合（1000926
> 訪余老師）。

而透過相關網路、文獻、書籍和影片，也可以瞭解身障學生障礙類
別、障礙程度，思考身障學生的特殊需求。

另外，和一般生的班級一樣，導師也可使家長能事先瞭解導師的教
育理念和做法，如此有助於親師合作。

三、班級環境的準備

班級環境的準備，包括：物理環境和心理環境，所謂物理環境指的
是教室的設施、設備和布置、課桌椅的擺設等；而所謂的心理環境指的
是與班級有關人員互動產生的班級氣氛，有關人員包括其他一般學生、
其他學生的家長，還有任課教師，以下加以說明：

(一)物理環境的安排

導師可以依據孩子的障礙類別安排座位及調整帶班情境，例如：自

閉症的孩子人際互動有障礙，會安排坐在導師旁邊；如果會有干擾或攻擊性的學生，儘量讓他座位靠旁邊，但是位子也不要固定，可以視學習狀況定期做調整。尤其可以在調整座位時視情況安排小天使（友善的同學）坐在旁邊協助，小天使的安排要找一群同學，而非只有一位同學，避免同學過於勞累；另外協助的小天使，也可以給予公共服務時數或獎勵，以茲鼓勵。

由於身障學生有時要抽離到資源班上課，班上同學可以把下一堂課上課地點、或要注意的事項寫在黑板上，以免身障生找不到教室上課、或不知道班上交代的事情。另外，導師也可以和資源班教師合作，提升身障學生自行到資源班上課的意願和能力。

(二)心理環境的安排

班上有身障學生，在開學前或開學初如何讓任課的科任教師、其他學生和家長瞭解呢？

1. **對於科任老師而言**：學校會提供任課老師書面資料，但光靠書面資料不能完整瞭解該名特殊學生，導師可以自己再個別拜訪任課老師，說明學生狀況及適當處理方式。任課老師經過導師更關鍵性的提醒，會比較注意學生的學習狀況。

2. **對班上其他學生而言**：首先，要取得特殊生家長同意，再跟全班同學宣布班上有特殊學生。再者，宣布時不特別談是什麼障礙類別，而是把重點著重在學生可能有的表現特徵，並說明每位同學都有個別差異存在。最後，如果無法事先取得特殊生家長同意，則要透過其他方式，讓班上其他學生瞭解尊重個別差異的重要。

3. **對班上其他學生的家長而言**：導師開始的作為很重要，導師對特殊生接納和包容，學生會模仿老師的行為與態度，其他學生家長也比較能夠接受班上有特殊學生。導師視必要性可在開學班親會（學校日）統一做說明，告知家長自己的教育理念，但不要特別透露特殊生身分，只做選擇性說明。如果學生有狀況、家長有異議時，導師才需要針對問題說明班上特殊生的狀況。

　　有些訪談的導師表示：「可以使用部落格分享班上的互動，使家長瞭解學生在校的生活，減少家長的疑慮。而疑慮產生時，導師首先要區分是家長想像的疑慮，還是學生轉述的誤解。若是前者，直接找家長溝通；若是後者，先找學生瞭解。如果有一群家長有疑慮，先找帶頭的家長溝通，再開班親會說明」（1001017訪顏老師）。

　　經由開學初做好物理環境和心理環境的安排，讓特殊學生感受到被關懷與接納的班級氣氛，建立支持與鼓勵的學習環境，不但相對地減少特殊生許多情緒及行為問題的發生，而且讓他們產生學習動機和學習意願，體會到自我的價值感、學習的成就感、團體的歸屬感（張美華、簡瑞良，2009）。

四、教學工作的準備

　　導師在教學工作上的準備，可以從充實自己的特教知能開始，並準備相關教學資源作為機會教育使用，更要針對特殊學生的需求，在教學上做個別化調整。

(一)參加特教知能研習

　　高級中等以下學校身心障礙學生就讀普通班減少班級人數或提供人力資源與協助辦法第5條後段規定：「前項班級導師，有優先參加特殊教育相關研習權利與義務。」特別是針對導師自己未帶過的障礙類別的相關知識和經驗是研習的重點，雖然每個特殊學生都有個別差異，但還是有參加研習事先做通盤瞭解的必要。

(二)準備相關教學資源作為機會教育

　　導師事先透過特教老師和學校設備，預先準備相關教學資源，例如：像影片《獻給阿爾吉儂的花束》、《與光同行》、《雨人》、《馬拉松小子》、《海洋天堂》、《一閃一閃亮晶晶》、《心中的小星星》等影片，如《點》、《失落的一角》、《十人十色小青蛙》等繪本，並可結合輔導活動或體育課，與特教老師合作，安排體驗活動（如視障、聽障、肢障），由有形的障礙讓學生體驗人的不平等，進而介紹隱性的

障礙（如學障），引導學生正確看待「身障學生」。國內外還有很多教學資源，都可作為機會教育使用。

(三)在教學上留心學生需求進行個別化調整

導師要留意每位特殊生可能有不同的需求，在教學上做一些個別化調整，例如：曾有特殊生無法忍受自己的考試卷被「打叉」，這時就要特別提醒任課教師或告知其他同學在交換改考卷時，以「畫圈」來標明錯誤的部分（1000926訪余老師）；有些特殊生無法進行眼神的交流，在跟他說話之前，就可以加一句：「○○○（學生的名字），看著我」，讓學生知道老師要跟他說話（1001017訪顏老師）；特殊生無法很快進入狀況，在進行教學活動時，讓別的同學先做，示範給他看（1001113訪韓老師）；針對特殊學生的需求，在教學設備上做一些準備，例如：放大字版的講義、教材呈現要顧及學生學習習慣和限制等（1010615訪嘉老師）。

案例9-1　小華被忽略的特殊需求

小孩從國小升入國中是全新的開始，開學初總不免有熱心的家長主動聯絡老師，討論小孩的狀況，小華的媽媽便是其一。事實上小華在校名列前茅，家庭功能健全，相較其他有偏差行為的學生，小華不太令人操心，但是隨著相處時間拉長，顏老師觀察到小華與其他孩子的不同。

以整潔為例，小華的抽屜永遠亂七八糟，有時抽屜內的垃圾太多，還會掉到地上，破壞班上整潔，老師為此要求他整理乾淨，他卻無論如何就是沒辦法擺放整齊，常常跟老師發生衝突，某次顏老師訓斥他抽屜又掉出很多垃圾，小華眼淚當場掉了下來。

顏老師問：「你覺得委屈嗎？你為什麼要哭？」

小華竟然平靜地否認：「老師，我沒有在哭啊！」

顏老師覺得很奇怪，小華好像無法連貫自己的感受與行為，

她撥了一通電話給小華的媽媽，說明她這段時間的觀察，媽媽這時才告訴老師，小華曾去兒童心智科檢查，醫生只是說天才難免會有一些缺陷，但因為小華的能力很好，與常人的差異不會嚴重到影響生活，因此並沒有再去做正式鑑定。顏老師只好求助特教組，特教組認為小華疑似是亞斯柏格症（Asperger Syndrome）。

雖然小華成績很好，但學校生活不是只有課業的學習，還有實作課程、社會適應等，這些正是小華缺乏的，在沒有鑑定、特教服務無法進駐的情況下，顏老師主動與童軍、家政老師聯絡，請他們減少小華操作部分的作業量，因為小華肢體協調能力比較不好，無法負荷大量的操作課業。

另外，小華很喜歡在上課時間舉手發問，但問題都比較艱深，其他同學連問題本身都無法理解，顏老師只好請他回家查資料，再利用課餘的時間跟他討論。

顏老師察覺學生不論障礙類別為何，對於別人給予的反應是相當敏感的，教師除了行為的約束，也要兼顧學生情意方面的需求。以小華為例，他擁有的能力與資源比其他學生都來得優越，但在人際相處上卻始終有一道難以跨越的鴻溝，在班級中也比較孤立。顏老師知道小華假日會去當志工，會請小華在班會上分享，給他機會彌補在人際互動上的不足與挫折。

五、班上有疑似身障學生的處理策略

有些導師可能會像案例9-1顏老師遇到有特殊需求的小華一樣，開學初慢慢注意到有些學生不一樣，慢慢發現班上有疑似特殊需求學生（身障生），導師應如何處理呢？

(一)與家長溝通讓學生接受鑑定

導師發現班上有疑似身障學生（特殊需求學生）的個案時，應請

學校召開個案會議討論，請家長與老師共同討論學生的學習問題。但是
家長常常會因爲防衛機轉不願意把小孩送鑑定，造成導師很大的壓力。
雖然輔導室會依孩子的行爲表現做前測來參考，但最重要的還是家長願
意帶去醫院做進一步檢查。但導師也不要操之過急，說服家長是個逐步
漸進的過程，以案例9-1的小華爲例，導師還是可以跟家長深度晤談，
找出小華的優弱勢能力、日常生活表現、小華過往學習經驗、家長的想
法，針對課堂表現重點項目介入，具體說明約定俗成的社會認知事項，
讓小華在班上的學習可以更順利。

(二)與家長深度晤談

　　不管家長同不同意送孩子去醫院鑑定，導師都可以先和家長進行深
度晤談，主要瞭解下列四個主要事項：

　　1. **瞭解小華的優弱勢能力**：雖然帶班老師能夠觀察到小華的表
現，但小華父母與小華有長時間相處，透過晤談，能夠更瞭解小華的優
勢及弱勢能力。例如：特殊需求學生尤其是高功能自閉症或亞斯伯格症
者在語言表達上，常有「語用」的問題，例如：以隱喻式語言表達某些
句子，有名自閉症學生就會以「現在幾點鐘？」的句子，代表「我想要
休息了」，聽者多半會回答該生目前的時間，不過學生仍會不斷重複問
著：「現在幾點鐘？」直到允許他休息爲止（1010628訪林老師）。透
過晤談家長，可以幫助老師更加瞭解學生的特質和特定性行爲背後眞正
的意圖。當老師眞正瞭解小華的行爲動作、語言表現所代表的意圖時，
才能教導他如何使用更符合社會期待的方式，表達出自己的想法或需
求，減少問題行爲的發生。

　　2. **瞭解小華在家中或日常生活的表現**：特殊生多半有類化困難的
現象，小華在學校中的表現有可能不如在家中的表現，畢竟家中的環境
單純、面對的人事物也是熟悉的。因此建議老師不能單以小華在學校中
的表現，來代表他的眞實能力。相反的，若小華在家中擁有的能力卻沒
辦法在學校展現時，老師應該思考是什麼原因導致小華無法類化該能力
到學校環境中。舉例來說，假設小華在家中可以依照媽媽建議的方式打

掃家裡，但在學校卻堅持用自己的方式打掃，有可能因為小華在教室掃地時，會有同學走來走去導致他感到焦慮，因而堅持自己的打掃方式。如果老師可以提供合適方式減輕小華焦慮，就可減低衝突的發生。

3. **瞭解小華在過去求學過程遭遇的特殊事件**：老師透過與小華家長晤談，能夠理解小華過去求學經驗，這有助於老師思考如何幫助小華，何者是對他最有助益、最可接受的方式。同時要特別注意小華求學過程曾有的負面經驗，避免重蹈覆轍，以防止小華的情緒及對上學的動機愈加低落。

4. **瞭解家長的想法**：教師先以自己平日的觀察為引子，和家長深入探討學生的行為、態度和想法的問題，一方面試圖找尋有效的解決方法，一方面可以瞭解家長的心態和想法，以利後續處理。

(三)針對課堂表現重點介入並具體說明社會認知事項

老師可先分析小華最容易影響其人際關係的行為，重點目標進行介入，先解決較嚴重的問題行為。導師可透過與其他科任老師和學生的描述，瞭解小華在不同課堂上的表現，例如：大家皆認為小華在英文課表現良好，但在家政課表現較差，於是分析這兩堂課的具體差異所在，發現可能小華精細動作表現較差，因此對需要大量使用精細動作的家政課感到焦慮，那麼老師在家政課可提供小華較容易完成的半成品，減低其焦慮感，較能誘發出好的情緒品質和互動行為。

再者，導師應該具體說明約定俗成的社會認知事項讓特殊生瞭解，因為他們可能在社會情緒、人際關係發展較弱，對約定俗成的文化禮儀較難理解，也無法像一般生可以透過與人互動、觀察、模仿，而習得社會認知能力，例如：一般生可以理解不該在上課時，詢問不符合課程相關的問題，但特殊生可能要老師具體說明才會瞭解。像小華是比較高功能的亞斯伯格症者，因為認知能力不錯，對其不理解的事物通常會不太願意配合，如果老師只用命令的方式要求他，通常不會達到太好的效果，但如果老師能使小華理解，具體讓他知道老師希望小華怎麼做，行為就可以獲得大幅度的改善。以案例內文的例子而言，老師只請小華

回家查資料，運用課餘時間討論還不夠，應該讓小華理解上課時間不適合問課外問題的原因，例如：老師可以向小華說明：「當老師上英文課時，小華問到了生物方面的問題，一方面會使得同學一頭霧水，也會少掉了上英文課的時間」。老師可進一步和小華討論：「假如今天在小華最愛上的英文課中，有別的同學一直問老師有關家政課的問題，那麼小華的心裡有何感受？如果小華在談論他喜歡的東西時，卻一直被別人打斷，會有什麼感覺呢？」（1010628訪林老師），除此之外，老師也可以運用社會性故事（social story）作為介入策略（張正芬，2008）。

　　礙於法規限制，學生如果未接受鑑定，就無法得到學校特殊教育人力和資源的協助，在升學時也無法享有特殊生的待遇，因為身分還是一般生，學校特教組和導師的協助就有限，如果學習困難，也只能和一般生一樣進行補救教學。導師可逐步說服家長讓孩子接受鑑定，進入特殊教育的資源系統，然而依據研究，導師要求家長帶小孩到醫院做鑑定，是最容易發生親師衝突的原因之一（張民杰，2008），研究者建議導師應該要逐步漸進，先和家長建立信任關係，例如：邀請家長一同觀察孩子的行為，瞭解鑑定出來後的具體協助事項和資源，如何避免標籤或負面效果的因應做法等，再進一步要求家長帶孩子接受鑑定。

 ## 第二節　班上的人際互動與身障生的輔導

　　將特殊生和一般生放在同一間教室一起學習，提供特殊生正常的教育環境而非隔離的環境，並且增加特殊教育與普通教育教師的合作，在普通班提供特殊教育和相關服務給有需要的學生，是融合教育（inclusive education）要達成的目標（鈕文英，2006）。本節擬說明普通班教師如何和特教教師合作，讓特殊生可以融入普通班的學習環境，在班上同儕之間有良好的互動，並做好特殊生的轉銜輔導。

一、導師或特教教師為班上同學介紹身障生

有的導師會自己介紹身障生，有些會邀請特教教師入班宣導，甚至邀請家長入班宣導都是可行，宣導者對個案愈熟悉當然愈好，在對班上同學和家長介紹身障生時，以下做法可供參考：

(一)宣導時應儘量避免提及學生的障礙名稱

老師對特殊生的介紹如果提及學生障礙名稱，容易讓該生被貼標籤，舉例來說，同學之後會有意無意的說：「喂！你就是那個『亞斯伯格』喔！」、「你吃藥了沒？」等。因此老師在介紹時應該以個案的特質為主，介紹他的行為與狀況、應該採用什麼樣的應對方法，而非給學生一個「病名」標籤。當然也有同學會猜到，而教師可以利用這個機會教導學生：「對於病名這是專業醫生才能開立的診斷，我們都不是醫生，就算你只是開玩笑也是不恰當的，不要給自己的同學貼標籤」（1010528訪庭老師）。

(二)宣導時須顧及特殊生的感受

導師或特教教師要為班上一般生介紹特殊生時，要顧及特殊生的感受。通常會支開當事人然後再做介紹，而且要多舉一些生活上的實際案例，具體說明當事人出現的行為、可能的原因，及因應的具體方法，提升同學對當事人的瞭解，增進接納度與包容度。

(三)設計課程、選擇教材，進行活動宣導

導師可和特教教師合作，把介紹特殊生的活動，當成是一次重要的非正式課程，是重要的一項生活教育，學生一次重要的學習機會，因此老師要先設計課程，選擇教材，透過晨間活動等空白課程或班會時間，讓班級學生對特殊生有正確的認識，引導其與特殊生相處之道，營造一個友善的學習環境。例如：老師可以選擇適當的影片作開場，藉由師生的提問和討論，讓學生們從影片中瞭解不同的人、有不同的特質，對於事物的感受度也會有所不同，透過比較輕鬆的教材，通常會讓同儕更容易感同身受。

二、一般生和特殊生的同儕互動

導師是架起特殊生和一般生互動的橋梁，經由導師的規劃、安排和引導，班上同儕的互動會更良好、更密切，以下是導師可行的做法：

(一)協助一般生瞭解特殊生，並以特殊生接受的方式互動

導師可以協助一般生瞭解如何和班上特定的特殊生互動，例如：該生眼神不與人接觸，容易沉浸在自己的世界，不喜歡身體上的碰觸等，但他記憶力超強、個性直率、天真善良（1000926訪談余老師），由於該生不善解人意，因此請同學有事跟他講時速度要放慢、講清楚，必要時請該生複述一遍（1001017訪顏婉玲師）。如果該生有不適當的行為，可以具體清楚且態度良好的跟他溝通，假如他不聽，就來找老師處理，不要私下和他起爭執。如此，一般生就比較知道如何和該位特殊生互動了。

(二)設計教學活動引導學生合作學習

老師可運用小組的方式，由自己或指定不排斥小華的學生帶領一些合作性的活動。例如：科學展覽或讀書會等。通常社會人際關係較弱的學生，在人數愈多的團體中會愈顯得退縮。運用小組的方式，加上成人或優良同儕的協助引導，可以增加特殊生與同儕間良好的互動經驗。有了愉快的經驗，將使特殊生更有動機去和其他同學繼續互動，同時也能增加其同理他人的能力。

(三)提供特殊生展現長才或為班上服務的機會

導師應瞭解特殊生的強項，提供機會讓他展現長才、或用來幫助同學。若有適合的校內、校外的比賽，也可讓特殊生參加。如此可以提升特殊生的自信心，也可以改變同學對他的看法（1000926訪余老師、1001017訪顏老師）。

(四)彈性修改對特殊生的要求

老師如果過分給特殊生特權，會引發同儕對他的不滿、或無意間營

造出特殊生缺乏能力的表象。老師可以適時彈性修改對特殊生的要求，但仍期待特殊生可以瞭解、適應團體生活，因此不建議特殊生可以打破團體中基本的要求與規則，教師或家長可以提供合適的鷹架協助其完成工作（1010628訪林老師）。

(五)提供雙方正向支持和鼓勵

導師對於特殊生和一般生，都要多給予鼓勵、肯定、支持、讚美。特殊生在學習融入群體，而一般生也在學習接納與自己不同特質的人。雙方有良好的互動時，老師應不吝於給雙方肯定和支持；當雙方溝通不良時，老師也不應氣餒或歸咎任一方。老師的態度將影響同儕對待特殊生的態度，正向看待團體中的每位學生，讓學生在班級擁有歸屬感、安全感，和愉快的求學經驗，是融合教育的成功保證。

(六)組織「興趣團體」

導師在瞭解特殊生專長後，可號召擁有相同興趣或長才的同學組織「興趣團體」。舉例來說，假設特殊生在數學表現不錯，老師可組織一個有關數學的小組，成員都是對數學有興趣的。以亞斯伯格症的孩子為例，在面對自己感興趣的議題時，多半可以侃侃而談甚至談笑風生，融入團體，建立良好的同儕關係。

(七)建立面對面之外的溝通管道

有些特殊生，例如：自閉症或亞斯伯格症學生，在語言表現上，顯得較為辭不達意。老師可以提供其他機會讓同學之間進行交流，例如：班級的信箱、部落格或臉書等。課餘時間的交流，可讓特殊生與同學之間有更多可以聊天的話題和互動。

(八)老師不斷地身教示範

老師自己也要尊重個別差異、具備同理心，每次老師和特殊生應對，就是老師對其他學生做機會教育的最佳時機，老師對特殊生友善，指導其修正不良行為，鼓勵其正向行為，學生也會耳濡目染，以身作則正是教導一般生和特殊生互動的最好示範（1001017訪顏老師）。

以下案例9-2，余老師就有運用到上述的原則協助小凱，包括：協助一般生瞭解特殊生，並以特殊生接受的方式互動、提供特殊生展現長才、提供雙方正向支持和鼓勵、老師不斷地身教示範等做法。然而有時身障生身心狀況也會出現不穩定，需要導師做一些同儕互動的調整和因應。

案例9-2　小凱的世界

在開學前，導師抽籤決定後知道自己班上有一名自閉症的學生，余老師只覺得無比的陌生。「自閉是不是就是沉浸在自己的世界，不跟其他人溝通呢？」余老師暗自忖度著。

很快地，特教組安排了第一次的見面，學生的家長、國小老師及國中老師齊聚一堂，討論孩子有哪一些學習上的需求。「孩子不能忍受考卷被打叉」、「他沒有辦法做眼神的交流，但他並不是不尊重老師」。媽媽提出了她的觀察，余老師一邊聆聽，一邊記下筆記，思索應對的策略。經過一番討論，余老師對小凱有了初步的印象。

可能是新環境讓小凱感到焦慮，小凱第一天上學遲到，他砰的一聲把門推開，開始碎碎唸：「都是因為阿嬤讓我看電視，害我眼睛壞掉，所以我要殺死阿嬤。」接下來的新生訓練，更是沒辦法坐在原地聽演講，索性在地上打滾，種種脫序的行徑讓班上同學無法忽略小凱的不同，余老師注意到這個狀況，開始與媽媽寫交換日記，用貼紙、獎勵來制約他的行為。

為了讓小凱更快融入班級，余老師趁小凱不在時，播放「獻給阿爾吉儂的花束」，向全班同學說明有些孩子某方面是特別的，並大略描述小凱的狀況，也教導他們包容的態度。余老師與班上約法三章，不可以有身體上的碰觸、不可以排擠他、不要緊迫盯人。余老師很驚訝的發現，在她指定小天使以前，班上同學已經主動組成團隊，協助小凱抄聯絡簿、安撫他的情緒等。

在教導小凱的過程中，特教組會提供檢核表、備忘錄，協助余老師，小凱的家長也不定時做一些小點心跟班上的同學分享，在大家齊心合力下，小凱對班上有了更多的認同，問題行為也明顯的減少。

小凱逐漸展現他的自信與優點，舉例來說，他幾乎不會缺交作業、打掃工作也是最認真的、記憶力很強等，余老師肯定他的表現，同學也喜歡這樣一個直率的開心果。

但有次和同學的衝突，卻讓小凱與同學的關係岌岌可危。小凱換了藥，導致他情緒不太穩定，追著同學跑，甚至動手打同學，余老師連忙找來特教組的老師與家長，請他們帶小凱離開，這次的衝突，讓小凱與同學的相處出現裂痕。「他為什麼會變成這個樣子？」同學感到困惑與質疑，冷漠與疏離的氣氛開始發酵。余老師除了向同學解釋緣由，也動之以情，並修正自己過去的做法，本來同學都會主動幫小凱完成的事情，余老師儘量親力親為，免得衝突再起，她請學生不要直接指正小凱的錯誤，讓老師來處理，逐漸彌補這道傷痕。

小凱即將畢業時，學校老師本來希望小凱可以進入高職的綜合職能科，但媽媽在轉銜會議上，還是堅持要讓小凱繼續待在普通班，因此小凱最後進入了私立高中，展開他新一階段的求學生活。

三、特殊生和一般生衝突的處理

特殊生和一般生在班上發生衝突後，導師的處理不但要顧及特殊生的個人特徵和感受，還要考慮到一般生的想法。從以下案例9-3特殊生包子和一般生互動的衝突，可以分析導師處理適當，還有可以改善的地方。

案例9-3 特殊生包子和一般生互動的衝突 ⋯⋯⋯⋯

包子是李老師班上一名亞斯伯格症的學生，就讀八年級，爸爸是高功能自閉症患者，兩個妹妹其中之一也被診斷出自閉症。家中經濟狀況小康，父親是牙醫，常常工作到晚上十一、十二點，他告訴包子：「早上睡到自然醒，就算不到學校也沒關係。」包子利用這一點，在學校時而打混摸魚，最近父母感情失和，母親搬回娘家，包子的表現更是一落千丈。

有些同學看準包子的反應比較慢，會把欺負包子當成遊戲，像是故意把包子的書包弄掉、偷打包子、走路的時候撞他一下等，可能因為太多類似的遭遇，包子認為其他人都對他有惡意，他很喜歡找老師評理，李老師常常夾在學生中間，面對包子指證歷歷，其他學生卻堅持自己沒有惡意，李老師知道自己必須要很謹慎的處理這個問題。

李老師慎重的召開了班會，請同學說出自己的想法，並討論該如何處置欺負包子的人，同學們形成了下述的共識：

1.當眾對包子鞠躬道歉至少一百次，並且要取得包子的原諒，並於體育課、童軍課等課堂至辦公室罰站。

2.直接告訴包子的家長是哪些同學的個人行為，而不是讓全班同學一起被責備。

3.通知當事者同學家長、或是移送學務處校規記過、或是帶回家反省。

李老師將其整理成家長同意書，請學生帶回去給家長簽名，另外再召開親師座談會，家長們普遍支持李老師的做法，有些家長表示之前不知道情形如此嚴重，希望教師能隨時告知自己孩子在學校的情況。

除此之外，包子在學習上也有注意力不足的問題，他上課常東張西望，有時索性趴下來睡覺，如果有同學把他叫醒或是叫他翻開課本，他的情緒就會變得很激動。李老師把包子的座位安排

在最後一排，避免他影響其他同學，她告訴包子：「如果你真的沒辦法待在教室，就到辦公室來找我。」因此，當包子上課時間走出教室到導師室，科任老師也不會攔阻他。

為了建立包子的自信心，鼓勵他發展社會適應技巧，李老師在聯絡簿中告知家長包子在校表現，不吝惜讚美包子的進步，讓家長跟包子都可以看見教師的期許，包子也常在聯絡簿中抒發自己的心情，他不斷地提到「新幹線」、「捷運系統」，試著與李老師、爸媽分享他專屬的世界。

李老師認為光靠自己的力量是不夠的，她希望包子能得到更多專業的支持，但包子很抗拒去輔導室，他覺得那會讓自己跟別的同學「不一樣」，李老師苦惱許久，決定退一步。她准包子請一天假，代價是去輔導室吃一頓午餐，這個策略發揮了作用，包子跨出了第一步後，逐漸也喜歡上輔導室的環境。

李老師相信「凡事都有第一次」，縱然包子初始表現出害怕、不適應，但在李老師積極的介入之下，包子逐漸克服了自己的障礙，在普通班的適應情形有好轉的跡象。

(一)學生決議的處罰不一定適當

以上述案例，李老師讓學生討論後決議的處罰並不適當：

1. **道歉的目的在於使犯者知錯能改**：若欺負包子的學生知道自己做錯事，且有誠意向包子表示道歉的話，受訪的老師覺得很誠懇的道歉一次或用書信表達自己歉意即可，無需形式化的道歉一百次；若無誠意，縱使道歉一百次也不會有悔意。再者，道歉一百次不僅讓道歉者有些難堪和尷尬，也會讓患有亞斯伯格症的包子相當尷尬和困窘，並不恰當。老師讓學生有自治、表決權是一種學習，但畢竟學生不甚瞭解議事規範和流程，更何況當下主持會議者之引導、說明及態度極為重要，會影響同學之表決，若學生之決議事項有違教育意義的話，老師仍需跳出

來說明、引導一番，或老師提出其他更合理的處罰方式之建議，再請學生重新決議，而且以正向的管教策略爲佳（1010512訪劉老師）。

2. **處罰要合乎邏輯後果並避免後遺症，可以團體課程取代懲罰**：這種處罰是否符合邏輯後果（logical consequences）或是否引起後遺症，案例中的處罰：「加害的學生要於體育課、童軍課等課程至辦公室罰站」不合邏輯後果，且有剝奪學生受教權之虞，事後學生可能認爲：「好啊，那我以後不要理他就沒事了。」（1010612訪嘉老師），這樣雖可改善包子（個案）被欺負的狀況，卻可能造成個案在班上的孤立，產生後遺症，而且家長不見得認同，剛開始雖然家長無意見，但執行後容易產生摩擦。如果要求欺負特教生的同學一起參與團體課程，透過團體課程瞭解特殊學生的狀況，以及日後相處之道，是比較符合邏輯後果的處罰。團體課程雖然耗時，但顧及了學生顏面，又可以成長學習，只要事先把前因後果貼在聯絡簿告知家長，基本上家長都願意配合（1010528訪庭老師）。

(二)家長介入學生間紛爭須審慎衡酌

老師應視學生之間紛爭的情節來決定是否告知家長，若學生間的紛爭情節重大，例如：長期霸凌、已構成威脅或損害人身財產安危等，則老師應盡告知家長的義務，若紛爭無法排解，或已威脅或損害人身財產安危，則需請雙方家長共同討論協調紛爭之排解與後續處置方式；若只是學生間常出現之誤解、鬥嘴等小紛爭，則無需告知家長，也無需家長介入，更不宜由某方家長獨自找對方學生或家長理論或處理。案例9-3導師書面通知家長班級的狀況，未來的處理方式很不錯，但要不要請全班家長到校班親會則應謹慎衡酌（1010512訪劉老師）。

反倒是可以先試試邀請包子（個案）的媽媽來班上跟學生分享養育個案的辛苦，讓同學體會，產生同理心。這樣的方式有老師有類似個案，如此處理效果還不錯，可降低同學捉弄個案的情況（1010628訪林老師）。

四、特教老師對普通班教師的互動和協助

普通班導師積極地與特教教師合作，是經營班級融合教育的要素之一（Fink, 2004; Olson, Chalmers, & Hoover, 1997），導師單打獨鬥的時代已經過去了，可以透過個別化教育計畫、個案會議、轉銜會議等正式會議，或非正式的互動，尋求專業的特教老師，甚至適時加入助理員、心理師、職能治療師、社工師、醫師等各種不同的專業協助。身障學生融入普通班級後，如果特教教師能提供普通班教師以下的互動和協助，可以讓融合教育更順暢。

(一)提供身障學生相關資料給導師和任課教師

特教教師可以提供身障學生相關評估、晤談、轉銜資料給導師和任課教師，像案例9-3特教教師可以提供普通班教師關於特殊生過去的發展能力、求學史及未來期待等資訊，幫助任課教師更加瞭解特殊生。有些學校輔導室同時也將相關資料統整濃縮，做成簡易閱讀的摘要提供給每位教師參考，甚至建立檔案依業務不同，著重點不一，做些修正，送給各處室，因為特殊學生可能在行政處室受挫，例如：學務處會比較著重學生特性和管教方式，如果有特殊生犯錯被送到學務處，可跟特教組聯繫，詢問和討論處罰或處理方式。

(二)同理普通班教師處境與立場，必要時入班協助教學

由於任課教師除身障學生外，還同時要關照到一般為數更多的學生，背負學生課業成績和行為表現的壓力，因此特教教師應該要同理任課教師的立場，肯定導師和任課教師的付出和作為，建立彼此的信任感，如此雙方更容易在合作的基礎上，讓身障學生更能適應普通班的學習，穩定成長。如有必要，特教教師也可以進入班級，協助任課教師教學或帶領學生進行活動，一方面可瞭解身障學生在普通班的實際表現，協助特殊生建立和同班同學的關係，也可以讓普通班教師實際受益到特教教師的協助。特教教師也可以和任課老師合作，一同設計需要學生小組合作的學習活動或作業，透過團隊合作，提供特殊生與一般學生互動

的機會，增加對團體認同的歸屬感。

(三)特教教師與普通班導師的分工合作

普通班導師主導特殊生生活常規的教育，特殊生融入班級與同學間的互動，而特教組個案管理教師多為輔導特殊行為，包含問題處理、學習等，尤其是學生鑑定、轉銜等，個案管理教師要介入對學生狀況及需求做專業評估。

特殊生的課業學習，在法律上規定抽離的節數以不超過學生總上課節數的一半為原則。特殊生是在原班上課或抽離到資源班上課，要視每位特殊生的狀況而有不同，但基本上國文、英語和數學，還有社交技巧、學習策略、閱讀寫作、職業生活等課程會在資源班上課，而其他課程則在原班上課，如果特殊生落後，普通班老師也會利用中午一對一加強、或請特殊生參加學校課後學習困難班，加強輔導。其實特教的個案管理教師和普通班的導師工作職責的劃分，並非十分明確具體，有些地方要互通有無，靠彼此合作才能完成。

(四)多元溝通管道並提高溝通頻率

特殊教育法（2013）第28條規定：「高級中等以下各教育階段學校，應以團隊合作方式對身心障礙學生訂定個別化教育計畫，訂定時應邀請身心障礙學生家長參與，必要時家長得邀請相關人員陪同參與」。上述的個別化教育計畫會議是學校特教教師、普通班導師和家長，正式的溝通管道，每學期至少檢討一次，並依學生需求及能力修改個別化教育計畫。另視特殊生的行為和學習需求，召開個案輔導會議。

除上述正式面對面溝通管道外，還可以擴展不同的溝通管道，例如：電子郵件、班級網頁、部落格或臉書等，讓彼此的溝通可以更順暢。而由於特教老師、普通班任課教師可能因為專業背景、教學內容或教學特質不同，而有不同立場，因此可以安排與家長定期的三方會談，如此容易形成共識，採取一致性的教學態度和處理問題的方式。而特教教師和融合班的教師也可以定期聚會，以團體方式取代一對一溝通討論可能帶來的壓力、或以非正式方式瞭解身障生狀況和須協助之處，而特

教教師也可以不定時與普通班老師閒聊，傾聽老師們帶班的辛苦，提供情緒抒發的管道。

(五)學校應建立支持融合教育的制度

學校應該尋求家長會的合作，支持推動融合教育，明定具體施行原則或標準程序，使特教教師、普通教師和家長彼此的溝通互動制度化，讓教師和家長間信念一致，明確瞭解自己的義務和責任，以做好溝通與合作，共同促進所有孩子的學習成長。

以下案例9-4，韓老師本身為特教教師的角色，說明特教教師要以專業與同理心，並運用溝通能力來尋求普通班導師的合作。

案例9-4　特教教師與普通班教師的合作

小綸是即將入學的新生，本身被鑑定為輕度情緒障礙，3月初國小已經提供小綸的資料給國中，韓老師是負責接洽的人員，她去了小綸就讀的國小進行一系列的測驗、晤談與轉銜會議，確保掌握小綸的狀況，一直來到9月開學，特教組再經過特殊教育推行委員會、編班會議、導師抽籤等流程，才算完成小綸的安置。對小綸而言，從國小升入國中只是一個必經的歷程，但對特教組來說，小綸的安置是經過多次討論與協商的結果。

小綸入學之後，就不斷地觸犯常規，他常一言不合就跟別人起口角、用髒話罵人等，但放下他特殊生的身分，韓老師發覺小綸會犯的錯誤，其實跟普通國中生沒有太大的差異，要如何讓任課教師用同等的眼光看待小綸，而非過度縱容或管教？韓老師認為特教老師的溝通能力是關鍵，良好的溝通能力在於同時展現專業與同理心。

以專業而言，韓老師充分告知任課教師小綸的訊息，透過正式的研習且發放情緒障礙類型的特性表；以同理心而言，特教老師並非「教導」普通班老師如何帶領學生，而要以傾聽為主。舉例來說，平時經過辦公室時，繞進去跟其他教師閒聊一下，以

開放式的問題詢問：「最近小綸在班上的情況如何？」教師需要被支持，原本教師可能對小綸的狀況感到極度不滿，但傾訴完之後，他們會比較釋懷，安慰自己其實也不是太嚴重的事端，此時特教老師可以針對老師的困境提出替代性的策略，這幾分鐘的閒聊，對於學生、任課教師、特教老師都有莫大的助益。

小綸的家長不太願意公開小綸的身分，原本這會造成特教組入班協助的困擾，但韓老師發現，國中生的包容心與相處能力是遠超過大人的想像。某次同學問他：「你今天吃藥了嗎？」他也很大聲的回答：「吃過了啦！我今天吃了兩顆。」他的特殊生身分早已是公開的祕密，班上同學也不會避諱他服藥的事情，家長原本擔心小綸的身分曝光後會被同學排擠，但事實上小綸還是跟同學玩在一起。

融合教育如同一座花園，不論是特殊學生或一般學生都是園中的種子，特殊學生有其獨特的狀況，教師在面對特殊生時，應瞭解他們依舊是國中孩子，不應該因為特殊生的身分被加上有色的眼光。韓老師肯定學生的優點，也鼓勵普通班教師耐心等待，等到時機成熟的那一天，他們都會開出不同的花朵。

五、普通班特殊生的轉銜輔導

特殊生從國小進到國中，從國中升到高中或高職，面臨學校階段、學習環境的轉換，是非常關鍵的時刻。轉銜做得好，可以延續上一階段的輔導成果，讓下一階段的輔導工作進行得更順利。以下整理受訪教師的意見，提出一些具體做法和建議。

(一)國小到國中的轉銜輔導

由於目前國中和國小均屬義務教育，而且是學區制，雖然特殊生採大學區制，但特殊生就讀的國小和國中距離近，因此國中特教教師會到

國小，針對應屆畢業的特殊生入班觀察，並與國小教師召開轉銜會議，接手國小提供的基本資料。

(二)國中到高中職的轉銜輔導

目前高中職教育才納入12年國民基本教育的範疇，學生離校後有可能不再升學或升學的管道較為多元，因此國中對特殊生的轉銜輔導要更確實。學校會為特殊生辦理相關的升學輔導活動，例如：高職技藝營隊試探、高職技藝學程選讀、職業課程試探、升學管道說明等，有時也會對特殊生及其家長做問卷調查，看學生和家長的初步意願。

再來召開轉銜會議，會議主要依學生興趣與能力表現、測驗與觀察結果，由特教教師、導師和家長共同討論未來的進路，導師則會提出三年（或擔任該班導師）以來對孩子的觀察，不管是課業、藝能科學習或人際互動，給予會談時更豐富可供判斷的資訊。通常會看該生障礙的程度，如果障礙程度較重，希望特殊生走分離式的升學管道，如高職的綜合職能科；如果障礙程度低，成績較好者，可採融合方式，選高中或高職一般科別就讀。

不過老師只提供升學資訊和選項，最後還是尊重家長和學生的決定。曾有學生通過綜合職能科的考試，但家長希望孩子能進入融合環境，最後選擇就讀高職的一般類科，會尊重家長的決定，但會持續提供諮詢的服務，例如：主動為特殊生爭取考試權益，像申請延長考試時間等（1001002訪鄭老師、1001113訪韓老師）。

特殊生到了高中職報到，國中會將學生基本資料AB卡提供給入學的高中職，但裡面內容記載的豐富程度，就要看不同的國中帶班導師和特教個案管理教師的紀錄而定了（1001017訪顏老師）。不過個案的書面資料會轉銜高中職，而對方輔導教師也會以電話進行諮詢或討論，但由於學生人數較多，分散到各高中職距離也較遠，因此沒有面對面的座談，高中職教師也沒有預先到國中入班觀察。12年國民基本教育實施後，轉銜工作應該做得更確實。

(三)轉銜資料要豐富完整、轉銜過程在發展正向的關係

　　研究者彙整訪談結果顯示，轉銜資料務求豐富完整，應包括下列資料：個人基本資料、家庭狀況及背景環境、求學過程、身心發展狀況、學習發展狀況、學習能力現況、曾提供的特教服務、增強物（特殊生喜歡的人、事、物；不喜歡的人、事、物）、興趣、專長、特質、或其他特殊行為或偏好等，都能很清楚地讓銜接的新學校知道。尤其要帶特殊生到新學校參觀，建立學校、學生、家長之間正向的關係，讓「轉銜」更具意義和價值。

 ## 第三節　融合教育的問題與省思

　　身障學生就讀普通班，常常聽到一些似是而非的想法，讓融合教育的推動增添許多困難。研究者歸納接受訪談的14位國中特教教師和普通班導師，可以分為三項問題來加以說明。一是身障學生的家長不願意讓班上同學和家長知道自己小孩是特殊生的隱私權問題；二是身障學生可能因為身心障礙而有差別待遇，引發普通班教師或一般生質疑公平性的問題；三是身障學生有時會干擾上課或學習的進行，一般學生受教權是否受到影響的問題。

一、隱私權的問題

　　孩子鑑定結果是身障生時，有些家長不願意揭露這個身分，甚至要求學校輔導室特教組儘量不要讓普通班老師、同學知情，但是也有學生問題行為已經外顯，很難繼續隱瞞（1001002訪鄭老師）。不過，像案例9-5的情形一樣，當身障生家長要求老師不要公開孩子身心狀況時，身為帶班的導師，該怎麼辦呢？

(一)予以尊重並瞭解家長不願揭露的原因

　　首先我們要尊重家長的意願，盡力去維護這項隱私權。更重要的

是，要儘快瞭解家長不願意揭露的原因，可能擔心會被老師或同學貼「標籤」（labeling），對特殊生的學習和發展產生不利影響，或是公開身分後，擔心會受到傷害等。據蔡明富（2006）綜合文獻探討指出，標籤雖然可能會對身障生產生偏見、拒絕、只注意缺點、忽視介入的需求、造成自我應驗預言、擔心誤診造成傷害，但是標籤也有助於區分、溝通、介入、研究、立法與經費補助。所以胡永崇（1993）認為，標籤有正、負面的影響，予以捨棄似乎不太可能，若能配合有效的輔導措施或教育情境，可將負面影響降低。

　　如果學生的障礙是比較隱性的，如學習障礙或輕微自閉症（不影響他人者），整個求學過程都不揭露身分，也是可能的。訪談的林老師分享：「我曾帶過一個領有輕度自閉症手冊學生，除導師、家長與特教老師外，包括個案都不知自己的身分。但是如果特殊生會伴隨出現生活適應問題與人際衝突等，我會努力與家長溝通是否讓同儕適時瞭解其狀況，去瞭解家長擔心的原因，並讓家長重新評估是否要改變決定」（1010628訪林老師）。

(二)向一般生強調每個人的個別差異

　　當特殊生身分未公開時，特教老師或導師在引導一般生瞭解身障生時，可以設計有關尊重個別差異，理解每個人都有其特質和能力的活動或遊戲。特教老師或導師在入班宣導時，不只宣導特殊生的特質，而是以更廣義的讓學生體會每個人都是獨一無二的個體，包含性別、職業、弱勢族群等，強調尊重每個人的個別差異。

(三)視情況與學生本身晤談瞭解其想法

　　我們除了尊重家長意願，同時也應該瞭解特殊生本身的想法與意願。有時同學間的理解與接納，可以幫助特殊生面對自己的特質、控制情緒，成為不可替代的支持系統。若家長過度避諱其身分特質，必須注意是否會讓特殊生產生自我價值偏差的影響。因此，特教教師和導師可與學生晤談，瞭解其本身想法，進一步成為家長與學生間的溝通管道，請他去說服自己的家長公開身分。

(四)建立家長分享和討論的團體或平臺

家長不願意公開孩子特殊生身分，有可能是因為對特殊教育認知的侷限，缺乏支持系統。學校校內可以成立相關家長團體，或提供管道鼓勵家長加入校外相關團體，提供家長一個增進特殊教育知能、家長間彼此分享資源、資訊、意見的討論空間和紓解壓力的管道，如此家長也較有自信和勇氣，接受孩子是特殊生的事實。

(五)持續說服特殊生家長公開學生身分

導師和特教老師在尊重家長意願，不揭露孩子特殊學生身分後，在瞭解原因、強調每位學生都有個別差異、瞭解學生本身想法、建立家長分享和溝通平臺後，可持續觀察該生與班上同學相處及學習的情形，持續說服家長公開學生身分。

導師可以向家長分析利弊得失，如果持續隱瞞學生身心障礙真實狀況，可能會有的優點和缺點。尤其是孩子進入國中階段心智較為成熟，只要適度介紹各種身心障礙狀況，讓班上同學具有基本認知，並約略告知班上身障生概況，讓同學瞭解其障礙特徵、可能造成的困難或侷限、需要的協助、特別注意事項等，不但該生較不易受到同學的誤解或排擠，還可以得到同學更多的包容和協助，避免掉不必要的傷害、衝突和挫折，更順利地適應普通班的學習環境（1010202訪談周老師）。

案例9-5　小透的天空

周老師有多年帶領特殊生的導師經驗，小透是他其中一名領有智能障礙手冊的學生。小透的父母不希望自己的孩子被標籤化，再三要求老師不要公開孩子的狀況。周老師感到非常為難，因為小透會在課堂上突然尖叫，嚇到其他學生，當周老師介入處理時，要體諒小透的障礙，又要顧及其他學生的感受，其他學生紛紛抗議：「老師，你都偏袒他！」、「老師，為什麼他不守規矩都不用受罰？」學生們雖然隱約從外貌中猜測小透和他們「不

太一樣」，但老師卻始終不正面證實，這使得班上孩子排擠小透的舉動愈趨劇烈。

為了解決小透與同學間的衝突，周老師找了時間請小透去輔導室一趟，他則與班上同學進行一場談話。

「你們應該看得出來，小透和我們不太一樣。」周老師開宗明義地講。

學生立刻舉手問：「哪裡不一樣？」

「你們覺得呢？」周老師反問。

「老師，他好像唐寶寶，像唐氏症那樣，怪怪的。」學生說出內心的感受。

「你們有一個很聰明的大腦，他的大腦有一些缺陷，所以有很多東西跟你們有很大的不一樣。」

「老師，那他是不是智障？」

面對學生如此明確的提問，周老師謹守對家長的承諾，不承認卻也不否認，這時全班同學心裡也明白了七、八分，之後就比較沒有與小透斤斤計較了。

然而，當同學發現小透的確有障礙後，有人開始惡作劇，利用小透認知能力的不足，哄騙他做一些奇怪的事，看著小透上當受騙，學生們哈哈大笑，覺得非常有趣。

周老師得知這樣的情況後，再一次將小透支開，與全班同學長談，最後周老師直接說明小透的情況：「沒錯，小透的確有智能障礙，你們這些擁有健全身心的人，用這種方式去欺負一個智能障礙的同學，有沒有覺得很丟臉？」惡作劇的學生們沒有說話。

周老師再說道：「你們身心健康，不用爸爸、媽媽操心，小透這個樣子，爸爸、媽媽要養他養一輩子啊！我曾經問過他媽媽，以後要不要讓小透娶老婆？你們知道他媽媽怎麼回答嗎？」

（註：這是媽媽的主觀意見）

班上同學有的說要，有的說不要。

「他媽媽很堅決的告訴我，她一輩子都不會讓小透結婚，因為她不想害到其他人。」周老師把與小透媽媽的對話，告訴班上的同學，他不厭其煩地解釋小透的困難，經過這樣明確且深入的解釋後，同學們才真正明白，這樣捉弄小透是不對的。

但國中的學生是健忘的，同學們雖然明白小透的障礙，卻還是會質疑老師的評量標準。

學生問道：「老師，我的標準可不可以像小透一樣？為什麼他都可以，我卻不行？」

「你想要變成小透那樣，然後一輩子不結婚嗎？」周老師反問。

學生啞口無言。

「小透的升學管道和你們不太一樣，他以後可能只會唸高職的綜合職能科，但你們只要努力，可以有很多的選擇。」

在學生的抱怨中，周老師發現國中生很在意公平性的問題，他們不明白為什麼老師可以和顏悅色的對待小透，但他們一犯錯，老師卻對他們嚴厲斥責呢？周老師也有自我反省調整了自己對待一般學生的態度。

為了讓小透能更融入班級，周老師每天都與小透一起吃午餐，用行動告訴其他學生，跟小透在一起並不會「變笨」，而且經常到教室走動，可以隨時瞭解身障生與班上同學互動模式，若有衝突能在第一時間化解。周老師也從小透的優勢能力著手，推薦他參加障礙運動會，只要他得獎的那一天，小透會開心的把所有獎牌掛在身上，其他同學覺得這樣的小透很可愛，開始欣賞他的表現。另一方面也建請校方在週會上，對參賽得獎的選手公開表揚，一來正面肯定這些身心障礙的孩子；二來透過正式的場合，讓班上及全校的孩子都能夠接納他們。

周老師還指派小透中午回收廚餘，從事班級服務，小透不怕髒，這份工作他勝任愉快，但當中曾發生一個小插曲，小透常常倒完廚餘後到各處室閒晃，每次周老師都要到處找人。後來周老

師跟媽媽反應，媽媽想出一個辦法，她請小透的牙醫師告訴他，每天午飯後都要刷牙10分鐘才不會蛀牙，從此以後，小透倒完廚餘就會開始刷牙，再也不會到處閒晃。

　　小透在普通班的求學歷程充滿波折，每隔一段時間就會出現不同的問題，問題可能來自他本身、同學的反應，甚至先前事件的處置，周老師只能反覆與家長、全班學生溝通，一次又一次的提醒，讓小透能更順利的融入普通班，同學也從中學習到包容，朝著融合教育的目標努力。

二、公平性的問題

　　公平對待每一位學生是老師的自我期許，但公平並非僵化的，如果在帶領特殊生時有不公平的感受，可循下列面向自我檢核。

(一)教師的信念應視公平為積極差別待遇

　　訪談的特教老師說，普通班導師帶特殊學生時有兩種信念：一種是要求一視同仁，如果放寬標準，覺得對其他同學不公平；另一種是依據學生特性調整標準，這種導師認為學生先天已經不公平了，願意用比較彈性的方式帶班，而抱持第二種信念的導師，自然會找到說服其他學生的說法（1010524訪婉老師）。而第二種信念乃視公平為積極差別待遇，這才是公平的真正意涵。

(二)找出讓學生覺得不公平的事件

　　普通班導師要面對整個班級，兼顧的面向相當多，如果有學生認為教師不公平，對特殊學生特別好，那代表有一些學生覺得不公平的事件存在，導師應找出其中的癥結點（1010615訪雅老師），例如：是不是太多心力放在特殊生身上、導師跟特殊生說話比較溫和、有耐心（1010202訪周老師），這項差別待遇是否必要，有時公平性也根據學生的障礙類別而不同，如學生動作不方便，就安排不一樣的打掃工作

（1001002訪鄭老師），但除非是有嚴重的肢體障礙，否則每位學生都要有打掃工作，因此對特殊生只是通融有彈性，而非特權免除，例如：考試或作業，特殊學生可以寫得較少、寫得較久，但不能完全不寫（1001113訪韓老師），其實特殊學生如果都不用寫，反而剝奪了他們學習的權利和機會。

(三)教導學生公平的真正意涵在積極差別待遇

如果讓學生覺得不公平的事件卻有積極差別待遇的必要，可以教導學生公平的真正意涵。國小學生理解比較困難，但國中生已經能夠抽象思考，會瞭解教師用不同標準對待並不是因為偏心，而是顧及每個人先天差異（10001017訪顏老師）。對特殊生而言，他們先天就與他人不同，因此不能一昧追求齊頭式的平等。

(四)不公平的感受可能源自普通班教師自己的壓力

有受訪老師認為：有時不公平的感受是普通班教師自己的壓力，而非學生的感受（1010518訪珠老師）。一般生看到特殊生無力達成自己輕而易舉可以達成的目標，反而會慶幸自己做得到，而不會去質疑老師的標準不一致。普通班導師如果產生不公平的疑慮，有可能是自我的壓力，對自己帶班方式的質疑，不見得是學生真實感受。

教師可以利用機會讓同學充分表達對身障生「享受特別待遇」的想法和意見，如果是身障生本身的壞習慣，並非障礙所造成，在能力可及的範圍也要請他學習調整；而如果是特殊生障礙因素所造成，同學就該加以包容，師生討論出具體可行的因應策略。

三、一般生受教權益的問題

特殊生融入普通班級，一般生受教權益的質疑主要來自於有少部分身障學生上課會干擾秩序，影響其他一般生的學習，而一般生家長最擔心的也是自己小孩受到干擾，受教權益受影響（York & Thundior, 1995）。然而融合教育的理念也在於教育機會均等，特殊生和一般生都有在最少限制的環境受教的權益。其實特殊生的障礙程度不嚴重，並

不會影響上課秩序。如果在班親會時，必須告知其他家長班上有特殊生，會強調特殊生有自己的入學管道，而且天下父母心，一般來說其他家長都能接受（1010202訪周老師）。如果有上課大叫等影響其他同學的行為，會找全班的家長溝通，告訴他們特殊學生的家長已經做的努力，希望大家多一點包容，也試著尋求一些因應策略（1001017訪顏老師）。雖然有老師認為特殊生就應該待在特教班，或是家長認為自己孩子花太多時間在照顧特殊生，但是透過成功經驗的分享，還是可以增加其他家長的接納度。在融合教育之下，一般生反而能增加社會適應力、包容心，並珍惜現在所擁有的一切（1001002訪鄭老師）。

四、對融合教育推動的省思

融合教育的定義可以歸納為四大面向（徐易男，2006；羅丰苓，2009）：1.系統合作：普通教育和特殊教育系統的二元合作；2.同儕接納：身心障礙學生與一般學生共同學習，培養學生的人際關係、同理心，並達成人權教育與生命教育的目標；3.個別差異：配合學生的個別差異，對教室生態、課程、教學和評量的調整；4.教育均等：所有的學生，並非侷限於身心障礙學生，每個人都是班上的成員，都能夠完全被接納，融合到班級。

將身障學生融入普通班的融合教育，可以讓特殊生回歸主流學習環境，也能讓更多人認識、接納特殊生。無論一般生或特殊生，融入普通班級會受到比較多刺激，在社會技巧、包容心上都有所成長。

然而對普通班的老師來說，壓力確實不小，因此家長、特教組、校外資源的幫助是必要的。帶班的導師更要包容學生的障礙，充實自己的特教知能，才能知道如何輔導特殊生融入環境，並引導一般生一起合作學習、和樂相處，使大家都獲益。

而融合教育愈早開始愈好，如果到了國中才做，國中學生很難破除既有的觀念，放開心胸跟特殊學生相處，隨之而來的排擠、霸凌也可能發生，而特殊生年齡愈大，障礙程度愈重，融合的過程也會較為困難。在融合教育的推動過程，學生之間的同儕協助很重要，如果導師安排一

群熱心的同儕在特殊生附近，可以讓特殊生更快適應學習環境。

　　每位孩子都有他的獨特性，特殊生只是獨特的狀況和一般孩子不相同而已，多欣賞、鼓勵他們的優點，犯錯時給予適時、適度糾正，慢慢地每個孩子都會開出不一樣的花朵，獲得豐碩的學習成果。希望本章能為班有特殊生的導師，在帶班時有所助益。

　　本書末尾附錄一、建立班級結構的各項書表，可作為初任教師任教帶班時之參考，這些表格在開學初建立班級結構時，具有實用價值。附錄二是利用社會計量法安排學生座位的步驟，可以作為教師安排學生座位之參考。附錄三是學生成績及表現通知單，鑑於學生隱私權之維護，以及各縣市成績考查辦法和個人資料保護法之規範，提供教師正確公布學生成績的格式。附錄四、和家長電話溝通與來校面談要領，資料譯自日本茨城縣教育廳，具親師溝通的參考價值。附錄五是親師溝通與師生溝通情境演練題，乃研究者提供師資生親師生溝通情境演練的資料。附錄六、教師甄選班級經營口試考古題整理，有鑑於師資生進入中小學服務、擔任教師，班級經營前，必須通過教師甄選，而甄選過程常有口試，其口試內涵常有班級經營的問題。附錄七、班級經營集體口試規則，是研究者的創新作法，雖然目前教師甄選大多是個別口試，但是集體口試或團體討論已在公務員考試中使用，日本教師甄選也有採用，特列出可供參考。

　　另外，學生不當行為的處理，很適合以案例討論的方式進行。研究者將這些案例採行哈佛式參與者中心的案例討論教學（Program on Case Method and Participant-Centered Learning, PCMPCL），有興趣之讀者可上網瀏覽：國立臺灣師範大學開放式課程——《教學專業成長系列講座》——〈班級經營哈佛式案例討論〉（http://ocw.lib.ntnu.edu.tw/course/view.php?id=255）

一分鐘重點整理

1. 導師知道班上有身障學生時，在開學前（初）應該有的準備，包括：心態的準備、對身障學生初步瞭解、班級物理環境和人際心理環境的準備，以及教學工作上做好準備。

2. 對班上有疑似身障學生時，應與家長溝通讓學生接受鑑定，如家長不同意時，則應從瞭解學生優弱勢能力、家中或日常生活表現、過去求學遭遇的特殊事件、和家長的想法著手，持續和家長溝通，並針對特殊生課堂表現重點介入，具體說明社會認知事項。

3. 導師或特教教師為班上同學介紹身障生時，應儘量避免提及學生的障礙名稱、須顧及特殊生的感受，並設計課程、選擇教材，進行活動宣導。

4. 一般生和特殊生的同儕互動時，導師有以下策略：可協助一般生瞭解特殊生，並以特殊生接受的方式互動、設計教學活動引導學生合作學習、提供特殊生展現長才或為班上服務的機會、不過分給予特殊生特權、提供雙方正向支持和鼓勵、組織「興趣團體、建立面對面之外的溝通管道、不斷地身教示範。

5. 特殊生和一般生衝突的處理，要切記學生決議的處罰不一定適當，而如讓家長介入學生間紛爭，須審慎衡酌。

6. 特教老師對普通班教師的互動和協助，包括：提供身障學生相關資料給導師和任課教師、同理普通班教師處境與立場，有時入班協助教學、特教教師與普通班導師要分工合作、多元溝通管道並提高溝通頻率、學校應建立支持融合教育的制度。

7. 轉銜資料要豐富完整，而轉銜的目的和價值在建立學校、學生、家長之間的正向關係。

8. 導師面臨身障生家長不願意讓班上同學和家長知道自己小孩是特殊生的隱私權問題時，導師應予以尊重並瞭解家長不願揭露的原

因，先向一般生強調每個人的個別差異，視情況與特殊生本身晤談瞭解其想法，並建立家長分享和討論的團體或平臺，以持續說服特殊生家長公開學生身分。

9.在帶領特殊生時有不公平的感受，可循下列面向自我檢核：應視公平為積極差別待遇、找出讓學生覺得不公平的事件、教導學生公平的真正意涵在積極差別待遇、不公平的感受可能源自普通班教師自己的壓力。

10.一般學生家長若質疑班上有特殊生，擔心孩子受教權益受影響，導師應該讓家長瞭解每個人的受教育機會均等，並且透過同理心和成功經驗分享，讓家長降低質疑，而特殊生在班上，一般生也可以學習到社會適應力、包容心，珍惜所擁有的一切而受益。

延伸思考

• 普通班老師應該如何看待特殊需求學生呢？

　　每一個學生都是獨一無二的，以此來看特殊生也就不特殊了。老師應該嘗試著去瞭解每位學生的個別差異，不管是資賦優異、身心障礙，還是一般的孩子，然後依照他們的需求和特性去教育他、輔導他，這也是所謂的「教育愛」啊！

參考文獻

★ 中文部分

山東人大工作室（2010）。**別把中小學生培養成告密者**。山東人大工作，5，59。

日本茨城県教育厅福利厚生課（2010）。**信賴される学校づくりをめざして**。編
　　者：自印。

王文華（2007）。**聯絡簿裡的祕密**。新北市：康軒文教。

王耘、葉忠根、林崇德（1995）。**小學生心理學**。臺北市：五南。

王俞文（2010）。**國小校園安全氣氛、社會支持與高年級學生霸凌受害經驗之相
　　關研究**（未出版之碩士論文）。南臺科技大學人力資源管理研究所，臺南
　　市。

北川夕夏（2008）。**我最親愛的老師**。臺北市：青文（日本講談社授權中文版）

任凱、陳仙子（合譯）（2006）。H. R. Schaffer著，**兒童發展心理學**。臺北市：
　　學富。

任聘（2005）。**中國民俗通志・禁忌志**。濟南：山東教育。

江文瑜（1996）。從「抓狂」到「笑魁」－流行歌曲的語言選擇之語言社會學分
　　析，**中外文學**，**25**(2)，60-81。

呂建良（譯）（2000）。**老師不該說的話**（原編著者：諏訪耕一、山本誠、中村
　　和行、馬場賢治、武田富子）。臺北市：稻田。

何木風（2010）。司馬遷外孫的告密人生。**法治參考—舊聞**。44-45。

何木風（2009）。誰是中國歷史上第一個告密者，**史實探讀**，**24**，29。

李永毅、李永剛（2010）。另一種內戰：羅馬帝國初期的告密制度和政治審判，
　　江蘇行政學院學報，**6**，126-132。

李岳霞、王素蓮（譯）（2011）。**別找我麻煩：37個幫助孩子勇敢面對霸凌的好
　　對策**（原作者：S. E. Green）。臺北市：天下雜誌

李政賢（譯）（1999）。**EQ老師出招：積極有效的課室經營策略**（原作者：J.

Nelsen, & L. Lott, and H. S. Glenn）。新北市：光佑文化。

李柏佳（2009）。家長參與學校教育權利之探討——以國民教育階段為例，**學校行政**，**60**，140-168。

李淑貞（譯）（2007）。**無霸凌校園－給學校、教師和家長的指導手冊**（原作者：M. O' Moore, & S. J. Minton）。臺北市：五南。

李赫（1995）。**臺灣諺語的智慧(1)-(8)**。臺北市：稻田出版社。

李輝（2006）。中國傳統「告密文化」之政治學考量。**內蒙古社會科學（漢文版）**，**27(5)**，16-20。

李錫棟（2006）。線民之遴用及其在刑事證據上之問題，**中央警察大學法學論集**，**11**，281-310。

李璞良（譯）（2012）。**成功都是說出來的：全球500大企業都在用的完美溝通術**（原作者：P. Meyers, & S. Nix）。臺北市：高寶。（原出版年：2011年）

吳幸宜（譯）（1991）。**學習理論與教學應用**（原作者：M. E. Gredler）。臺北市：心理。

吳幸眞（2011）。**國民小學校園霸凌通報及處理機制之研究：以嘉義市為例**（未出版之碩士論文）。國立中正大學犯罪防治研究所，嘉義。

吳明隆、陳明珠（2012）。**霸凌議題與校園霸零策略**。臺北市：五南。

吳家駒注譯（2007）。**新譯菜根譚**。臺北市：三民。

吳清山（2009年4月29日）。**準時上下課，學生才會更快樂**。2010年6月14日，取自：http://enews.tp.edu.tw/paper_show.aspx?EDM=EPS 20090429160352BR0

吳麗君（2008）。**聯絡簿－看見臺灣小學教育的窗口**。載於呂金燮等著，華人教養之道－若水（頁211-238）。臺北市：心理。

吳耀明（2004）。國小優良教師對班級經營觀點之研究。**國民教育研究學報**，**12**，111-134。

東京都教育委員會（2010）。 校問題解決のための手引。編者：自印。

東吳大學師資培育中心（2006）。**中小學實習學生個案紀實資料**。未出版資料。

林玉体（2005）。**西洋教育史**（初版12刷）。臺北市：文景。

林怡禮、陳嘉彌（2001）。**青少年問題行為與對策－42個案例討論**。臺北市：揚智。

林雨蓓（譯）（2008）。**自由寫手的故事**（原作者：E. Gruwell）。臺北市：天

下。

林信榕（2000）。影響新制師資培育教育實習成效相關因素研究(Ⅱ)。國科會專題研究計畫成果報告，計畫編號：NSC 89-2413-H-008-002-S。

林美智（譯）（2010）。**問對了，才能解決問題**（原作者：谷原誠）。臺北市：春光出版。

林凱華（譯）（2008）。**無暴力校園：教師工作手冊**（原作者：A. L. Beane）。新北市：稻田。

林湘澄編著（2006）。三字經讀本。臺南市：世一文化。

林碧清（譯）（2011）。**只能被欺負嗎？零霸凌，這樣做就對了！**（原作者：M. Jannan）。臺北市：推手文化創意。

林鶯（譯）（1989）。**寶貝你的學生**（原作者：K. Katafiasz）。臺北市：張老師文化。

邱連煌（2005）。**教室裡的笑聲：幽默與教學、課程、管教、及輔導**。臺北市：文景。

邱劍虹、文靜（譯）（2006）。**湯姆歷險記**（原著者：M. Twain）。臺北市：志文。

柯嵐（2009）。告密、良心自由與現代合法性的困境—法哲學視野中的告密者難題。**法律科學（西北政法大學學報）**，**6**，3-13。

施良方、崔允漷主編（1999）。**教學理論：課堂教學的原理、策略與研究**。上海：華東師範大學出版社。

施怡僑、賴志峰（2013）。國民小學級任教師時間管理與班級經營效能關係之研究，**學校行政**，**87**，73-97。

洪志成（1998）。從實習教師眼中看新制輔導教師的專業支持。**教育研究資訊**，**6**(4)，100-121。

洪慧芳、林俊宏（譯）（2011）。**華頓商學院最受歡迎的談判課：上完這堂課，世界都會聽你的**（原作者：S. Diamond）。臺北市：先覺。（原著出版年：2010）

洪蘭（譯）（2005）。**教養的迷思：父母的教養能不能決定孩子的人格發展？**（原作者：J. R. Harris）。臺北市：商周。

胡永崇（1993d）。標記理論與特殊教育。**特教園丁**，**8**(3)，1-6。

校園霸凌防治準則（2012年7月26日）。教育部防制校園霸凌專區。檢索日期：2013年2月28日，網址：https://csrc.edu.tw/bully/rule_View.asp?Sno=1542

唐樞（主編）（2000）。成語熟語辭典。臺北市：五南。

席玉蘋（譯）（2010）。動機，單純的力量（原作者：D. H. Pink）。臺北市：大塊文化。

徐易男（2006）。由美國NIUSI理念論融合教育學校之建構途徑。國立編譯館館刊，34(3)，77-86。

徐福全（2004）。臺灣諺語淺釋。國立臺灣科技大學九十三年冬令臺灣史蹟研習會彙編，臺北市。

飛石（2011）。韓信被誰殺。科學大觀園－歷史考古，56-57。2011年8月11日，檢索自http://www.cnki.net。

倪婉君（譯）（2012）。老師你好會教（原作者：E. Breaux）。臺北市：師德。

高博銓（譯）（2004）。內在紀律理論：Barbara Coloroso，載於單文經（主驛），班級經營—理論與實務（頁281-313）。（原作者：M. L. Manning & K. T. Bucher）。臺北市：學富。

紹澤水、張健麗（2003）。100句爸媽不該說的話。臺北市：高富國際。

張文哲（譯）（2005）。R. Slavin著，教育心理學—理論與實務。臺北市：學富。

張文新（2002）。中小學生欺負／被欺負的普遍性與基本特點，心理學報，34(4)，387-394。

張文新、紀林芹等（2006）。中小學生的欺負問題與干預。山東：山東人民出版社。

張正芬（2008）。社會性故事（social story）的應用。載於臺北市東區特殊教育資源中心編印：與一顆星星相遇—如何利用社會性故事教導特殊學生（頁V-XII）。臺北市，臺北市政府教育局。

張玉成（1999）。教師發問技巧。臺北市：心理。

張民杰（2001）。案例教學法：理論與實務。臺北市：五南。

張民杰（2006）。中小學專家教師班級常規經營策略運用差異之研究(Ⅱ)。國科會專題研究計畫編號：NSC 95-2413-H-031-004。

張民杰（2007）。班級經營：學說與案例研究（再版）。臺北市：高等教育。

張民杰（2008a）。實習老師不是真正的老師？從案例分析實習生的班級經營策略，**中等教育，59**(3)，104-113。

張民杰（2008b）。中小學專家教師班級常規策略之分析與比較，**教育學刊，31**，79-119。

張民杰（2008c）。**國民中學親師衝突事件之內容分析**。發表於國立新竹教育大學主辦：全球化趨勢下的教育革新與展望兩岸四地學術研討會，新竹。

張民杰（2009）。**國中家長在親師衝突事件裡的觀點與因應策略之研究**。國科會專題研究計畫編號：NSC 98-2410-H-003-024。

張民杰（2010）。從臺灣諺語省思教師的班級經營策略（實務分享類）。**中等教育，61**(1)，134-147。

張民杰（2010，3月）。怎麼坐·有關係—透視學生座位與學習效果。**師友月刊，513**，067-070。

張民杰（2010，7月）。動口前也要考慮措辭—教師的情緒管理。**師友月刊，517**，68-71。

張民杰（2010，8月）。老師為何不準時下課？—明示班規與默示班規。**師友月刊，518**，65-68。

張民杰（2010，9月）。打掃的目的是什麼？—「精熟取向」與「表現取向」的比較。**師友月刊，521**，54-57。

張民杰（2010，11月）。左撇子≠寫字不方便。**師友月刊，517**，93-96。

張民杰、顏秀鳳（2011）。**親師溝通經驗的案例撰寫**。發表於國立東華大學主辦：教學案例與師資培育學術研討會（2011年5月28日），花蓮。

張民杰（2013）。**親師溝通案例教材編製與角色模擬演練計畫**。教育部補助國立臺灣師範大學102學年度精進師資素質計畫，臺北市。

張世彗（2004）。**行為改變技術（修訂版）**。臺北市：五南。

張芳全（2004）。新制師資培育政策分析。載於中國教育學會、中華民國師範教育學會合編：**教師專業成長問題研究：理念、問題與革新**（頁309-341）。臺北市：學富。

張春興（2013）。**教育心理學—三化取向的理論與實踐（重修二版）**。臺北市：東華。

張美華、簡瑞良（2009）。人本心理學在融合教育班級經營的運用。載於國立臺

中教育大學特殊教育中心主編，特殊教育叢書（9801輯）**特殊教育現在與未來**（頁55-70）。臺中市：國立臺中教育大學。

張美惠、陳絜吾（譯）（1994）。**與時間有約**（原作者：S. Covey）。臺北市：時報文化。

張萍（譯）（2010）。**白熊心理學**（原作者：植木理惠）。臺北市：三采文化。

張雪梅主編（2013）。**中學學生事務的理論與實務**。臺北市：高等教育。

張碧暖（2011）。**高雄市國小級任教師時間管理與班級經營效能關係之研究**（未出版碩士論文）。國立屏東教育大學教育系，屏東。

張德銳、丁一顧（2010）。**認知教練理論與實務**。臺北市：五南。

張靜茹（2005）。報馬仔的悲歌——析論〈告密者〉、〈透明人〉中人物的自卑情結。**文學臺灣，55**，93-136。

教育部（2005）。**師資培育之大學辦理教育實習作業原則**。2007年9月27日，取自：http://140.111.34.69/EDU_WEB/EDU_MGT/HIGH-SCHOOL/EDU2890001/0912.doc

教育部（2014）。**防治校園霸凌專區**，檢索日期：2014年5月20日，網址：https://csrc.edu.tw/bully/download.asp?CategoryID=21

教育部（2007）。**學校訂定教師輔導與管教學生辦法注意事項**。2010年6月12日，取自：http://edu.law.moe.gov.tw/LawContent.aspx?id=GL000223

梁滄郎、林榮茂（2000）。中等學校實習教師——工作壓力現況與輔導。**教育實習輔導，6(3)**，44-48。

許晉福（譯）（2011）。**小孩囧很大－親子要溝通、問題勇敢說**（原作者：D. A. Fuller & N. Fuller）。新北市：世茂。

許籐繼（2003）。教學創新乎？有效乎？～新世紀有效能教學之分析。載於國立臺灣海洋大學教育研究所主編，**創新教學理論與實務**（頁81-116）。臺北市：師大書苑出版。

郭明德、陳彥文、李逢堅、陳眞眞、王春展（譯）（2003）。**班級經營－理論與實務**。（原作者：R. T. Tauber）。臺北市：華騰文化。

郭清榮（2003）。**國民中學導師時間管理之研究**（未出版碩士論文）。國立臺灣師範大學教育系，臺北市。

陳依萍（2002）。反省實踐取向教育人員專業發展－以校長為例。臺北市：師大

書苑。

陳宗顯（2000）。**臺灣勵志諺語**。臺北市：常民文化。

陳宗顯（2000）。**臺灣人生諺語**。臺北市：常民文化。

陳利銘、鄭英耀、黃正鵠（2010）。反霸凌政策之分析與改進建議，**教育政策論壇**，**13**(3)，1-25。

陳怡璇（2007）。**國中生校園髒話文化之研究**（未出版之碩士論文）。國立高雄師範大學工業教育研究所，高雄市。

陳奎憙（1990）。**教育社會學研究**。臺北市：師大書苑。

陳美玉（2003）。實習教師經常遭遇的問題與對策。載於李咏吟、陳美玉、甄曉蘭合著：**新教學實習手冊**（頁345-379）。臺北市：心理。

陳祖輝（2013）。**修復式正義介紹：兼論校園修復式正義發展情形**。檢索日期：2014年5月20日，網址：http://www.docin.com/p-761296759.html

陳斐卿、陳曉麗（2001）。實習老師的真實震撼經驗—第一季的分析，**教育研究資訊**，**9**(2)，107-124。

陳筱黠（譯）（2007）。金字塔原理：思考、寫作、解決問題的邏輯方法。（原作者：B. Minto）。臺北市：經濟新潮社。

陳賢義（2011）。**要犯錯學生當抓耙子、家長批不當**。自由時報電子報，檢索自：http://n.yam.com/tlt/garden/201109/20110927113959.html

陳儀如（1998）。**國民中學學生時間管理、時間壓力與學業成就關係之研究**（未出版之碩士論文）。高雄市：國立高雄師範大學教育學系。

莊忠進（2003）。論回復性司法，**警學叢刊**，33(4)，55-74。

鈕文英（2006）。國小融合班教師班級經營策略之研究，**特殊教育學報**，**23**，147-184。

單文經、林素卿、張民杰、蘇順發、黃繼仁、高博銓、張嘉育、張如慧、王前龍、葉興華、高建民（譯）（2004）。**班級經營—理論與實務**。（原作者：M. L. Manning & K. T. Bucher）。臺北市：學富。

曾端真、曾玲珉（譯）（2002）。**班級經營與兒童輔導**。（原作者：R. Dreikurs, B. B. Grunnald, & F. C. Pepper）。臺北市：天馬文化事業。

黃文吉、林茂成（2005）。我國大型公共建設在計畫審議階段之問題探討。**經社法制論叢**，**36**，243-294。

黃永達編著（2005）。臺灣客家俚諺語語典。臺北市：全威創意媒體。

黃怡雯（2006）。親師衝突的原因、功能及因應策略之研究。學校行政月刊，45，230。

黃郁倫、鍾啓泉（譯）。（2012）。學習的革命：從教室出發的改革（原作者：佐藤學）。臺北市：天下雜誌。

黃淑娟（2008）。青少年時間管理傾向與幸福感之研究（未出版之碩士論文）。大葉大學教育專業發展研究所在職碩士專班，彰化。

黃筱茵（譯）（2013）。我是傑克，霸淩終結者（A. Clements原著）。臺北市：遠流。

黃德祥、黃麗萍（2009）。美國各州反欺淩立法及政策分析。教育研究月刊，183，137-149。

黃曬莉（2006）。人際和諧與衝突：本土化的理論與研究。臺北市：揚智。

楊世凡、陳淑惠（譯）（2003）。聰慧教養。（原作者：B. Coloroso）。新北市：新迪文化。

楊巧玲（2001）。從批判教育學重新探索師生關係。教育研究月刊，86，44-56。

楊思偉、沈姍姍（1995）。比較教育。新北市：國立空中大學印行。

葉玉珠（2004）。第一章概論：優質教學、專家教師與教育心理學。載於高源令、修慧蘭、陳世芬、曾慧敏、王珮玲、陳惠萍等著，教育心理學（頁5-33）。臺北市：心理。

葉兆琪（2000）。國民小學實習教師工作壓力與因應策略之研究。彰化師大教育學報，1，61-92。

楊誠（譯）（2008）。師生雙贏－選擇理論在教學上的應用（原著者：W. Glasser）。臺北市：心理。

賓玉玫、單文經（2000）。實習教師的角色認知。臺灣教育，591，2-7。

趙玉林（2006）。俗語智慧。新北市：培育文化。

趙慧芬（譯）（2010）。沒被抓到也算作弊嗎？：學校沒有教的33則品格練習題（原作者：B. Weinstein）。臺北市：漫遊者文化。

劉家樺（2006）。國中生作弊的決定因素及其對成績之影響（未出版之碩士論文）。國立臺灣大學經濟學研究所，臺北市。

劉國兆、鍾明倫（2013）。校園霸淩之性質與類型，載於翁福元主編，校園霸

凌：**學理與實務**（頁19-34）。臺北市：高等教育。

劉雲杉（2005）。**學校生活社會學**。臺北市：五南。

劉語霏（2014）。日本中小學教師班級經營的困難與改革方向，**教育研究月刊**，**239**，117-132。

劉緒義（2010）。**晚清危局中的曾國藩**。臺北市：麥田。

劉燕饒（2001）。**國民中學資優學生時間管理、學習態度、學業成就與生活適應關係之研究**（未出版之碩士論文）。國立彰化師範大學特殊教育學系在職進修專班，彰化。

魯宓、廖婉如（譯）（2011）。**陪孩子面對霸凌：父母師長行動指南**（原作者：B. Coloroso）。臺北市：心靈工坊文化。

蔡明富（2006）。「標記」＝「烙印」嗎？—從標記理論與相關研究談起。載於蔡明富主編：**打開「接納」開關—同儕接納情緒或行為問題學生課程彙編**（頁1-14）。高雄市：國立高雄師範大學特殊教育中心。

蔡金蓮（2008）。**國小六年級學生時間管理、知識管理與學業成就之相關研究**（未出版之碩士論文）。國立高雄師範大學教育學系，高雄市。

蔡佩眞（2011）。**國民中學後母班導師班級經營困擾與因應策略之研究**（未出版之碩士論文）。國立臺中教育大學教育學系碩士班，臺中市。

蔡珮（2004）。從污化女性髒話看父權在語言使用的權力展現。**新聞學研究**，**82**，133-170。

鄭麗玉（2002）。處理偏差行為有良方。載於鄭麗玉編著，**班級經營：致勝實招與實習心情故事**（頁49-58）。臺北市：五南。

盧世傑（2007）。**國三生時間管理之研究**（未出版之碩士論文）。中華大學應用數學學系，新竹。

賴孟怡（譯）（2014）。**先傾聽就能說服任何人：贏得認同、化敵為友，想打動誰就打動誰**（原作者：M. Goulston）。新北市：李茲文化。（原著出版年：2010）

龍偉編著（2006）。**新編俗語一本通**。新北市：漢宇國際文化。

鍾宛蓉（2010）。**學校，請你這樣保護我**。臺北市：五南。

謝世憲（1994）。論公法上的比例原則。載於城仲模（主編）。**行政法之一般法律原則**（頁17-138）。臺北市：三民。

謝伯榮（2006）。**國中學生時間管理與學業成就關係之研究**（未出版之碩士論文）。國立臺北大學統計學系，新北市。

謝尚旻、葉邵國（2006）。大學生的學業不誠實行為及其背景、時間運用因素之關係。高等教育，**1**(1)，149-188。

簡媜（2007）。老師的十二樣見面禮。臺北市：印刻文學。

魏麗敏、黃德祥（2002）。國中與國小班級導師之特質、班級經營風格與教師寵物現象之相關研究，**臺中師院學報**，**16**，253-270。

羅丰苓（2009）。從融合教育逆走回隔離——一位視覺障礙學生的學校生活經驗，**特殊教育研究學刊**，**93**，34(1)，23-46。

羅秋怡（2013）。**校園霸凌——長大後最希望忘卻的記憶**。臺北市：大塊文化。

譚光鼎（2010）。**教育社會學**。臺北市：學富。

嚴韻（譯）（2006）。**髒話文化史**（原作者：R. Wajnryb）。臺北市：麥田出版社。（原著出版年：2004）

★ 英文部分

Anderson, L. W., & Sosniak, L. A. (Eds.). (1994). *Bloom's taxonomy: A forty-year retrospective: Ninety-third yearbook of the National Society for the Study of Education.* Chicago: University of Chicago Press. p.vii.

Aquila, F. D. (1992). Twelve time-management tips for teachers. *Clearing House, 65*(4), 201-203.

Bloom, B. S., Engelhart, M. D., Furst, E. J., Hill, W. H., & Krathwohl, D. R.(Eds.). (1956). *Taxonomy of educational objectivities: The classification of educational goals.* Handbook IL Cognitive Domain. New York: David McKay.

Borich, G. D. (2007). *Effective teaching methods: Research-based practice* Upper Saddle River, N.J.: Pearson Merrill/Prentice Hall.

Bransford, J. D., Brown, A. L., & Cocking, R. R.(Eds.). (2000). *How people learn: Brain, mind, experience, and school.* Washington, DC: National Academy Press.

Brookhart, S. (2012). Preventing feedback fizzle. *Educational Leadership, 70*(1), 18-23.

Burden, P. R. (2010). *Classroom management: Creating a successful k-12 learning community* (4th ed,). New Jersey: John Wiley & Sons.

Cemaloglu, N., Filiz, S. (2010). The Relation Between Time Management Skills and Academic Achievement of Potential Teachers. *Educational Research Quarterly, 33*(4), 3-23.

Chen, X. (2002). Social control in China: Applications of the labeling theory and the reintegrative shaming theory, *International Journal of Offender therapy and comparative criminology, 46*(45), 45-63.

Coloroso, B. (2003). *The bully, the bullied, and the bystander: from preschool to high school-How parents and teachers can help break the cycle of violence.* New York: Harper Resource.

Cooper, H. (2007). *The battle over homework: An administrator's guide to setting sound and effective policies.* (4the Ed.). Thousand Oaks, CA: Corwin Press.

Cummings, C. (2001). *Managing to teach: A guide to classroom management* (3rd). Alexandria, Virginia: ASCD.

Damani, B. (2011, January). Cyber bullying is it happening in your class？ *Education Update*, ASCD.

Darling-Hommond, L. (2007). Educational quality and equality: What it will take to leave no child behind. In B. D. Smedley & A. Jenkins (Eds.). *All things being equal: Instigating opportunity in an inequalitiable time* (39-78). New York: The New Press.

Dollase, R. H. (1992). *Voices of beginning teachers: Visions & realities.* New York, NY: Teacher College, Columbia University.

Dreikurs, R., & Grey, L. G. (1968). *Logical consequences: A new approach to discipline.* New York: Dutton.

Dweck, C. & Mueller, C. (1998). Praise for intelligence can undermine children's motivation and performance. *Journal of Personality and Social Psychology, 75*(1), 33-52.

Edwards, C. H. (2004). *Classroom discipline and management* (4th). New York: Macmillan.

Evertson, C., & Harris, A. (1992). What we know about managing classroom. *Educational Leadership, 49*(7), 74-78.

Ewing, I. (1994). *The best presentation skills.* Bukit Timan, Singapore: Ewing Communications.

Filene, P. (2005). *The joy of teaching: A practical guide for new college instructors.* Eugene, Oregan: Lillian Youngs Lehman.

Fink, J. (2004). Conclusions on inclusion. *Clearing House, 77*(6), 272.

Freiberg, H. J. (1999). Beyond behaviorism. In Freiberg H. J. (Ed.), *Beyond behaviorism-Changing the classroom management paradigm* (pp. 3-20). Needham Heights, Massachusetts.

Gathercoal, F. (1997). *Judicious discipline* (4th ed.). San Francisco: Caddo Gap Press.

Gini, G. & Pozzoli, T. (2009). Association between bullying and psychosomatic problems: A meta-analysis. *Pediatrics, 123*(3), 1059-1065.

Glasser, W. (1988). *Choice theory in the classroom.* (revised edition). New York: Harper Collins.

Glasser, W. (1998). *Choice theory: A new approach of personal freedom.* New York: Harper Collins.

Hattie, J. (2012). Know the impact. *Educational Leadership, 70*(1), 18-23.

Hay, C. (2001). An exploratory test of Brattwaite's reintegrative shaming theory, *Journal of Research in Crime and Delinquency,38*(2), 132-153.

Himmele, W. & Himmele, P. (2012). How to know what students know. *Educational Leadership, 70*(1), 58-62.

Himmele, W. & Himmele, P. (2011). *Total participation techniques: Making every student an active learner.* Alexandria, VA: ASCD.

Hyman, I., Kay, B., Tabori, A., Weber, M., Mahon, M., and Cohen, I (2006). Bullying: Theory, research, and interventions. In Evertson, C. M., and Weinstein, C. S. (eds.), *Handbook of classroom management: research, practice, and contemporary issues*(pp.855-884). Mahwah, N.J.: Lawrence Erlbaum.

Johnston, P. (2102). Guiding the budding write. *Educational Leadership, 70*(1), 64-67.

Jordan, A., & Stanovich, P. (2003). Teachers' personal epistemological beliefs about students with disabilities as indicators of effective teaching practices. *Journal of Research in Special Educational Needs, 3*(1), 1-14.

Kohn, A. (2006). *The homework myth: Why our kids get too much of a bad thing.* Spring, J. H. (2006). American education (12th). Boston, Mass.: McGraw-Hill.

Lalor, A. D. M. (2012). Keeping the destination in mind. *Educational Leadership, 70*(1), 75-78.

Lemley, C. R. (2001). Teacher dress codes. *Education, 101*(2), 130-133.

Marzano, R. J. & Kendall, J. S. (2008). *Designing & assessing educational objectives: applying the new taxonomy.* Thousand Oaks, CA: Corwin Press.

Marzano, R. J. & Kendall, J. S. (2007). *The new taxonomy of educational objectives.* Thousand Oaks, CA: Corwin Press.

Marzano, R., Pickering, D. & Pollock, J. (2001). *Classroom instruction that works: Research-based strategies for increasing student achievement.* Alexandria, VA: ASCD.

Marzano, R. J. & Marzano, J. S., and Pickering, D. J. (2003). *Classroom management that works: Research-based strategies for every teacher.* Alexandria, VA: ASCD.

McEwan, E. K., (2005). *How to deal with parents who are angry, troubled, afraid, or just plain crazy.* (2nd ed). Thousand Oaks, Calif: Corwin Press.

Million, J. (2004, January). Dress codes for teachers? *Education Digest,* 59-61.

Morris, R. C. (1996). Contrating disciplinary models in education. *Thresholds in Education, 22*(4), 7-13.

Morrison, B.(2002, February). Bullying and victimization in schools: A restorative justice approach. *Trend & Issues in Crime and Criminal Justice,* 1-6.

Olender, R. A., Elias, J., & Mastroleo, R. D. (2010). The school-home connection: forging positive relationships with parents. Thousand Oaks, Calif.: Corwin Press.

Olson, M. R., Chalmers, L., & Hoover, J. H. (1997). Attitudes and attributes of general education: Teachers identified as effective inclusionists. *Remedial and Special Education, 18*(1), 28-35.

Olweus, D. (2001). Peer harassment: A critical analysis and some important issues. In J. Juvonen & S. Graham (EDs.), *Peer harassment in school: The plight of the vulnerable and victimized* (pp. 3-20). New York, NY: Guilford.

Olweus, D. (1993). *Bullying at school: What we know and what we can do.* Oxford, UK Blackwell.

O'Moore, M. & Minton, S. J. (2004). *Dealing with bullying in schools: A training manual for teachers, parents and other professionals.* London: Paul Chapman.

Phelan, T. W., & Schonour, S. J. (2004). *1-2-3 magic for teachers: Effective classroom discipline pre-k through grade 8.* Glen Ellyn, Illinois: Parent Magic Inc.

Phillips, R., Linney, J. & Pack, C. (2008). *Safe school ambassadors: harnessing student power to stop bullying and violence.* San Francisco, CA: Jossey-Bass.

Pintrich, P. R. & Schunk, D. H. (Eds.). (2002). Motivation in education: Theory, research, and applications. (2nd ed.). Columbus, OH: Merrill.

Pressman, B. L. (2007). *Substitute teaching from A to Z: Become an organized professional, work in any classroom.* New York: McGraw Hill.

Rigby, K., & Johnson, B. (2005). Student by standers in Australian schools. *Pastoral Care in Education, 23*(2), 10-16.

Roberts, W. B. Jr. (2006). *Bullying from both sides: Strategic interventions for working with bullies & victims.* Thousand Oaks, California: Corwin Press.

Sanders, D. (1987). Cultural conflicts: An important factor in the academic failures of American Indian students. *Journal of Multicultural Counseling and Development, 15*, 81-90.

Schön, D. A. (1987). *Educating the reflective practitioner: Toward a new design for teaching and learning in the profession.* San Francisco, CA: Jossey-Bass.

Seligman, M. E. P., & Csikszentmihalyi, M. (2000). Positive psychology: An Introduction. *American Psychologist, 55*(1), 5-14.

Shulman, L. S. (1987). Knowledge and teaching: Foundation of the new reform. *Harvard Educational Review, 57*(1), 1-22.

Silva, J. C., & Morgado, J. (2004). Support teachers' beliefs about the academic achievement of students with special educational needs. *British Journal of Special Education, 31*(4), 207-214.

Styles, D. (2001). *Class meetings: Building leadership, problem-solving and decision-making skills in the respectful classroom*. Markham: Pembroke.

Tovani, C. (2012). Feedback is a two-way street. *Educational Leadership, 70*(1), 48-51.

Urberg, K. A. & Degirmencioglu, S. D. and Pilgrim, C. (1997). Close friend and group influence on adolescent cigarette smoking and alcohol use. *Developmental Psychology, 33*, 834-844.

Wassermann, S. (1994). *Introduction to case method teaching: A guide to the galaxy*. New York: Teachers College, Columbia University.

West, B. E. (1983). The new arrivals from Southeast Asia. *Childhood Education, 60*, 84-89.

Wiggins, G. (2012). 7 keys to effective feedback. *Educational Leadership, 70*(1), 11-16.

Williams, P. A., Alley, R. D. & Henson, K. T. (1999). *Managing secondary classrooms: Principles & strategies for effective management & instruction*. Boston: Allyn and Bacon.

William, D. (2012). Feedbach: Part of a system. *Educational Leadership, 70*(1), 31-34.

Wilson, M. (2012). What do we say when a child says "Look at my Drawing! *Educational Leadership, 70*(1), 52-56.

Wolcowitz, J. (1984). The first days of class. In Gullette, M. M. (Ed.). *The art and craft in teaching*. Boston, MA: Harvard University Press.

Wong, H. K., & Wong, R. T. (2004). *How to be an effective teacher: The first days of school*. Mountain View, CA: Harry K. Wong Publisher.

Yoon, J. S. & Kerber, K. (2003). Bullying: Elementary teachers' attitudes and intervention strategies. *Research in Education, 69*, 27-35.

York, J., & Tundidor, M. (1995). Issues raised in the name of inclusion: Perspectives of educations, parents, and students. *The Association for Person with Severe Handicaps, 20*(1), 311-344.

附　錄

 附錄一　建立班級結構的各項書表

★ 學生個人資料表

我的敘述							
姓名		電話		生於　　年　　月　　日			座號
星座		手機		畢業於　　　　　　國小			血型
國小五、六年級擔任過的幹部							
1.	2.		3.	4.		5.	
國小五、六年級得過的比賽獎項							
1.	2.		3.	4.		5.	
國小畢業得到的獎項：				國小畢業時的級任老師：			
我每週看電視約＿＿＿＿小時，最喜歡的節目有：							
我每週打電腦約＿＿＿＿小時，最喜歡做什麼：							
特殊專長 （打○）	運動　美術　音樂　工藝　演說　寫作　戲劇　電腦　書法 領導　舞蹈　朗讀　科展　外語　　　　其他						
我晚上或假日常做的休閒活動：							
1.	2.		3.				
我最喜歡做的事情：							
1.	2.		3.				

（續）

請寫下需特別被注意的疾病：						
家裡適合我的課外書有幾本？□10本以下　□11-30本　□31-50本　□50本以上						
在　　補習班上過兒童美語，上完第　　級。全民英檢最高通過　　級						
目前在　　補習班，補的科目有：　每週一二三四五六日要去補習（打○）						
每週約有多少零用錢？□沒有　□100元以下　□100-300元　□500元以上						
父母和家人						
與父（打○）同住　　分居			與母（打○）同住　　分居			
姓名	存歿	畢業學校	年齡	工作機構		職稱
父						
母						
父親公司電話			父親手機電話			
母親公司電話			母親手機電話			
其他家人稱謂	姓名		年齡	職業		
家裡住址：						

註：本表以國中七年級為例。

★ 班級整潔工作的分配

❖ 內掃區工作分配

工作項目	工作內容	座號
前走廊掃地及拖地	維持前走廊的整潔乾淨	
後走廊掃地及拖地	維持後走廊的整潔乾淨	
整理掃具	同學打掃完後將掃具排整齊	
垃圾（每日整理、每週倒1-2次垃圾並清洗）	星期五一定要倒垃圾	

（續）

工作項目	工作內容	座號
前、後走廊、花臺磁磚，教室門	磁磚部分擦拭乾淨及教室門	
窗戶 右前	以報紙擦拭，窗臺擦乾淨，注意安全	
窗戶 右後	以報紙擦拭，窗臺擦乾淨，注意安全	
窗戶 左前	以報紙擦拭，窗臺擦乾淨，注意安全	
窗戶 左後	以報紙擦拭，窗臺擦乾淨，注意安全	
講臺、講桌及兩側地面	整理講臺、講桌及地面整潔	
排桌椅	每人三塊磁磚的座位大小	
黑板及板溝	早修和掃地時間以濕抹布擦拭黑板	
教室地面掃地、拖地（1-3排）	維持教室地面的整潔乾淨	
教室地面掃地、拖地（4-6排）	維持教室地面的整潔乾淨	
回收（每日整理、每週四早修倒）	垃圾分類並壓扁	
澆花草	澆水並清除落葉	

❖ 外掃區工作分配

工作項目	工作內容	座號
樓梯 掃地	一樓到二樓的樓梯掃乾淨	
樓梯 拖地	一樓到二樓的樓梯拖乾淨	
男廁 小便斗、馬桶	刷洗乾淨	
女廁 馬桶	刷洗乾淨	
男女廁垃圾桶	以最多垃圾的袋子夾所有廁所內的垃圾	
男廁 地板掃、拖地	平日以拖把拖乾淨，太髒時需刷洗	

（續）

工作項目	工作內容	座號
女廁 地板掃、拖地	平日以拖把拖乾淨，太髒時需刷洗	
廁所掃具間、川堂布告欄	以報紙擦拭玻璃，最後整理掃具間	
飲水機、女廁前面花草澆水	將飲水機擦乾淨，並幫花草澆水	
川堂地板 掃地	維持川堂的整潔乾淨	
川堂地板 拖地	維持川堂的整潔乾淨	

★ 班級幹部的選舉名單與工作職責

❖ 班級幹部名單及職責

職稱	姓名	工作職責
班長		班級代表、集合整隊、召開班級幹部會議、為同學反映意見、傳達學校和老師決定、召集幹部會議
副班長		協助班長班級事務、協助通報班上同學出缺席
學藝股長		教室布置、教學日誌、聯絡簿收發
副學藝股長		協助學藝股長
環保股長		協助監督同學教室整潔進行、整理整潔紀錄表（內掃）
副環保股長		協助監督同學教室整潔進行、保管清潔用具（外掃）
風紀股長		維持班上秩序、競賽表、檢核表的整理
副風紀股長		協助風紀股長
康樂股長		班上慶生、同樂等活動的舉辦
總務股長		班級財物的管理、粉筆領用、收費
修繕股長		班級公物損壞之通報、維修
惜福股長		監督垃圾分類、星期四資源回收
圖書股長		書海遊踪業務、班級書庫
副圖書股長		協助圖書股長
保全股長		上、下學、外堂課開關門、監督
科學股長		科展製作

（續）

職稱　　　姓名	工作職責
潔牙股長	協助健康老師
健康股長	健康中心聯絡事宜
各科小老師	協助科任教師、作業或考卷的收發〔包括：國文、英文、數學、自然（生物）、健教、生活科技、歷史、地理、公民、資訊、輔導、文史、藝文、美術、家政、童軍等小老師〕
各排排長	各排任務

❖ 班級事務分工

班級事務	協助同學	協助同學	工作具體描述
抄聯絡簿			1.上課時抄下各科老師交代作業 2.掃地時間詢問導師今日交辦事項
關閉教室門窗			外堂課、放學關閉門窗
關閉教室電器			外堂課、放學關閉電器
單槍裝卸、送拿			設備組借用器材
抬便當			中午至川堂抬便當
負責蒸飯箱、洗手槽、拖把槽			1.檢查電源 2.注意有無阻塞及整潔維持
廚餘整理			午餐的廚餘回收
聯絡簿小幫手（收、發聯絡簿）			1.早上7:45前將聯絡簿送至導師桌上 2.掃地時間搬回

❖學生同儕評量表（雙週或每月填一次）

姓名／項目	打掃態度及個人環境維護	上課守時與守秩序	禮貌及合群	作業（聯絡簿）繳交及考卷訂正	帶齊學用品	其他（如幫助同學）
表現優良的同學						
需要改進的同學						

❖學生自我評量表(雙週或每月填一次)

項目	具體表現事實
打掃態度及個人環境維護	
上課守時與守秩序	
禮貌及合群	
作業（聯絡簿）繳交及考卷訂正	
帶齊學用品	
其他（如幫助同學）	

★生活常規檢核表

各位同學每日需注意的事項
1.7:30之前抵達學校，進教室後，先交聯絡簿，並將今日各科作業及需繳交的文件置於窗臺，導師會到教室檢查，如有抄襲的情況，依班規處置。聯絡簿在7:45前送至導師室，未在此時間前繳交，視同遲交。
2.每天早自修7:30-7:50，爲學校規定打掃時間，請各位同學準時在7:30前到校，如果提早到的同學可以先完成打掃工作，等環保股長到後再檢查。7:45請完成所有打掃工作，回到教室坐在自己的位子上，進行早修。
3.課堂上的規定，依各科老師需要規定，小老師請善盡職責。
4.午休時間爲12:10-12:40，請同學在此時間內完成用餐並且潔牙，完成潔牙後請向各排排長報告，最後由排長統一向潔牙股長登記。12:40鐘聲一響請各位同學坐在自己的位子上，趴著午睡，公出的同學請向副班長登記，由副班長統一向導師報告。

（續）

5.午休時間的打掃，請四位值日生分工，兩個掃教室地板，一個擦黑板，一個打掃講臺，不用拖地。

6.掃地時間為15:00-15:15，請同學認真打掃，下雨天可以不用拖地，避免地面濕滑造成同學跌倒。

7.男、女生的制服或者體育服，覺得太過透明者，請在制服或體育服內加穿白色背心，勿穿其他樣式或者顏色的內搭。星期三若為「便服日」，請穿著輕鬆、方便活動的衣服，避免童軍課和體育課無法活動，切勿奇裝異服。

8.教室的整潔、乾淨需各位同學攜手維護，請勿隨意破壞公物，並請勿在教室內外奔跑、追撞，造成公物損壞。勿亂丟垃圾，看見地面有垃圾請隨手撿起，不管是不是在你的座位旁，請養成垃圾不落地的好習慣。

註：附錄一資料修改自黃惠萱老師提供的資料。

附錄二　利用社會計量法安排學生座位的步驟

❖ 步驟一

利用社會計量法（sociometry）或稱社會矩陣法安排學生座位時，你可以發下一張紙條，請學生們寫上「你願意誰坐在你附近？」選出三位，然後再交上來。

❖ 步驟二

畫一張二維的圖表，將每位學生選擇同儕的情形作記錄。

	1	2	3	4	5	6	…	21	22	23	24	25	26
1		3									1		2
2	.			3	2					1			
3		3	.	2								1	
4		1		.						3		2	
5	2			3	.			1					
6		2		3		.				1			
…							.						
21		1						.		2	3		
22		1		3					.	2			
23			2	1						.			3
24	1							3			.		2
25		3	2	1								.	
26	2									3	1		.

1-20是男生、21-35是女生

❖ 步驟三

在同儕互動上，因為班上有孤立者、明星人物、領袖（韓信vs.劉邦）、小團體等人物，因此可用社會計量法找出班上這些人物。

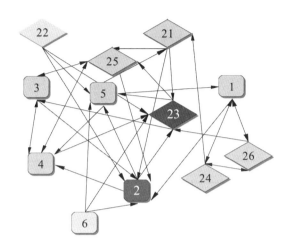

❖步驟4

從獲選數為零或最少的學生（孤立者）開始，讓其和獲選數第一者相鄰。

		講臺		
	2	6	22	
			23	

❖步驟5

儘量讓互選的對方相鄰。

❖步驟6

如果某生所選都無回報，但卻有其他同學選他，那就讓其他同學與其相鄰。

		講臺		
3	4	25		
	2	6	22	
	21	5	23	26
	24	1		

❖ **步驟7**

確實使每個人至少與他所選的一人相鄰，如此學生才不會認為教師說到卻沒做到。

❖ **步驟8**

檢視一下，如果有小團體，不應全數坐在一起，應做適當的區隔。再則，因身高或身心狀況等特殊因素，也要再對座位做一些微調，如此才算大功告成。

註：涂春仁老師主持春風工作室，有發展一套「涂老師社交測量系統」，可以參考。惟研究者建議調查學生「喜歡的同學和正向理由」就好，避免「不喜歡的同學和負向理由」，以免造成負面的困擾。

附錄三　學生成績及表現通知單

00國中段考成績通知單

姓名	國文	英文	數學	社會	理化	總分	平均	名次	上次段考平均	上次段考名次	平均分數進退
王小明											
全班最高分											
全班高標											
全班均標											
全班100分											
90-99分											
80-89分											
70-79分											
60-69分											
59分以下											

註：1.本成績單的設計，有別於傳統將全班姓名和各科得分、總分及名次全班
　　　列出的方式。這樣的成績單可以顧及學生成績和名次的隱私權，強調自
　　　己和自己比，然而也知道自己成績在班上的相對地位。
　　2.所謂的高標是指成績分數占前50%的平均分數；所謂的均標是指所有人
　　　的平均分數。
　　3.本表參考自臺北市立中崙高中國中部朱尉良老師所製表格，有些老師還
　　　會把學生校排名列出來、或是將該生從入學後每次段考的校排名列出，
　　　讓家長和該生瞭解入學以來成績得分的變化。

附錄四 和家長電話溝通與來校面談要領

一、電話應對的重點

別忘了電話是「學校看不見的溝通窗口」，明確的掌握要領，隨時細心的進行應對。

■以正確的姿勢進行應對

對方雖看不到我方的姿勢，但仍能感受到我方的態度與氣氛。

■以平易近人的言語，口齒清晰的回應

電話是完全靠聲音來傳達，用字遣詞要十分注意。

■配合對方的步調

每個人都有不相同的說話緩急速度。

■記住5W2H簡潔的說話

打電話是需要成本的，因此應該簡明扼要和家長說明。

(1) Why——為什麼？

(2) What——是什麼？

(3) Who——誰？

(4) When——何時？

(5) Where——何處？

(6) How——怎麼？如何？

(7)How much——多少？

檢查表

□儘量不使用專業用語、略語。

□容易誤會的姓名或地名以不同方式補充說明。

□注意自己的口頭禪。

□不要過度使用「喂～」。

□不要在他人講電話的同時，發出巨大聲響或噪音。

□對於打錯電話的人也要親切應對。

□小心謹慎的拿取話筒。

□避免忘了說重點而需重打，不講非必要的事情。

（續）

二、接電話的方法

快速判斷電話那端對方的狀況，要讓對方保有好感的應對是最基本的！【善用電話對談筆記】，記錄來電者的對話過程和內容。

步驟1 ■ 鈴響後馬上接起電話

（響了3聲以上才接起電話時）

「讓您久等了！」

步驟2 ■ 報出自己的單位與姓名

「（早安！）您好。我是○○學校的ㄨㄨ。」（註：務必報出姓名）

■ 確認對方的姓名

「您是○年○班的○○的家長嗎？」（對方沒有說明姓名時）

「不好意思，請問您是哪位？」

步驟3 ■ 以愉快心情來問好

「承蒙您的關心」

「請問今天有什麼事嗎？」（註：對方一接通就不斷陳述的情形，說明「我記個筆記，請您稍等一下」，喘口氣，靜下心來，再好好地應對。）

步驟4 ■ 換人接聽的情況

「（我請○○來聽）請您稍等。」（轉接指名的教職員）

「○○老師，○年○班的○○的家長關於○○的事情打電話來。」

（註：簡潔的說明對方來意，不必重複對方的話。）

（該指名的教職員）

「讓您久等了！我是○○。」

■ 指名的教職員不在的情況

（短時間不在）

「不好意思，○○現在正在上課。（目前不在位置上。）（下課）回來以後，再請他回電給您。」（註：說明不在的理由及可聯絡的時間）

（長時間不在）

「非常抱歉，○○目前出差（外出）。預定ㄨㄨ日（時）回來。」

（聽其來意）

「方便的話，可以請問有什麼事情嗎？」

（續）

> 「我會幫您轉達，我已瞭解○○的ㄨㄨ事情」（註：代接聽電話時，一定要做筆記，並且報出自己的姓名。若需事後再聯絡的情況，也要確認對方的聯絡方式。）
>
> 步驟5 ■ 結束時的問候語
> 　　　「我瞭解了。」
> 　　　「今後也還請您多多指教。」
> 　　　■ 掛上電話（等對方掛上電話後，才將聽筒安靜的掛上。）

三、打電話的方法

電話具有單向性的特徵，重要的是考量對方的情形。

步驟1 ■ 打電話之前
　　　整理待會要說明的內容。
　　　將必要的文件放在手邊。
　　　確認對方的電話及姓氏。

步驟2 ■ 報出自己的單位與姓名，並請求轉接
　　　「我是○○學校的ㄨㄨ。」
　　　「針對○○的事情有幾點想要請教，可以麻煩幫我接○○先生／小姐嗎？」
　　　（不知接電話方的姓名時）
　　　「請問是○年○班的○○的家長嗎？」

步驟3 ■ 對方在的情況
　　　「早安。」
　　　「經常承蒙您的照顧。」
　　　（預告事情）
　　　「關於○○，我有○件事情。」（簡潔且有順序的說明來意。）
　　　（請求）
　　　「可以麻煩您嗎？」
　　　「請您務必要幫忙。」
　　　（瞭解對方的意向）
　　　「您覺得如何？」
　　　「您瞭解了嗎？」
　　　（確認・複誦）

（續）

「不好意思，爲了以防萬一，請容我再跟您確認一次。」 ■ 對方不在的情況 「方便的話，可否請您幫我留言……。」（註：根據不同的狀況，決定是我方稍後再撥，還是等待對方的回電。） 「不好意思，請問您是哪位呢？」 步驟4 ■ 結束時的問候語 「非常感謝您！」 「也請您多多指教。」 ■ 掛上電話將聽筒安靜的掛上。（原則上，打電話的一方應先掛上電話。）
四、來校者的應對重點 對於學校的印象將取決於第一個面對的教職員，以代表學校的心態來應對。 基本的應對態度 ■ 親切：不論對誰，都以有誠意的態度，站在對方的立場，親切的應對。 ■ 有禮：注意說話時的用字遣詞與態度。 ■ 正確：用積極的態度，正確瞭解對方的來意，正確處理對方請託的事情。 ■ 迅速：沉穩且快速的應對。
接待窗口應對的基本用語 ■ 看到來賓·家長時 「早安」「您好」………………………………給予良好的印象 ■ 接受請求時 「我瞭解了」………………………………………給予安心感 ■ 需要請對方稍待時，讓對方等待之後 「請您稍等一下」「讓您久等了」………………尊重對方的時間 ■ 來賓·家長欲離校時 「感謝您」「您辛苦了」…………………………表達感謝的意思 ■ 向來賓·家長致歉時 「實在非常的抱歉」………………………………表達反省的意思 ■ 需要來賓·家長協助時 「不好意思」………………………………………表達有禮謙讓的意思

（續）

檢查表

【自身狀況】

□穿著是否乾淨整齊（是否是適合學校職場的穿著）

□是否給予來校者不隨便的印象

【應對】

□若對方使用不客氣的語氣，在應對的過程中，是否我方也在不知不覺中使用不客氣的言語

□在午休時間或下班後，是否不經意的表露出「怎麼會選在午休時間」或「都已經下班了」的態度

□是否在應對的過程中，與內部的人竊竊私語

□是否在對方尚未完全說完就瞭解其意思時，突然插話，而沒有等對方把話說完

五、家長或地方人士來校

對於懷抱著緊張與不安的心情之來校人員，教職員適切的應對非常重要。

事前準備：若預先知道對方來校的時間，則出到門口處迎接。此外，事先確認會議室等招待場所。對方來校時，無論如何都無法陪同時，必須明確的告知其他教職員回來的時間。

步驟1 ■ 以愉快心情來問好

　　　「早安！」

　　　「讓您久等了！」

步驟2 ■ 問明來意

　　　「請問有什麼事呢？」

　　■ 確認對方的姓名

　　　「您是○年○班的○○的家長嗎？」（對方沒有說明姓名時）

　　　「不好意思，請問您是哪位？」

步驟3 ■ 換人接待的情況

　　　「請您稍等一下。」（轉請指名的教職員接待）

　　　「○○老師，○年○班的○○的家長關於○○的事情來校。」

　　　（註：簡潔的說明對方來意，不必完全重複對方的話。）

　　　（該指名的教職員接待）

　　　「讓您久等了！我是○○。」

（續）

（為來賓帶路）「請跟我來。」〔註：將來賓帶至會議室等地方。 若為難以對應的情況，則請多人陪同（如導師及學年主任等），且 一定要做紀錄。〕 ■ 指名的教職員不在的情況 　（短時間不在） 　「不好意思讓您專程跑了一趟，○○目前正在上課。（目前不 在。）」 　（長時間的離席） 　「非常抱歉，○○目前出差（外出）。預計ㄨㄨ日（時）回來。」 　〔聽其來意（留言）〕 　「方便的話，可以請問有什麼事情嗎？」 　「我瞭解了，○○回來的時候，我會幫您轉達，○○的ㄨㄨ事情」 步驟4 ■ 有誠意的恭送來賓離開 　「非常感謝您！」 　「請您慢走」 　「讓您跑了一趟，不好意思。」

資料來源：日本茨城県教育庁福利厚生課（2010）。信頼される学校づくりを
　　　　　めざして。編者：自印。

附錄五　親師溝通與師生溝通情境演練題

一、師資生「班級經營」的情境演練題

Situation 1.甲、乙兩同學是班對，老師如何電話告知雙方家長？
（應考人數3人）考生姓名：

Situation 2.當老師到外掃區域，發現有兩名學生拿著掃把打鬧玩耍，沒有認真打掃，老師如何質問學生？（應考人數3人）考生姓名：

Situation 3.下課時同學推擠，甲撞到乙，乙就生氣打甲，兩個人你來我往打起來了。老師如何質問雙方當事人？（應考人數3人）考生姓名：

Situation 4.甲、乙兩位同學打架都受了傷，甲眼睛流血傷勢重，乙只是皮肉擦傷，老師如何以電話通知家長？。（應考人數3人）考生姓名：

Situation 5.班上同學都取你的綽號叫「大胖」，你並不喜歡，有一天在課堂上公開大聲喊你大胖，除了忽略之外你會如何處理？（應考人數2人）
考生姓名：

Situation 6.當老師上第一節課，學生遲到，姍姍來遲，老師如何質問學生？
（當場、可能有再來的私下約談）（應考人數2人）考生姓名：

Situation 7.當老師收齊作業，發現有位學生未交作業，老師如何質問學生？
（當場、可能有再來的私下約談）（應考人數2人）考生姓名：

Situation 8.有位同學成績有很大進步，老師私下找來稱讚，老師要如何與之對話呢？（應考人數2人）考生姓名：

Situation 9.有位學生見義勇為，跑來辦公室告訴老師班上有同學睡覺，老師要如何與之對話呢？（應考人數2人）考生姓名：

Situation 10.有位學生認真負責，做好擔任幹部的職責，老師應如何對他稱讚呢？（應考人數2人）考生姓名：

Situation 11.學生被記過，家長氣沖沖來學校找老師理論，老師如何與之對話？（應考人數2人）考生姓名：

Situation 12. 一位學生來找你（導師身分），說她被同學排擠、沒有朋友，請你演練如何傾聽？幫助其瞭解應如何處理？（應考人數2人）考生姓名：

Situation 13. 一位學生帶頭排擠一位得罪她的同學，你是導師如何與之溝通？
（應考人數2人）考生姓名：

（續）

Situation 14.學生受到你的體罰，家長氣沖沖來學校找老師理論，老師如何與之對話？（應考人數2人）考生姓名：

Situation 15.學生作弊，老師如何用電話通知家長呢？

（應考人數2人）考生姓名：

Situation 16.學生被同學欺負（傷得不輕），老師如何通知家長呢？

（應考人數2人）考生姓名：

Situation 17.學生欺負同學（該生傷得不輕），老師如何通知家長呢？

（應考人數2人）考生姓名：

Situation 18.學生在學校發生意外，老師第一時間通知家長要說什麼？

（應考人數2人）考生姓名：

Situation 19.上課學生講話吵鬧不休，老師講話了（設定限制）：沉默幾秒後，我不容許自己沒有準備就來上課，我也不希望有人上課講話影響同學的學習。請坐好，眼睛看黑板。（應考人數1人）考生姓名：

Situation 20.老師下課時看到有同學在抽菸，如何在上課時講一段話作為機會教育，並讓當事人得到警惕（應考人數1人）考生姓名：

Situation 21.班上啦啦隊比賽輸了，如果你是導師，請講一段勉勵同學的話（應考人數1人）。考生姓名：

Situation 22.如果你是導師，剛接到一個國一的班級，請講一段話，表達在開學時你對同學們的期望（應考人數1人）。考生姓名：

Situation 23.如果你是導師，剛接到一個高一的班級，請講一段話，表達在開學時你對同學們的期望（應考人數1人）。考生姓名：

Situation 24.你是導師，剛接到一個高職一年級的班級，請講一段話，表達在開學時你對同學們的期望（應考人數1人）。考生姓名：

Situation 25.原班導師離職，你臨危受命接任，請講一段和學生初次見面的話（應考人數1人）。考生姓名：

Situation 26.如果你是導師，如何在班遊前告知學生們注意校外安全？

（應考人數1人）考生姓名：

Situation 27.你是國中導師，請講一段在學校日（班級家長會）時的開場白

（應考人數1人）。考生姓名：

Situation 28.你是國中導師，請講一段在選舉班級學生幹部前請同學們慎選幹部的話（應考人數1人）。考生姓名：

（續）

Situation 29.班上段考成績公布後，班上學生成績退步了，你是他們導師，請講一段勉勵或斥責的話（應考人數1人）。考生姓名：_____   Situation 30.班上整潔比賽的成績是年級的最後一名，你是他們導師，請講一段勉勵或斥責的話（應考人數1人）。考生姓名：_____

資料來源：作者自編。

★ 教師專業發展的情境演練題

❖ 教師與家長溝通情境演練表（空白）

請各組選擇一位學生家長為虛擬溝通對象，並將資料簡述如下：   一、家長類型 □1.敵意對抗型 □2.反教育型 □3.衝動型 □4.冷漠型   二、學生姓名（化名）：_____ □國中生□高中生□高職生   　　年級：□國七　□國八　□國九　□高一　□高二　□高三   三、學生家庭背景簡述（家族樹、父母教育程度、職業、家長期望）   四、學生課業或行為之優勢   五、學生課業或行為之待加油之處   六、情境簡述（人、事、時、地、物）   七、溝通方式：□1.面談　□2.電話　□3.家庭訪問　□4.其他：_____   八、為何需要溝通？   九、溝通的目的

❖ 教師與家長溝通情境演練表（範例）

請各組選擇一位學生家長爲虛擬溝通對象，並將資料簡述如下：

一、家長類型 ■1.敵意對抗型 □2.反教育型 □3.衝動型 □4.冷漠型

二、學生姓名（化名）：＿＿＿＿＿＿ ■國中生 □高中生 □高職生

　　年級：□國七 ■國八 □國九 □高一 □高二 □高三

三、學生家庭背景簡述（家族樹、父母教育程度、職業、家長期望）

　　父親：已過世

　　母親：環保局輔導的清潔工

　　大姊：某私立大學

　　二姊：某私立高職

　　小明：化名（個案本人）

　　媽媽因爲擔心小明在學區內的國中就讀，下午放學，媽媽未下班，小明會和朋友流連於網咖、或養成像抽菸等壞習慣，所以堅持透過寄戶口方式，讓小明在母親工作地點附近，但離家很遠的A校就讀。

　　然而小明媽媽因爲輪班關係，常常清晨5點出門，無法載送他上學，小明須自行搭公車約50分鐘到校。只有放學時，媽媽偶而早下班，可以用摩托車接送小明回家。小明就讀的A校是額滿學校，許多父母也送小孩越區到該校就讀。

　　小明導師知道小明的家庭狀況後，曾經想說服媽媽不要讓小明這麼辛苦、這麼遠唸書，但小明媽媽表示她有上述的苦衷，導師雖不認同，但也無奈，然而也因此讓小明媽媽感受到導師較不理睬的消極態度。

四、學生課業或行爲之優勢

1.對媽媽很貼心，但媽媽也很寵他（媽媽曾用消費券加現金約八千元買了手機送他，曾發生遺失事件，導師未適時處理，媽媽到派出所報案，手機後來出現在講臺下，警察又不肯銷案，小明媽媽曾經因此事和學校鬧得不愉快）。

2.對於喜歡的老師上的課，如理化課，會認眞聽講並和老師互動。

3.喜歡打籃球、打電動。

五、學生課業或行爲之待加油之處

1.經常遲到，導師處罰每遲到5分鐘，就擦1塊地板，但超過20分鐘，中午午休到學務處罰站。小明不喜歡擦地板，遲到後就不肯先進教室，超過20分鐘後才進教室，寧願午休去罰站。

（續）

2.學業成績從中等變為倒數幾名。

3.上課常打瞌睡，因為太早起或中午未午睡，沒興趣的課就直接趴著睡覺。

4.作業亂寫或未按時完成。

5.未能融入班上的小團體，班上也沒有較好的朋友。

六、情境簡述（人、事、時、地、物）

　　班上小華有次和他的好朋友大雄假裝吵架，拿粉筆丟小明，小明認為他是故意的，就說：「你幹嘛丟我!」小華說是不小心的，可是小明認為怎麼有人不小心，但丟粉筆時是整個頭和身體都轉過來，分明是故意的，小明很不高興，就大力推了小華一把，小華當時沒說什麼。隔天，小華的好朋友小夫跟小明講有人找他，小明就跟著去後棟空地，小夫要小明和小華談，但兩人就昨天丟粉筆和推人事件吵來吵去，沒有結果，小夫就出手先脫了小明褲子，小明本來想穿上去不理小夫，後來又發生爭吵，結果小夫就推了小明一下，等小夫再一次要推小明時，小明就動手打小夫，小華、小夫、大雄就聯手打小明，雙方打得鼻青臉腫。

七、溝通方式：■1.面談　□2.電話　□3.家庭訪問　□4.其他：＿＿＿＿＿＿

八、為何需要溝通？

　　針對這一次學生之間的打架事件，分別向四位學生的家長做說明。（因時間限制，只以向小明的媽媽溝通作為角色扮演的例子）。

九、溝通的目的

　　小明的課業和行為都處於不佳的情況，此次打架事件又凸顯小明的同儕關係也有危機，導師如何擬出小明課業和行為的改善策略，藉由親師溝通與合作，讓小明的課業和行為好轉。

註：1.案例資料來源：張民杰（2009）。國中家長在親師衝突事件裡的觀點與因應策略之研究。國科會專題研究計畫編號：NSC 98-2410-H-003-024。訪談資料。

　　2.本表係與黃淑馨校長共同研發，作為2010年潘慧玲教授主持的教師專業發展評鑑進階研習教材之一。

❖ 建立與家長的夥伴關係用語範例

　　以下的片語和措詞是用來支持您和家長溝通時使用的。在和家長會談的過程中，可以運用諸如學生作業或評量來作為參考資料。在追求學生成功的目標之下，發展出和家長的夥伴關係。

(一)歡迎家長

1.今天很高興您能夠加入談話，和我一起合作。（面談）

2.很高興有機會和您分享<u>孩子</u>（家長的孩子名字，以下均可用名字代替孩子）的進展。（面談）

3.我們今天會談的目的是……。（親師座談、家庭訪問、面談）

4.您對孩子的學習和認知，感到興趣的是什麼？（面談）

5.您想要知道孩子的什麼事情呢？（面談）

6.您最瞭解自己的孩子了，我想從您那邊知道怎樣幫助孩子在學校裡有成功表現？

7.以家庭環境作為橋梁：例如：詢問相片、藝術品或鄰居等先開始。（家庭訪問）

8.感謝家長願意撥冗參加親師座談，今天座談的目的是_____，座談的程序是_____。（親師座談）

9.我是孩子的老師，很高興有機會和您一起談談孩子的表現。（面談、電話）

(二)強調正向

1.分享你看到孩子的優勢（用過去的事件）、個人特質、學業表現（用評量的資料）。

2.我們運用學生內容標準作為引導，孩子能夠做……。

3.這項作業顯示了孩子在音樂方面有特殊的表現……。

4.這項評量顯示了孩子的數學能力很強……。

5.請告訴我您孩子的優勢？您想注意他的是什麼事情呢？

6.我需要注意些什麼呢？

(三)特定成長的領域

1.您對孩子進展的關心在哪些事項？您在家裡看到的情況又是如何呢？

2.我注意到孩子在什麼地方有些困難？

3.這項作業顯示，有時候他會……。

（續）

4.學年結束，學生們都被期望能夠……，您的孩子可能……。 5.我很關心，因爲曾經和孩子談過，他希望家長……。 6.詢問家長：您注意到孩子成長的特定領域是什麼？今年您想要看什麼？學生想要學習的是什麼？ 7.分享許多學生必須要聚焦的內容標準，但不要太多。 (四)計畫下一步驟，讓我們一起來……。 1.所以，我們爲了孩子，訂定的目標是……。 2.有一項可以在家裡幫忙的事項是……。 3.假如怎樣的話，孩子他會變得如何呢？ 4.我要聯繫（教務處、學務處、輔導室、心理醫生、社工師、資源專家或校長等），去建立一個……。 5.有一些資源或方案可以運用嗎？ 6.有什麼最好的方法可以確保……。 7.關於孩子的進展，保持聯繫的最好方法是什麼？ (五)分享給學生和持續進行 1.我們將把這個計畫和孩子分享，讓他看到我們的合作？ 2.我將每兩個星期和您做一次聯絡，看事情進行得如何？打電話的時間何時較佳？ 3.我們一起和孩子分享我們的計畫，讓他知道我們做了良好的溝通，想要讓他成功，我將把這個計畫記錄起來。 註：此做法與親師溝通三明治技巧有異曲同工之妙。

資料來源：

Gless, J. & Braron, W. (1988). *Formative Assessment Materials, Communicating with Parents*, In Moir, E. (Ed.), The New Teacher Center Formative Assessment System. California, Santa Cruz: New Teacher Center of University of California.

本表係與黃淑馨校長共同研發，作爲2010年潘慧玲教授主持的教師專業發展評鑑進階研習教材之一。

附錄六　班級經營教師甄選口試考古題整理

班級常規與經營理念

1.開學時，您新接一個班級，要如何向學生和家長表達自己的班級經營理念和做法？

2.在學期初幾週，您會和學生一起做些什麼事情，來建立正向的班級氣氛？

3.您最希望自己導生班的學生具備哪些特質？您將如何培養呢？

4.教室管理中需要「賞罰」分明，請問您的「賞」是什麼？「罰」是什麼？如何賞罰分明？

5.如果您當導師，您會如何訂班規？如何執行？

6.您認為懲罰和體罰有何不同？您是導師經營班級時，會如何運用獎勵和懲罰？

班級環境的經營

7.如果您是導師，您會有哪些策略或技巧來預防或減少學生意外傷害呢？

8.若您是導師，有哪些策略或技巧可以讓學生做好整潔工作呢？

9.校園安全是教學活動中必須加強的措施，您如何實施安全教育？

教師的自我經營

10.身為教師，如何做好自己的情緒管理呢？

班級人際關係的經營

11.如果班上學生跟任課老師起衝突（如：吵架、對罵），您去瞭解後發現學生沒有錯，身為導師的您該怎麼做呢？

12.您如何面對班上意見領袖及刻意挑戰權威的學生？

13.怎樣選舉班級幹部？藉由幹部，您想推動班上哪些學習活動和任務呢？

14.如果您是國中專任教師，一學期有四個任教班級，請問您如何經營這四個班級呢？

15.您是班上導師，請問您如何促進班級學生的凝聚力與隸屬感呢？

（續）

16.身為導師，您會利用班會來做什麼事情呢？

17.剛考上學校初任導師時，同事要您多一事不如少一事，不要那麼認真，您會如何回應呢？

18.請問您有什麼做法，讓學生願意把班上同儕發生的事情告訴您？

19.您會如何與班級任課的導師保持密切合作，進而幫助您的教學？

親師關係的經營

20.若遇家長意見頻繁，對教學與班級經營有干擾之虞，應如何與之溝通？

21.如果您是國中導師，您會如何運用聯絡簿？

22.您是導師，當您面對「對孩子放任不管」的家長，您會如何處理呢

23.您是導師，當您面對「對孩子過度溺愛」的家長，您會如何處理呢？

24.您如何實施親師合作，以發揮教育的正面功能？

25.若您是導師，您給不給學生家長您的電話？若學生家長在晚上十一時以後來電，影響您的作息，您怎麼辦？

班級的教學與時間管理

26.段考評量的結果，班上成績不好，如何處理呢？又如何和家長溝通這件事呢？

27.您是導師，導生班學生在科任課時蹺課，您該如何處理呢？

28.如果您是導師，會如何安排班上可以運用的時間呢？（如：早自習、午休、班會、週會、授課科目時間）

29.請問您未來擔任導師，如何做好自己的時間管理，並引導學生做好時間管理？

學生不當行為的處理

30.學生平常喜歡亂講髒話，您會如何處理？

31.就您所知，國中學生出現違規與暴力行為的主要原因有哪些？您如何針對這些成因，擬定班級經營策略呢？

32.您是導師，除了獎勵和懲罰外，您有哪些策略或方法來增進學生的正向行為，減少學生的不當行為呢？

（續）

33.教師管教包括對學生有利和不利之處置，請舉出一些實例說明學生的哪些
　　不當行為，您所給予的不利處置是些什麼？

34.班上學生有疑似霸凌的問題，請問您如何處理，如何進行後續輔導？

35.班上學生有疑似性騷擾事件發生，請問您如何處理，如何進行後續輔導？

36.如果您上課時發現有位學生趴在桌上，您會如何處理？

37.上課時萬一有學生惡作劇拉掉椅子，讓同學坐空導致脊椎受傷的意外傷
　　害，您會如何處理？

38.上課時有學生不聽課而在準備其他科目的考試或趕作業，您會如何處理？

39.班上學生有同學過生日，就會用刮鬍泡潑他或對他阿魯巴來慶祝，您是導
　　師會如何處理？

融合教育

40.班上有位亞斯伯格症的學生，請問您如何在開學初讓班上同學瞭解，並獲
　　得學生及家長支持您的融合教育？

附錄七　班級經營集體口試規則

---

1. 口試題目如以下選取25題，分指定題和自選題。
2. (1)指定題：由面試者由25題抽出（製成25張牌），口試時間2分鐘（超過30
　　秒扣分）。

　　評分重點：主要看對題目答題內容是否有充分的準備：涵蓋班級經營的
　　內涵或上課內容，以及自己的經驗或閱讀心得。

　(2)追問題：由老師依面試者指定題的回答情形追問，回答時間1分鐘。

　　評分重點：主要看對題目的深入程度和隨機應變的能力。

　(3)自選題：為補充自己或小組成員們的指定題，每人1.5分鐘，時間到都會
　　有一鈴聲，超過30秒則有兩鈴聲。

　　評分重點：主要看對同學答題的歸納分析與反思批判的能力。
3. 口試方式以小組進行，所須時間為小組人數×5分鐘。（如4位×5=20分）
4. 口試時間原則上排在第18週上課，如有需要可以全組方式向我預約提早，
　　但原則上在第17週到18週之間。
5. 請提早5分鐘到指定點口試，如有突發狀況請儘速告知。
6. 評分標準如下：（見下表）

班級經營口試評分表

1. 儀態 20%
參考指標：服裝、儀容、態度、坐姿、禮貌、手勢、小動作、表情（笑
容）、眼神、穩定度、聆聽他人說話態度、個人魅力與自信。

2. 言辭 20%
參考指標：音量、語調起伏、沒有語病和口頭禪、語速、流暢度、清晰度。

3. 才識60%
參考指標：
(1)一般知能：個人見解、結構、詞彙、條理、邏輯、深度、廣度。
(2)專業知能：結合班級經營目標、做法、創意、理論，及與個人經驗和時事
　　相結合。

（續）

班級經營口試評分表

(3)時間掌握：超過或不足時，每半分鐘扣均一標準分數1分，未足半分鐘，
　　以半分鐘計。

(4)隨機應變能力、臨場機智反應。

(5)列舉具體明確事例。

(6)用語是否帶有偏見、歧視、壓迫感、客觀性。

7.口試歷程評分紀錄表

學號	姓名	第一輪指定題提問回答					追問回答					第二輪自選題回答				
		儀態	言辭	才識	才識	才識	儀態	言辭	才識	才識	才識	儀態	言辭	才識	才識	才識
1																
2																
3																
4																
5																

五南文化廣場

橫跨各領域的專業性、學術性書籍
在這裡必能滿足您的絕佳選擇！

國家圖書館出版品預行編目資料

老師，你可以這樣帶班/張民杰著.
--二版.—臺北市：五南，2015.01
面；　公分
ISBN 978-957-11-7721-2（平裝）
1.班級經營
527　　　　　　　　　　103013835

1IVK

老師，你可以這樣帶班

作　　者 — 張民杰(215.1)

發 行 人 — 楊榮川

總 經 理 — 楊士清

總 編 輯 — 楊秀麗

副總編輯 — 黃文瓊

責任編輯 — 謝麗恩　李敏華

封面設計 — 莫美龍　童安安

出 版 者 — 五南圖書出版股份有限公司

地　　址：106台北市大安區和平東路二段339號4樓

電　　話：(02)2705-5066　　傳　　真：(02)2706-6100

網　　址：http://www.wunan.com.tw

電子郵件：wunan@wunan.com.tw

劃撥帳號：01068953

戶　　名：五南圖書出版股份有限公司

法律顧問　林勝安律師事務所　林勝安律師

出版日期　2011年 6 月初版一刷
　　　　　2015年 1 月二版一刷
　　　　　2019年10月二版三刷

定　　價　新臺幣460元